Berndt Georg Thamm

ANDENSCHNEE

Berndt Georg Thamm

ANDENSCHNEE

Die lange Linie des Kokain

CIP-Kurztitelaufnahme der Deutschen Bibliothek

Thamm, Berndt Georg
Andenschnee: d. lange Linie d. Kokain /
Berndt Georg Thamm, – Basel: Sphinx-Verlag,
1986.
ISBN 3-85914-621-1

1986
© 1986 Sphinx Verlag Basel
Alle Rechte vorbehalten
© 1985 Berndt Georg Thamm
Umschlag: Thomas Bertschi
Illustration: Reto Fontana
Gestaltung: Enrico Luisoni
Satz: Uhl + Massopust GmbH, Aalen
Herstellung: Fuldaer Verlagsanstalt
Printed in Germany
ISBN 3-85914-621-1

Meinem liebsten refresh-
ment gewidmet:
Monika Hanna Elfriede

Deutsche sind die besten Schnupfer

London (dpa). Um Nasenlängen haben die Deutschen den Rest der Welt bei den ersten Schnupfer-Weltmeisterschaften geschlagen. Fünf der ersten sechs Plätze wurden am Wochenende in Wellington in der südenglischen Grafschaft Somerset von Bundesbürgern belegt. Deutschlands prominentester Schnupfer, Bundeskanzler Schmidt, war allerdings nicht angetreten.
Der Tagesspiegel (Berlin),
6. 2. 1979

Inhalt

---

1. Kapitel

DAS GESCHENK DER GÖTTER
Der viertausend Jahre lange Weg der Coca in Peru

Manco Kápac – der göttliche Coca-Bote 13
Tuhuantinsuyo – das «Vier-Regionen-Reich» der Inkas 17
Nueva Castilla – Coca-Devisen aus dem Vizekönig-
reich 21

2. Kapitel

EINE BEMERKENSWERTE NUTZPFLANZE
Cocaanbau und Konsum in Südamerika

Ein langer Weg zur botanischen Bestimmung 31
Pflanzenkundliches 32
Cocaanbau 36
Cocaernte 37
Coca del Dia oder Coca picade – vom Trocknen der
Blätter 39
Rohstoffherstellung – der Weg zur «Coca bruta» 40
Coca – Genussmittel der Indios – Verbreitung gestern
und heute 40
Mit Coca bis ins hohe Alter 48

3. Kapitel

DER WEISSE RIESE
Die legale und illegale Coca- und Kokainindustrie in Südamerika

Andenschnee – die lange Linie des Kokains 53
ENACO – Coca-Staatsmonopol Perus – zwischen
Anspruch und Wirklichkeit 54
DEA – Rauschgiftkontrolle und Abwehr – der big
brother als Papiertiger 57
Kokain-Könige: los grandes mafiosos 58
*Vom Paste-Fabrikanten zum Kokain-König: Coca-
geschichte Boliviens* 58
Don Roberto – Robin Hood im Dschungel Benis 68
Die Capos – Kolumbiens Dagobert Ducks 69
Der Fall Bonilla – die Macht der coca war lords 74
Cessna – die einmotorigen Schneeflieger – von Klein-
händlern und Grossschmugglern 75

4. Kapitel

DIE FLASCHE DES SHERLOCK HOLMES
Der Cocarausch der Industrieländer im 19. Jahrhundert bis
zum 1. Weltkrieg

Entdecker und Neugierige – Goldene Zeiten der Feel
& Good-Pharma-Industrie 85
Päpstliches Gold für einen Korsen – Cocaweine und
ihre Freunde 88
Kopfschmerzmittel Coca Cola – die Erfindung eines
Apothekers 92
Kokain – mit dem Multirefreshment in den 1. Welt-
krieg 97

5. Kapitel

MUTTER, DER MANN MIT DEM KOKS IST DA
Vom europäischen Cocataumel zwischen den Weltkriegen
1918 bis 1939

Heereskokain – und seine Verbreitung nach dem
1. Weltkrieg 105
Kokain in Europa und Übersee – Anfang der 20er
Jahre 107
Die Alpenländer
Österreich und Schweiz 108/109
Frankreich und Italien 109/110
Belgien und England 111
Russische Schneestürme 111
Amerika – Ende des weißen Winters 115
Australien – Narkotika gegen heißes Klima 118
Mutter, der Mann mit dem Koks ist da – die deutsche
Kokainszene Mitte der 20er Jahre 122
Es darf geschnupft werden – der neue Kokai-
nismus 122
Kokser's Milieu – Schwarzer Markt für weiße Ware 125
Kriminalität und Verbrechensbekämpfung 128
Die Nazis und das Kokain bis zum 2. Weltkrieg 130
Die K & K Monarchie: Kokain & Kunst 136

6. Kapitel

DER VERLIEBTE ANALYTIKER
Cocaforschung des 19. Jahrhunderts bis zum 1. Weltkrieg

Europa verschläft die Coca-Botschaft 151
Die Globetrotter des 19. Jahrhunderts 152
Chemie der Coca vor der Kokain-Isolierung 1860 162

Von Coca zu Kokain – die Alkaloidforscher 165
Kokain contra Morphin 166
Das Leiden der Urgrossväter – der Morphio-
Kokainismus 170

7. Kapitel

SÜCHTIG NACH DEM THEMA KOKAINISMUS
Von den Cocaversuchen an Mensch und Tier in den 20er
und 30er Jahren

Die Giftforschung – Domäne deutscher All-Round-
Genies 175
Koksforschung weltweit – Ergebnisse aus den wis-
senschaftlichen Instituten Europas, Amerikas
und Japans 181
Kokain im Menschen- und Tierversuch 182
Von Kokainvergiftungen und Behandlungen 185
Vom Ende der hohen Zeit der Cocaforschung in den
30er Jahren 188
Die okkulte Drogenforschung der 20er Jahre – die
Cocaversuche des A. Crowley 190

8. Kapitel

SIE HABEN DIE NASE NOCH IMMER NICHT VOLL
Von der Kokain-Renaissance nach dem 2. Weltkrieg bis
Mitte der 80er Jahre

Koks nach dem 2. Weltkrieg – Narkotika in den 40er
Jahren 195
Neuschnee in den Staaten – Entwicklung der US-
Kokainszene 197
Koks-Skandale: Made in USA 207
Altschnee in Europa – Entwicklung der Kokainszene:
Deutschland und seine Nachbarn 212
Die K & K Monarchie: 3. Teil 217
No Snow – no Show, Die Musikerszene und das
Kokain 217
Theater um Koks – Schauspieler, Filmemacher,
Regisseure 222
Die ungeliebten Verwandten – Sucht und Promi-
nenz 225
Schneestürme – die Koks-Grosswetterlage der näch-
sten Jahre 229

9. Kapitel

NEBENBERUFLICH KOKS-DEALER
Plaudereien über den kleingewerblichen Kokainhandel der
80er Jahre in Berlin

Koks in Berlin – New Wave in den 80er Jahren	235
Charley und das Kokain – Interview vom 26. und 29. 12. 1984	
So bin ick drauf anjemacht worden	237
Vorbereitung auf einen Nebenberuf	238
Nebenberuflich Koks-Fachmann	240
Bolivianische Rocks & Peruanisches Pulver	244
Streckungsmittel Speed	245
Heroin, 'ne echte Schweinerei – Koks ist okay	248
Koks – noch 'ne Luxusdroge?	251
Sylvester-Koks – würdig für 'nen schönen Tag	251
Koks-Kundschaft 1984/85	252
Koks-Szene & Heroin-Szene	252
Coca-Einkauf – warum nicht in Amsterdam?	253
Die netten Kunden	255
Man muß schon aufpassen	255
Kokain – Latest News 1985	
Kultur – Wissenschaft – Politik	258
Literatur- und Quellenverzeichnis	261
Bildnachweis	268
Der Autor	271

1. Kapitel

DAS GESCHENK DER GÖTTER
Der viertausend Jahre lange Weg der Coca in Peru

Manco Kápac – der
göttliche Coca-Bote

Mama Coca – ungezählte Indiogenerationen sagen dieser Pflanze weibliche, ja schon mehr mütterliche Eigenschaften nach: Ihre Blätter sättigen die Hungrigen, wärmen die Frierenden und kräftigen die Schwachen.

Ungezählte Indiogenerationen in Peru glauben, dass Schutzgeister alle Pflanzen behüten und ihr Wachstum anregen würden. Mit den geistigen Müttern der Pflanzen müsste man sich gutstellen, denn sie konnten «huaca», magische Macht, ausüben. Die universelle Mama-Göttin kümmerte sich um den Cocastrauch. Und natürlich förderte sie die «huaca», die magische Wirksamkeit des Cocablattes. Der Anfang dieser liebevollen Götterpflege verliert sich in der grauen Vorzeit.

Indios bringen die Coca-Ernte ein

Wild wuchs Coca schon an den Berghängen der Anden, als um 40 000 v. Chr. die ersten Wildbeuter aus dem fernen Sibirien in den amerikanischen Kontinent einwanderten.

Wild wuchs die Pflanze immer noch, als 30 000 Jahre später die Einwanderer die mittelamerikanische Land-brücke überschreiten. Ihre jahrtausende lange Reise hatte hier in einer neuen Welt ihr Ende gefunden. Kaum hatten sie sich niedergelassen, fingen sie auch schon fleissig an zu arbeiten.

So ab 4000 v. Chr. fingen sie in Alt-Peru an, das Land zu bestellen. Bald schon konnte man ihren Ackerbau nicht mehr als primitiv bezeichnen. Ab 2500 v. Chr. bauten sie die ersten Bewässerungsanlagen und fingen an, Lamas als Nutztiere zu halten.

Sie züchteten Mais und Baumwolle, wahrscheinlich auch schon die Coca. Der Andenstrauch kam möglicher-weise um 3000 v. Chr. von Ecuador nach Peru, zusammen mit Maniok und Erdnüssen. Die Wildpflanze wurde zur Kulturpflanze.

Der Kulturpflanze folgten die Kulturmenschen. Ab 1800 v. Chr. stellten sie Keramik her. Und ab 1500 v. Chr. trat dann die erste frühe Hochkultur, die *Chavin*-Kultur, in Erschei-nung. Schon 500 Jahre später setzten sie sich steinerne Denkmäler. Die Steinbearbeitung der *Chavin* hatte zwi-schen 900 und 300 v. Chr. ihren Höhepunkt. Als erste gebrauchten sie Gold und Kupfer und ihr Raubtierkult ist bis heute bekannt. Ein Kulturzentrum soll Anregungen geben. Und zweifelsohne regte die *Chavin*-Kultur die Entwicklung verschiedener Lokal-Kulturen an.

So von 500 v. bis 100 n. Chr. hatte die *Paracas*-Kultur, frühe Textilprofis, ihren Höhepunkt.

Indianische Cocapflücker

Vom 3. bis 7. Jahrhundert herrschte die *Nazca*-Kultur im Süden und die *Mochica*-Kultur im Norden des Landes.

Viel gelernt hatten die *Mochica* schon. In der Keramik-Kunst waren sie geradezu meisterlich, reich ihre Kenntnisse über Gold, Silber, Kupfer, Blei und Quecksilber. Selbst Legierungen kannten sie schon. Und natürlich hegten und pflegten sie Coca als Kultur- und Kultpflanze. Sie wurde im Hochgebirge der Anden, in den langgezogenen und tief eingeschnittenen Gebirgstälern des Nordens angebaut. Die schmalen Täler mit ihren terrassierten Berghängen eigneten sich vorzüglich für die treppenartig angelegten Felder. Für die *Mochica* das Hauptanbaugebiet der Kultpflanze.

Ihre Kultur, so von 100 v. bis 900 n. Chr., setzte den ersten Höhepunkt eines andauernden rituellen Cocakonsums. Nur bei besonderen kultischen Anlässen war es den *Mochica*-Indios gestattet, Cocablätter zu geniessen. So bestimmte es ihr Priesterfürst, in Personalunion geistliche und weltliche Macht. Er überwachte den Anbau seiner abgabepflichtigen Bauern und vergab Coca an seine Soldaten. Diese kauten die Blätter vor ihren rituellen Kämpfen und nutzten die Kraft der Pflanze bei kriegerischen Auseinandersetzungen. Die Medizinmänner des Priesterfürsten reichten die grünen Blätter auf den Feldbestellungs- und Fruchtbarkeitsriten für die überlebenswichtige Ernte. Und geerntet wurde viel, stellte doch der Feldbau die wirtschaftliche Grundlage der altperuanischen Indios dar.

Zwischen dem besiedelten Küstengebiet und dem besiedelten Hochland wurde reger Handel betrieben. Coca wurde unentbehrlich, half sie doch die langen Wegstrecken und die gewaltigen Höhenunterschiede zu überstehen und zu überwinden.

Die kultische Reglementierung des Cocaessens schloss den Missbrauch der heiligen Blätter aus. Die Pflanze war so kostbar, dass ihr Blattwerk den Toten für ihre lange Reise mit in das Grab gegeben wurde.

Die Coca blieb, während Kulturen entstanden und vergingen, sich ablösten und verschmolzen.

Im 4. bis 9. Jahrhundert breitete sich die *Tiahuanaco*-Kultur mit ihrem «Tränengott» aus.

Zwischen 900 und 1000 entstand an der Nordküste das *Chimu*-Reich, dessen Hauptstadt Chan-Chan später mit 100 000 Einwohnern eine der grössten Weltstädte dieser Zeit war.

Um 1200 eroberten die *Huaris*, deren Reich im 9. Jahrhundert bei Ayacucho entstanden war, die Küste.

Und um 1200 wurde vermutlich Cuzco, durch den ersten

Mumie eines geopferten Inka-Kindes geborgen

Die Mumie eines Inka-Mädchens, das vor fünf Jahrhunderten als Gottesopfer in 5300 Meter Höhe auf dem Aconcagua ausgesetzt worden war, hat ein argentinisches Archäologenteam in den Anden geborgen. Das Mädchen war im Alter von zehn bis zwölf Jahren ausgesetzt worden, wie der Leiter der Expedition, Juan Schobinger, jetzt nach der Rückkehr des Teams in Mendoza mitteilte. Die Archäologen fanden die Mumie in sitzender Stellung, umgeben von kostbaren Statuetten, einem Beutel mit Saatgut und Kokablättern.

Der Fund an dem schwer zugänglichen Süwesthang des Andengipfels gilt als einer der bedeutendsten in der Geschichte der südamerikanischen Archäologie. Schobinger, der das archäologische Institut der Universität Cuyo leitet, erläuterte dazu, dem Mädchen sei vermutlich Rauschgift verabreicht worden, ehe es zu der Opferstätte in 5300 Meter Höhe gebracht wurde, wo es erfror. Die mit Federn und kostbaren Stoffen geschmückte Mumie blieb bestens erhalten. Drei der in einem hochentwickelten Stil geformten Statuetten aus Gold und Silber stellen Menschen dar, drei weitere Lamas. An der Opferstätte fanden die Archäologen ebenfalls Schalen einer Muschelart, die ihnen Rätsel aufgibt. (AFP)

Der Tagesspiegel, 3. März 1985

Inka *Manco Kápac* gegründet, der spätere «Nabel» des gewaltigen Inkareiches.

Woher kam dieser göttliche Sohn der Sonne? Neugierig stellten diese Frage schon die Südamerikaforscher des 19. Jahrhunderts.

War dieser *Manco Kápac* wirklich so menschenfreundlich und uneigennützig? Woher kam er? Eine Antwort gibt vielleicht die Sage von den «Ayar-Brüdern und dem Ursprung der Inka».

Im Tal von Cuzco hatten sich, weil seine Fruchtbarkeit es für den Ackerbau geeignet machte, schon in ältester Zeit drei Völker oder Sippen niedergelassen, die Sauasera, Antasaya und Ualla hiessen... Sie lebten dort viele Jahrhunderte und bebauten ruhig und in Frieden ihre Felder... Sechs Leguas von Cuzco, im Südwesten an der Strasse, die später die Inka gebaut haben, liegt eine Stätte namens Pacaritambo, das heisst «Haus der Erzeugung». An dieser Stätte erhebt sich ein Berg mit Namen Tambotoco, was «Haus der Fenster» bedeutet. Und so viel ist sicher, in diesem Berge sind drei Fenster, deren eines Maras-toco heisst, während das zweite Sutic-toco und das dritte, in der Mitte liegende Capac-toco, «das reiche Fenster», genannt wird; das letztere soll nämlich später mit Gold und anderen Kostbarkeiten verziert worden sein. Aus dem Fenster Maras-toco trat, ohne Stammväter zu besitzen, ein indianisches Volk heraus, das Maras hiess, von dem es noch heute Angehörige in Cuzco gibt. Aus dem Fenster Sutic-toco kamen die Tambo-Indianer hervor, die sich rund um den besagten Berg niederliessen; gegenwärtig gibt es auch von dieser Sippe in Cuzco [Nachkommen]. Aus dem grössten Fenster Capac-toco traten vier Männer und vier Frauen heraus, die sich untereinander Geschwister nannten. Auch von diesen kennt man weder Vater noch Mutter; es heisst lediglich von ihnen, dass sie auf Geheiss Ticci Uiracochas aus dem mittleren Fenster hervortraten und ans Licht kamen, und auch sie selbst behaupteten von sich, Uiracocha habe sie erschaffen, auf dass sie

Manko Kápac, der göttliche Sohn der Sonne, war vor uralten Zeiten herabgestiegen von den Felsenmauern des Titikaka-Sees, und hatte das Licht seiner Mutter ausgegossen über die armen Bewohner des Landes. Er hatte ihnen die Kenntnis gebracht von den Göttern, ihnen nützliche Künste gelehrt und den Ackerbau verbreitet. Zugleich hatte er sie mit der *Coca* beschenkt, mit welches den Hungrigen sättigt, dem Müden und Erschöpften neue Kräfte verleiht, und dem Unglücklichen seinen Kummer vergessen macht.

von Bibra, 1855

Herren des Landes würden. Daher nahmen sie den Namen Inka an, was soviel bedeutet wie «Herr»; und weil sie aus dem Fenster Capac-toco kamen, legten sie sich den Zunamen Capac bei, das heisst «reich» (später freilich gebrauchte man diesen Ausdruck, um damit einen Herrscher über viele Untertanen zu bezeichnen). Folgendes waren die Namen der acht Geschwister: der älteste und angesehenste der Männer nannte sich Manco Capac, der zweite Ayar Auca, der dritte Ayar Cache, der vierte Ayar Uchu. Von den Frauen hiess die älteste Mama Ocllo, die zweite Mama Uaco, die dritte Mama Ipacura (andere sagen: Mama Cura), die vierte Mama Raua.

Diese acht Inka-Geschwister sprachen: «Da wir von Geburt tapfer und weise sind und mit den Stämmen, die wir an diesem Orte versammeln wollen, mächtig sein werden, so wollen wir diesen Ort verlassen und uns fruchtbare Länder suchen; lasst uns die Völker, die dort wohnen, unterjochen, wo wir sie finden, ihnen ihre Ländereien nehmen und mit allen Krieg führen, die uns nicht als Herren aufnehmen.»
Krickeberg, Düsseldorf & Köln, 1968

Die Spur der acht Inka-Geschwister war blutig. Die lange Reise überlebten nur *Manco Kápac* und seine Schwester *Mama Uaco*. Am Ende ihres Weges, zwischen zwei

Manco Capac und Mama O. Huaco

Flüssen angekommen, bauten sie das Haus der Sonne und nannten es Inticancha.

Es war das erste Haus einer nun wachsenden Stadt, die in die Geschichte eingehen sollte – Cuzco.

Vielleicht wurde Coca den Menschen auch gar nicht von *Manco Kápac* gebracht. Vielleicht zeigten die Götter nur den Weg ihrer Entdeckung.

Wer weiss, was die *Yunga*-Indios angestellt hatten, um sich den Zorn des Blitz- und Donnergottes zuzuziehen? War dieser doch so erzürnt, dass er die *Yunga* aus ihrer Hauptstadt Tiahuanaco vertrieb. Heimatlos zogen sie in den Anden herum. Hart war der Kampf um das Überleben. Dazu brauchte man Kraft. Die Götter hatten wohl ein Einsehen und zeigten den Sterblichen diese Kraft. So entdeckten die vertriebenen Yunga den Cocastrauch und überlebten in der rauhen Bergwelt.

Vielleicht kamen die Menschen aber auch ganz anders an die heilige Pflanze. Egal wie, sicher ist, dass die Götter ihre Hand mit im Spiel hatten.

Tuhuantinsuyo – das «Vier-Regionen-Reich» der Inkas

So um 1200 hatten sie in der rauhen Bergwelt Cuzco gegründet, sie, die den Namen «Inka», was soviel wie «Herr» bedeutet, angenommen hatten. *Manco Kápac* mit seiner Schwester *Mama Uaco*, dem mit seiner Schwester *Mama Ocllo* gezeugten Sohn *Sinchi Roca* und dessen Frau *Mama Sapaca*. Diese Gründung und der Aufbau des Inka-Reichs verliert sich für westliche Historiker im mythischen Dunkel der Geschichte. Was gross und mächtig wurde, das war der «Herr», der «Inka», über Jahrhunderte.

Ob *Pachacutec Inka Yupanqui (1438–1471)* nun tatsächlich der 9. Herrscher der Inka-Dynastie war oder nicht, durch seine Militärpolitik wird das Reich grösser, expandiert Mitte des 15. Jahrhunderts bis ins heutige Kolumbien. Die Eroberungstradition setzt sein Nachfolger *Tupac Inka Yupanqui (1471–1493)* fort. Die südliche Grenze des Staates vieler Völker verläuft im heutigen Mittelchile. Der altperuanische Raum ist den Inkas längst zu klein. 10 bis 15 Millionen Menschen wurden zur Blütezeit zwischen Kolumbien und Ecuador und Nordwestargentinien und Chile verwaltet. Ein mächtiger Staat mit klarer hierarchischer Ordnung.

Ein zentralistischer Staat mit zentralistischer Verwaltung, aufgeteilt in vier grosse Verwaltungsbezirke: Chin-

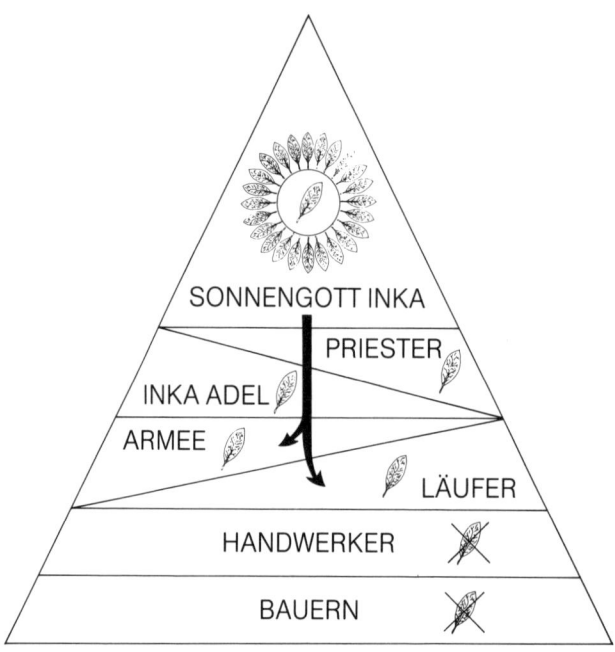

Inka-Cocamonopol

chaysuyo im Norden, Collasuyo im Süden, Cuntisuyo im Westen und Antisuyo im Osten.

Im Schnittpunkt dieser Landesteile lag die Hauptstadt – Cuzco.

Um nicht ständig Krieg im eigenen Reich zu haben, liessen die Inkas den Herrschern der unterworfenen Völker oft weiter deren Regierungsgeschäfte. Pflicht war jedoch für diese, die Staatssprache «Quechua» anzunehmen. Wurde tatsächlich einmal rebelliert, schlugen die Inkatruppen den Aufstand schnell nieder.

Den raschen Aufmarsch ermöglichte ein 16 000 Kilometer langes Strassensystem, das vertikal und horizontal über tausende Kilometer das Reich durchzog. Die 5 200 Kilometer lange und 6 Meter breite Andenstrasse und die 4000 Kilometer lange und 8 Meter breite Küstenstrasse, beide durch mehrere Seitenstrassen verbunden, waren die Heerstrassen der Inkas. Die rasche Kampfbereitschaft, die andauernde Kampfkraft und vor allem die Durchhaltekraft bei langen und ermüdenden Märschen stärkte das «Kampfkraut» Coca.

Aber nicht nur die Inka-Krieger, auch die schnellen Inka-Läufer, die «chasquis», stärkten sich mit Coca. Sie

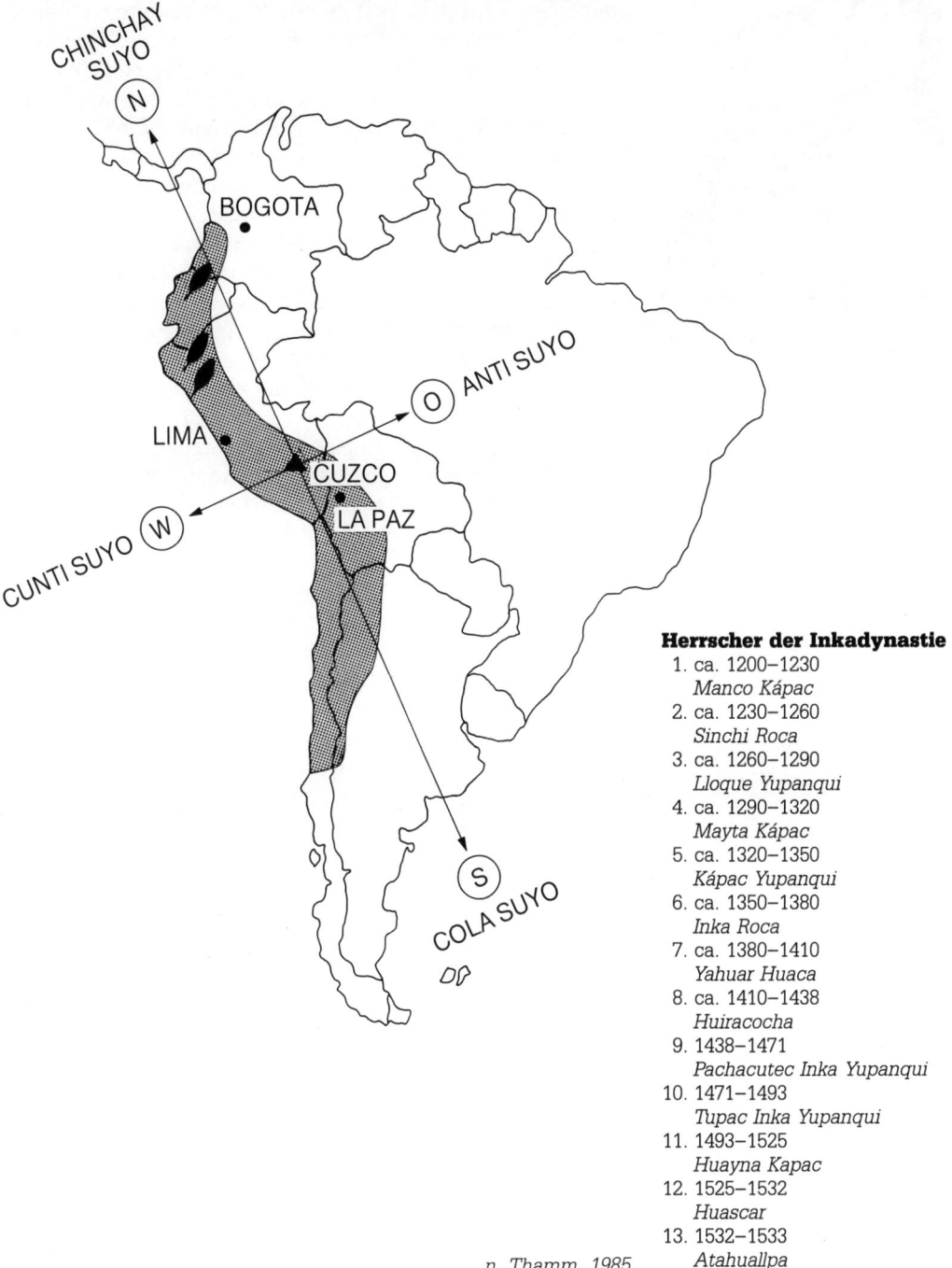

Tihuantinsuyo – «Vier-Re-gionen-Reich» der Inkas

CHINCHAY SUYO

N

BOGOTA

ANTI SUYO

O

LIMA

CUZCO

LA PAZ

CUNTI SUYO W

S

COLA SUYO

Herrscher der Inkadynastie

1. ca. 1200–1230
   Manco Kápac
2. ca. 1230–1260
   Sinchi Roca
3. ca. 1260–1290
   Lloque Yupanqui
4. ca. 1290–1320
   Mayta Kápac
5. ca. 1320–1350
   Kápac Yupanqui
6. ca. 1350–1380
   Inka Roca
7. ca. 1380–1410
   Yahuar Huaca
8. ca. 1410–1438
   Huiracocha
9. 1438–1471
   Pachacutec Inka Yupanqui
10. 1471–1493
    Tupac Inka Yupanqui
11. 1493–1525
    Huayna Kapac
12. 1525–1532
    Huascar
13. 1532–1533
    Atahuallpa

n. Thamm, 1985

Inka-Eilbote

hatten es wirklich nötig. Man könnte diese Inka-Boten als «Anden-Express des 15. Jahrhunderts» bezeichnen. Wundersames wird von den immer einsatzbereiten Läufern erzählt. Im Stafettensystem sollen sie an einem Tag Botschaften bis zu 400 Kilometer weitergeleitet haben. Tag und nacht standen die Eilkuriere entlang der Strasse bereit, um Botschaften, Informationen und Privatnachrichten für den Inka zu vermitteln. Ein Kurier legte durchschnittlich 2,5 Kilometer in 10 Minuten zurück. Es wird berichtet, dass mit diesem Kuriersystem (das selbst das römische übertraf) eine Entfernung von 1800 Kilometern in 5 Tagen und Nächten bewältigt werden konnte. Cocablätter beflügelten ihre Schritte, regelmässige Cocarationen standen ihnen zu. Jedoch gehörten weder sie noch die Soldaten zu den Privilegierten des Reichs. Nur auf amtliche Anordnung durften und konnten sie die Blätter geniessen. Relativ frei geniessen konnte hingegen die Oberschicht, der Inka-Adel und natürlich die Priesterschaft des Sonnenkönigs, dem Stellvertreter des Sonnengottes auf Erden. Wie schon die *Mochica* hatte auch er Coca zum Staatsmonopol erklärt; schliesslich wurde Coca für Staatsaufgaben benötigt: Coca für die Schnelligkeit der amtlichen Läufer, Coca für die marschierenden Militärkolonnen, Coca für adelige Reisende, Coca für den Kult der Priester. Coca auch als diplomatisches Geschenk. Natürlich wurde nicht nur die Cocaverteilung, sondern auch der Cocaanbau kontrolliert. Die Bauern hatten für das Wachstum des Strauchs zu sorgen. Nach der Ernte auf den Terrassen-Feldern sorgten sich dann die Priester weiter um das grüne Blattwerk. Nach der Inka-Hierarchie war es ihrer Kaste vorbehalten, Coca kultisch einzubinden.

Und diese gottkönigliche Aufgabe erledigten sie gerne. Coca als Kultdroge half bei Blutopfern und Fruchtbarkeitsriten. Und gross war er, der Götterhimmel der Inkas. Und alle Götter und Geister überragte er, «Huiracocha», Schöpfer der Welt und zugleich Vater und Mutter aller Götter. Ein Gott, der Vertreter des Sonnengottes auf Erden, so glaubten die Bauern, war immer mitten unter ihnen: der *Inka*, Vereinigung der religiösen und weltlichen Macht.

Er war der Herrscher über Leben und Tod, über Cocabesitz und Cocaverbot. Kultisch kauten die Priester den Bauern bei der Feldbestellung und dem Erntedankfest die Coca vor. Das kleine Coca-Kult-Monopol hatten die Priester der *Inka Roca*-Regierung (ca. 1350–1380) zu verdanken, der das Cocakauen stark religiös einbinden liess. Vielleicht ein Dank an die Priesterschaft, weil seine Eroberungszüge um Cuzco so erfolgreich verlaufen waren. Steinerne Nischen liess der Herrscher an den Rändern der Strassen bauen. Hier wurden die Cocablatt-Bündel zu Opfergaben, Götter mussten gnädig gestimmt werden. Vielleicht langte ab und dann einmal eine unbefugte Hand in den Cocaopferstock, um sich dann in einem der Rasthäuser, der «Tambos», erfrischen zu können. Diese standen oft im Abstand von einem Tagesmarsch auseinander und waren die beliebten Treffpunkte der Lamakarawanen, adeliger Reisender, der Militärkolonnen und der Eilboten. Für die Priesterschaft erfrischend lange hielt sich Coca als pflanzliches Handwerkszeug für ihre sakralen Handlungen. Den mehr weltlichen Bedürfnissen wurde Coca Ende des 15. Jahrhunderts zugeführt.

Unter der Regierung von *Huayna Kápac (1493–1525)* wurden die strengen Anbauregeln ausser Kraft gesetzt. Der Sonnenkönig vergab die Anbaurechte an die Adelskaste, die Kultdroge verkam zur Wirtschaftsdroge – die Tage des Coca-Staatsmonopols waren gezählt.

Der letzte grosse Inka-Herrscher verteilte nicht nur die göttlichen Cocapfründe, er teilte auch sein Reich. Der Streit unter den beiden nachfolgeberechtigten Sonnenbrüdern *Huascar (1525–1532)* und *Atahuallpa (1532–1533)* über diese Teilung war vorprogrammiert. Es kam darüber zum Bürgerkrieg. Der mächtige Thron der Inkas hatte schon Risse, als die spanischen Conquistadores durch den Dschungel dem Untergang der Sonne und der Sonnenkönige entgegenkamen.

Atahualpa, Inkaherrscher

Nueva Castilla – Coca-Devisen aus dem Vizekönigreich

Die Inka-Sage berichtet, dass der göttliche Sohn und Staatsgründer *Manco Kápac* einen falkenartigen Vogel namens *Inti* hatte. Von allen verehrt, wurde er aber auch als heilig und magisch gefürchtet. *Manco Kápac* bewahrte den Vogel in einem Strohschächtelchen auf. *Sinchi Roca* übernahm den Vogel als göttliches Erbteil. Der gefiederte Himmels-Freund überlebte einige seiner göttlichen Besitzer.

Wie immer wollten die Inkas ihr Sonnenfest feiern. Doch in diesem Jahr, 1532, wurde es dann doch ganz anders. Während der kultischen Handlungen fiel plötzlich ein Adler tot vom Himmel. Seinem Sturz folgte ein Erdbeben, das den ganzen Festplatz erschütterte. Böse Vorahnungen hatten die Priester, ein schlechtes Vorzeichen für den Bestand des Reiches.

Pizarro an der Küste Perus

«Mama Coca» zeigt der Alten Welt die göttliche Pflanze

Bei Tumbes in Nordperu waren im April des selben Jahres 130 bis 250 bewaffnete Männer der spanischen Krone gelandet. *Franzisco Pizarro* und sein kleines Heer, nun auf dem Wege ins Zentrum der Macht des Inkas, war die tödliche Nachhut des toten, gefiederten Vorzeichens. Schneller als je in ihrem Läuferleben brachten diesmal die «chasquis» ihrem Herrscher die neuen Botschaften. Und diese waren nicht erfreulich. Weissgesichtige Menschen mit riesigen Tieren und Donnerstöcken waren ins Reich eingedrungen. Und der Gott *Inka,* auf dessen Wort Zehntausende von Kriegern hörten, wartete auf die Ankunft der weissen Götter.

Pizarro erreichte ohne grosse Schwierigkeiten im November 1532 das Gebirgsstädtchen Cajamarca. Auf ihn, 106 Soldaten und 62 Reiter, wartet der Inkaherrscher *Atahuallpa* mit 40 000 Bewaffneten. Er wartet auf dem grossen Festplatz, dessen Ausgänge von den Conquistadores sogleich besetzt werden. Während Indiokönig *Atahuallpa* zur Begrüssung der fremden Götter eine Rede hält, bringt der Begrüsste seine Reiterei und Artillerie in Stellung. *Pizarro* wartet das Ende der Rede nicht ab. Seinen Soldaten sticht der Goldschmuck in die Augen. Während die spanischen Haudegen die Indiokrieger tothauen, verbietet ihr oberster Kriegsherr die Gegenwehr und lässt sich gefangennehmen, um später verurteilt und hingerichtet zu werden.

Durch diesen barbarischen Staatsstreich im Namen der

Gefangennahme des letzten Inkaherrschers

spanischen Krone und des christlichen Kreuzes wurde bald der gesamte, hochspezialisierte Verwaltungsapparat der Inka-Führung kopflos. Zu lange hatten die göttlichen Inkas für ihr Volk gedacht, Entscheidungen für das Volk getroffen, die Völkerschaften verwaltet. Über Jahrhunderte himmlischer Herrscher hatte das Volk das selbständige Handeln verlernt. Es gab keine Führer, die gegen die Spanier den Widerstand organisieren konnten.

Fast unangefochten erreicht *Pizarro* ein Jahr später, am 15. November 1533, die Inka-Hauptstadt Cuzco; ernannte *Manco Inka,* den Bruder des festgesetzten, entmachteten *Atahuallpa,* zum Thronfolger und kehrte an die Küste zurück.

Hier gründete er am 18. Januar 1535 Lima, fortan Hauptstadt der neuen spanischen Kolonie. Keine zehn Jahre später, 1544, ist Lima die Hauptstadt des gesamten spanischen Kolonialreiches in Südamerika.

Als die Kunde von den sagenhaften Schätzen der Inka-Könige die Alte Welt erreichte, brachen ungezählte Abenteurer, Legionäre aber auch Kirchenmänner aus Spanien und Portugal, aber auch aus anderen europäischen Ländern, auf, um ihr Glück und ihr Heil in der Neuen Welt zu suchen und zu predigen. Eine grosse Anzahl von spanischen Niederlassungen entstand. Auf der Suche nach Gold, Macht und Einfluss brachten die Europäer eine Unruhe ins Land, die scheinbar bis zum heutigen Tage anhält.

23

Erstürmung von Cuzco

Unter *Manco Inka* hatten die Inkas 1536 in Cuzco zwar einen letzten grossen Aufstand gegen die fremden Regenten erprobt, vergebens. Kein Wunder, dass sein Sohn *Tupac Amaro* 1571 hingerichtet wurde. Man wollte sich nicht mehr vor einem Aufstand fürchten müssen. Die Dynastie der Inkas war zu Ende.

Wenn es keinen Gegner mehr gibt, dann bekämpft man sich untereinander. Wie beim Feind Inka war es auch beim Feind Conquistador das selbe Motiv: Gold, Macht und Einfluss. Aus den Kampfgefährten *Pizarro* und *Diegro de Almargo* wurden erbitterte Feinde, «Pizarristen» bekämpften «Almagristen». Auf die Dauer tat es beiden Führern nicht gut. *De Almagro* wurde 1538 hingerichtet. Die Rache seiner Gefolgsleute verfolgte *Pizarro* drei Jahre, bis sie 1541 durch seinen Tod gesühnt wurde.

Francisco Pizarro

Zwei Jahre später wurde die neue Kolonie zum spanischen Vizekönigreich Nueva Castilla, das verwaltet werden wollte. Für die Indiobauern wechselten nun die «Herr»-Schaften. Die neu-kastilianischen Verwalter, die «Encomienderos», waren nun die neuen «Herren», spanische «Inkas».

Die Verpflichtung zur Arbeit blieb, nur das Sozialsystem der Inkas war besser gewesen. Die Spanier hatten keines mehr für ihre Indioarbeiter. Sie forderten nur Arbeit, in den Bergwerken und auf den Plantagen. Zehntausende starben. Vielleicht wären weniger gestorben, wenn sie ihre pflanzliche Antriebskraft, Coca, gehabt hätten. Aber die neuen

Herren hatten ein ausgesprochen gestörtes Verhältnis zum grünen Cocablatt. Seinen Widerwillen schrieb sich schon *Americo Vespucio* am 4. September 1504 von der Seele, nach seiner Reise zur Nordküste Südamerikas 1499:

> «Sie waren sehr hässlich in Art und Erscheinung; ihre Backen blähten sich alle mit einem gewissen grünen Kraut, das sie beständig kauen wie Kühe. Sie konnten kaum sprechen, und jeder trug zwei Kürbisflaschen um den Hals, die eine voll des Krauts, das er im Mund hatte, und die andere voll eines weissen Mehls, das wie Gipspulver aussah. Von Zeit zu Zeit pflegten sie einen Stock anzufeuchten, in das Mehl zu tunken und ihn dann in den Mund zu stecken ... dadurch vermischt sich das Mehl mit dem Kraut ... und da wir darüber sehr erstaunt waren, konnten wir ihr Geheimnis nicht verstehen ...»

Pedro de Valdivia, Waffengefährte Pizarros

Nun, wie ein roter Faden sollte sich die Abneigung der Europäer gegen diese unheimliche Indiositte durch das 16. Jahrhundert ziehen. Auch der Chronist, *Pedro Cieza de Leon* fixierte sie:

> «...Wenn man die Indianer fragt, warum sie ihren Mund immer voll von jenem Kraut haben, das sie nicht essen, sondern nur zwischen ihren Zähnen halten, sagen sie, dass sie wenig Hunger empfänden und feststellten, dass sie selber voller Kraft und Stärke seien. Ich denke, dass es etwa eine solche Wirkung haben muss, obwohl es mir eine schlechte Gewohnheit und eine Sünde zu sein scheint, angemessen für solche Menschen wie diese Indianer ...»

Wie schon seit 1500 Jahren war nun auch hier und jetzt die Kirche für diese Sünde zuständig. Magische Gifte waren gefährlich. Man setzte sie besser auf die schwarze Liste. Was der altweltlichen Hexensalbe recht war, konnte dem neuweltlichen Cocablatt nur billig sein. Das neukastilianische Wunderkraut konnte nur Teufelswerk sein.

Amerigo Vespucci

Das wussten die spanischen Kirchenmänner von ihren reiselustigen Glaubensbrüdern, die die indianische Unsitte als «hablar con el demonio», soviel wie «mit dem Teufel sprechen», abkanzelten.

Die Kirche war sich einig. Schon zehn Jahre nach der Mordtat an *Pizarro,* tagte 1551 das erste kirchliche Konzil von Lima. Gemeinsam beschloss man christlich, Coca zu verdammen. Der Gebrauch der Droge behinderte die Verbreitung der rechten und richtigen Religion, von der die Indios noch nicht viel wussten. Sie sollten das Christentum kennenlernen.

Pizarro erhält 1529 v. Kaiser Karl V. Statthalterschaft und Würde eines Generalkapitäns von Peru

Schon der grosse Inka-Fürst *Atahuallpa* war zum Christentum übergetreten, um der Schande des Verbrennungstodes zu entgehen. Gnädige Christen begnadigten ihn zum Tod durch Erhängen.

Die Tradition des Cocakauens war bald 4000 Jahre alt, als *Diego de Robles* herausfand:

«Coca ist eine Pflanze, die der Teufel zur völligen Zerstörung der Eingeborenen erfand.»

Vom kirchlichen Wissen um die Coca-Dinge musste noch die weltliche Macht überzeugt werden. Am Hofe Philips II. interessierte man sich immer noch mehr um die Erhaltung der indianischen Arbeitskräfte. Erst am 17. Dezember 1563 war durch neuen königlichen Erlass den Spaniern verboten worden, die Indianer zur Beteiligung an der Ausbeutung der Cocapflanze zu zwingen. Die Kirche hatte die lange Tradition des Warten-könnens auf ihrer Seite. Ganz im Sinne der Geistlichen schickt der spanische König 1569 schliesslich seine Empfehlung nach Peru:

«...dass sich bestimmte Unannehmlichkeiten aus dem Gebrauch und den Sitten der Indianer dieses Landes in Hinsicht auf den Anbau von Coca ergeben, da sie ein wichtiges Element in ihrem Götzendienst, ihren Zeremonien und ihrer Hexerei darstellt, und sie vorgeben, dass sie dadurch, dass sie es im Munde haben, Stärke empfangen, was eine Vorspiegelung des Teufels ist, wie einige erfahrene Leute sagen...»

Die «erfahrenen Leute» verschafften der königlichen

Anti-Coca-Botschaft vor Ort Nachdruck. 1570 führte die Kirche die Inquisition ein.

Doch schon zehn Jahre später stellten die «erfahrenen Leute» ihre «Geschäftserfahrungen» über die bisher bevorzugten. Kluge Kirchenköpfe stellten fest, dass der Cocahandel in ganz Peru zur wichtigsten Quelle landwirtschaftlichen Einkommens wurde. Durch die Einziehung des Zehnten und Tributleistung der Indios liess sich sowohl das Einkommen der Krone als auch der Kirche mehren. Die ertragsreiche Coca sicherte den indianischen, auch schon den ersten spanischen Bauern den Lebensunterhalt und die Arbeitskraft der Minenarbeiter konnte zur Gänze ausgeschöpft werden.

Die Heilige Inquisition wandte sich anderen Kirchenverbrechen zu, man liess den Indios ihr Teufelskraut und schloss sich im übrigen der progressiven theologischen Argumentation des Glaubensbruders *Juan de Matienzo* an:

Simón Bolivar

> «. . .da Gott die Coca in diesem Lande statt in irgendeinem anderen erschuf, muss sie für die Einwohner des Landes notwendig gewesen sein, weil Gott nichts im Übermass oder ohne Folgen tat . . .»

In der Folge erfreute sich Coca wieder bester, diesmal internationaler Zuneigung. Die Folgen für die über 10 Millionen Bewohner des Ex-Inka-Reichs hingegen waren katastrophal. Bis Ende des 18. Jahrhunderts wurde sie durch Teufelskrankheiten der Eindringlinge und die harte Arbeit auf 600 000 dezimiert. Da sie für die neuen «Herren» der Alten Welt nur Arbeitskräfte waren, bemerkten diese den Verlust nur durch den entstandenen Arbeitskräftemangel. Negersklaven und Chinesen wurden nun ins Land geholt. Mit ihnen, den Ureinwohnern und den Mischlingen aus spanisch-indianischen Beziehungen war die Saat des Unabhängigkeitskampfes Südamerikas gegen die weissen Herren gesät. die mit *Simon Bolivar* aufgehen sollte. Ob er und seine Mitstreiter in der ersten Hälfte des 19. Jahrhunderts Coca brauchten oder nicht, ist nicht bekannt. Dafür brauchten sie die Europäer in der zweiten Hälfte des 19. Jahrhunderts.

2. Kapitel

EINE BEMERKENSWERTE NUTZPFLANZE
Cocaanbau und -konsum in Südamerika

Ein langer Weg zur botanischen Bestimmung

Franzisco Pizarro starb 1541 in der von ihm selbst gegründeten Stadt Ciudad de los Reyes, dem späteren Lima. Der Tradition der damaligen Zeit folgend, starb er keines natürlichen Todes. Anhänger seines einstigen Waffengefährten *Almagro* ermordeten ihn.

Als *Pizarro* als hartgesottener Conquistador 1532 mit seinen 106 Soldaten und 62 Reitern den 40 000 Kriegern des Gottkönigs *Atahuallpa* gegenüberstand, waren die Coca-Vorräte der Inkas noch beträchtlich.

Schon 1556 brachte *Monardes* die ersten wissenschaftlichen Erkenntnisse über Coca nach Europa, aber die For-

Ein 6jähriger Coca-Baum

31

Der junge Linnaeus

scher des 16. Jahrhunderts waren an dieser Inka-Pflanze nicht sonderlich interessiert. Auch im 17. Jahrhundert fand sich kein Gelehrter, dessen Neugier gross genug war, dem Geheimnis dieses Strauches aus den fernen Kolonien der spanischen Krone nachzugehen. Erst im 18. Jahrhundert, Europa war naturforschungs- und entdeckungsfreudig geworden, wurde die Pflanze wiederentdeckt.

Der französische Forschungsreisende *Josef de Jussier* brachte 1750 einige Exemplare einer bolivianischen Pflanze mit nach Europa. Er und einige Kollegen in den benachbarten Staaten beschrieben die Coca-Pflanze. In den 80er Jahren war sie exakt botanisch bestimmt. Wer sie nun tatsächlich als erster beschrieben hat, lässt sich mit Bestimmtheit nicht mehr sagen. Waren es nun *Antonio José Cavanilles* und *Jean-Baptiste Lamarck* oder die Herren *Patrick Browne* und *Linneaus*?

Nun, egal. Man taufte sie «Erythroxylon coca», und bei der Namensgebung hatten sich die Gelehrten etwas gedacht.

Den Gattungsnamen «Erythroxylon» bezog die Pflanze von dem für sie so charakteristischen rotfarbenen Holz.

In der Sprache des altperuanischen Indiostammes der Aimará bedeutet «Khoka» einfach «Baum». Und baumartig sieht der Strauch nun einmal aus. So lag es nahe, dass der Spezies der Name «Coca» gegeben wurde.

Ende des 18. Jahrhunderts war der botanische Steckbrief der Pflanze aus Übersee bekannt.

Pflanzenkundliches

Im 19. und 20. Jahrhundert konnten Botaniker viele Arten bestimmen, die zur Gattung Erythroxylon gehörten. Heute sind etwa 200 Arten bekannt, von denen als ausgesprochene Coca-Pflanzen jedoch nur zwei Arten von Bedeutung sind: E. coca und E. novogranatense.

Diese grossen, bald baumartigen Sträucher, die wildwachsend bis über 5 Meter gross werden können, sind auf ihre evolutionäre Art empfindlich. Sie reagieren auf Temperatur, Bewässerung, Böden und Höhenlage. Bei optimalen Lebensbedingungen bedanken sie sich beim Coca-Bauern mit alkaloidhaltigen, mit wirkstoffreichen grünem Blattwerk.

Extrem hohe oder niedrige Temperaturen verträgt der Coca-Strauch nicht. Sinken die Temperaturen unter 15 Grad Celsius, fängt er an zu verkümmern. Fällt die Temperatur gar unter den Gefrierpunkt, stirbt er ab. Bei grosser Hitze, ab 30

Cocablatt, Nahaufnahme

Grad Celsius, verlieren die Coca-Blätter ihren Wirkstoffgehalt. Er wird so gering, dass sich die Blätter weder für den normalen Konsum noch für die Weiterverarbeitung zu Kokain eignen. So bevorzugt der Strauch eine gleichbleibende mittlere Tagestemperatur zwischen 16 und 20 Grad Celsius, ideales Wachstumswetter.

Feucht sollte es schon sein, Nebelschwaden und Sprühregen – regelmässige und reichliche Niederschläge. Aber auch nicht zu feucht. Coca-Sträucher in den starken Regenzonen entziehen ihren Blättern den Wirkstoff.

Auch an seinen Ernährer, den Boden, hat der Coca-Strauch Ansprüche. Kalkreiche Böden lehnt er mit Wachstumsverweigerung ab. Mineralhaltige Humusböden hingegen sind mehr als zuträglich.

Vor undenklichen Zeiten fand eine rote, eiförmige Steinfrucht, die sich in einer gelblich-weissen Blüte entwickelt hatte, ihren optimalen Lebensraum in den Osthängen der Gebirgslandschaften von Peru und Bolivien.

In der idealen Höhenlage zwischen 600 und 1000 Metern verbreitete sie sich als Coca-Strauch rasch. Auch die Höhenlage, wie schon die Klimafaktoren, übt Einfluss auf die Entwicklung des Wirkstoffgehalts aus. Ein langsames Wachstum in darüberliegenden Höhenlagen führt in der Regel zu höheren Wirkstoffgehalten. Erst der Frost setzt hier wieder die Grenze, bedroht den Strauch mit dem Tod. Diese peruanischen und bolivianischen Andenböden bieten mit ihrem Eisensulfat und Mineralsalzen einen idealen lehmbodenständigen Halt für die Coca-Kultur. Und kultiviert wird der Coca-Strauch schon seit Jahrtausenden, und seit Jahrtausenden hat sich der Anbau und die Ernte nicht geändert.

Seite 34/35:

1
Erythroxylon coca: Blatt-Nahaufnahme

2
Zwei Wochen alter Coca-Sprössling

3
Coca-Plantage, Yungas/Bolivien

4
Cocablatt-Ballen

5
Getrocknete Cocablätter, Cuzco/Peru

6
Verschiedene Cocablattarten + Coca-Tasche, «Chuspa»

1

2

3

4

5

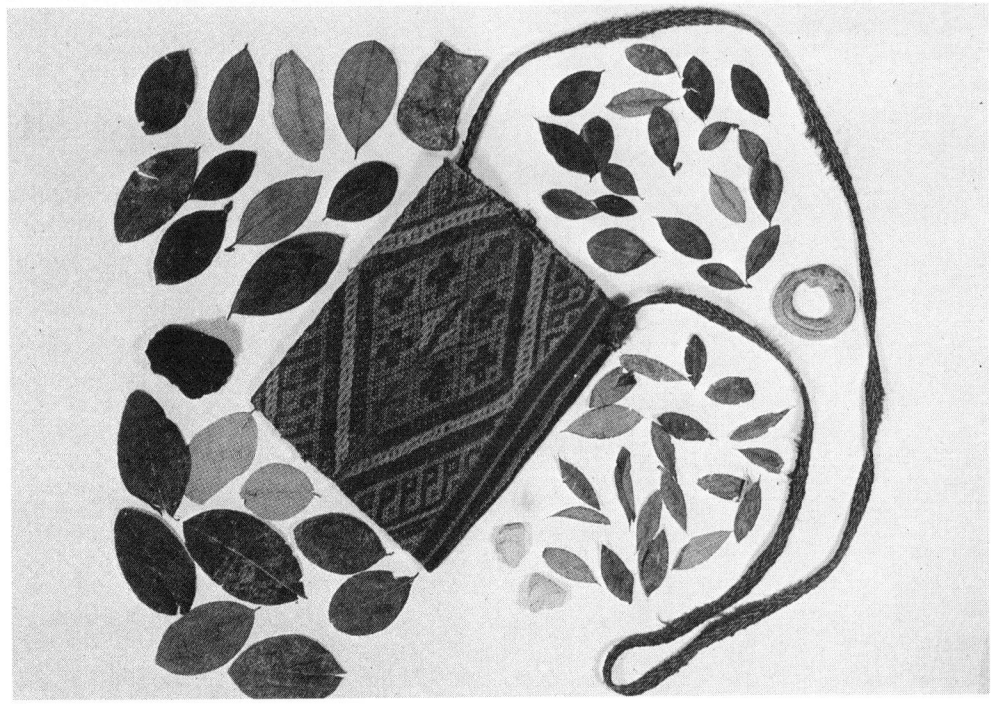

6

Coca-Strauch-Terrassen, östliche Andenausläufer

Cocaanbau

Als Kulturpflanze wird der Coca-Strauch auf Feldern angebaut. Die Coca-Plantagen sind meist terrassenförmig an
geschützten Berghängen angelegt, mit der Weinberg-Kultur
in Europa vergleichbar.

Die Aussaat ist eine Frühlingsarbeit, die vor der Regenzeit erfolgt. Bis zum Keimen werden die Samen mehrmals
täglich begossen, dann in eine Bodenmischung aus Humus,
Sand und verfaulten Blättern eingepflanzt. Der Boden muss
ständig feucht gehalten werden.

Nach zwei Wochen zeigen sich die ersten Coca-Spröss-
linge. Wenn die Coca-Setzlinge, die auch in speziellen
Sämereien, in Baumschulen herangezogen werden, etwa 15
Zentimeter hoch sind, werden sie in Abständen von 30
Zentimeter umgepflanzt.

In diesem wichtigen Wachstumsabschnitt darf der
Boden nicht tief austrocknen. Das Blattwerk muss ständig
feucht gehalten werden. Vor heisser Sonne wird mit Planen
geschützt.

Nach einem guten Jahr des Wachstums sind die Setzlinge einen halben Meter hoch. Nun kommen sie auf das
eigentliche, gut gepflügte und humusreiche Feld, dem

«Cocal». Nach dieser letzten Umsetzung haben die angehenden Coca-Sträucher ihren endgültigen Standort bekommen. Um die Jungpflanzen herum werden kleine Erdhügel aufgeschüttet. Vor grosser Sonnenbestrahlung müssen sie immer noch geschützt werden. Statt der Plane greift der Coca-Bauer nun auf natürliche Schattenspender zurück. Zwischen den Reihen der Coca-Stauden werden zusätzlich schnellwachsende Nutzpflanzen, Mais und Maniok, aber auch Kaffee ausgesät, die rasch zum Sonnenschutz werden und die Setzlinge vor dem Austrocknen bewahren.

Cocaernte

Ein bis drei Jahre muss gewartet werden, bis zum ersten Mal geerntet wird. Dann werden die lanzettförmigen Blätter, die ganz frisch eine dunkelgrüne Farbe haben, von den noch zarten Zweigen abgeknipst. Die Coca-Blätter dieser ersten Ernte sind besonders wirkstoffhaltig. So wird die erste Ernte durch die hochwertigen Blätter zur qualitativ wichtigsten Ernte.

Das Pflücken der Blätter tut dem Strauch nicht weh, regt ihn vielmehr zu neuem Wachstum an. Die Pflanze wird

1
Trocknen der Cocablätter, Dorf in Chapáre

2
Pressen der Cocablätter zu Ballen

3
Arbeiter treten Cocablätter mit Wasser und etwas Schwefelsäure zur Masse

4
Herstellung von roher Kokain-Paste nach Zugabe von Chemikalien

Campesinos beim Cocapflücken

Cocapflücker

immer widerstandsfähiger und braucht auch keinen besonderen Sonnenschutz mehr. Nun ist die Coca-Kultur in einem Stadium, die drei bis vier Ernten im Jahr erlaubt. So ernten die Coca-Bauern der Anden im März, Juni und Oktober. Die ertragreichste ist die erste Ernte im Frühjahr nach der Regenzeit. Die zweite Ernte im Juni fällt schon spärlicher aus. Der Coca-Bauer kommt auf seine Kosten, wenn der Ertrag eines Hektars bei 1000 Kilo Coca-Blätter liegt.

Und – seine Coca-Sträucher bleiben bis zu 40 Jahren ertragsfähig. Die meisten Coca-Bauern geben jedoch ihre Coca-Kulturen nach 10 Jahren auf, da ab diesem Zeitpunkt die für eine Weiterverarbeitung geeigneten Blätter geringer werden.

Die ganze Familie, Kinder, Frauen und auch die alten Männer, gehen zum Ernten auf die Felder. Die beste Erntezeit des Tages ist der späte Vormittag. Der Erntetag muss trocken sein. Ist er feucht, fangen die Blätter leicht an zu schimmeln. Ist es trocken, wird der Wirkstoff bewahrt. Je rascher die Blätter trocknen, desto grösser ist der Wirkstoffgehalt, im Schnitt zwischen 0,5 und gut 1 Prozent Kokain.

Wieviele Coca-Bauern mit ihren Familien an den Ernten beteiligt sind, lässt sich schwer schätzen. Aber zehntausende Familien leben vom Anbau des Strauches, darunter viele arme Indios. Für sie ist Coca die ideale Nutzpflanze. Während andere Nutzpflanzen nur zu einer Jahresernte angebaut werden, kann am Coca-Strauch mehrmals im Jahr geerntet werden. Und selbst für die Anspruchslosen reduziert der Strauch seine Ansprüche. Wenn es sein muss, wächst er auch dort, wo andere Agrarprodukte auf Grund schlechter Bodenqualität nicht mehr angebaut werden können. Coca-Anbau als Brot der Armen.

Trocknen der frisch gepflückten Cocablätter

Coca del Dia oder Coca picade – vom Trocknen der Blätter

Die Coca-Bauern kennen verschiedene Trockenmethoden.

Auf einem gepflasterten Trockenplatz, oder auf einem ausgetrockneten Lehmboden («maputa») werden die Blätter möglichst dünnschichtig ausgebreitet. Die Sonne trocknet die Blätter in wenigen Stunden. Der Trocknungsvorgang wird durch häufiges Wenden und Auflockern unterstützt. Qualitativ hochwertig sind die Blätter nach etwa 6 Stunden. Die Peruaner nennen sie «Coca del Dia», was «an einem Tag getrocknet» bedeutet oder auch «Cacha», einfach «grünes Blatt». Und von olivgrüner Farbe sind die elastischen Coca-Blätter, deren Oberfläche glatt und leicht glänzend ist.

Auf den Indio-Märkten erzielen diese Blätter hohe Preise.

Eine zweite Methode besteht darin, die Blätter auf dem getrockneten Lehmboden mit einer bis zu 5 Zentimeter hohen Schicht aus Holzschwarten zu bedecken und sie dann von der Sonne trocknen zu lassen.

Indio beim Cocasack/ballen-Transport

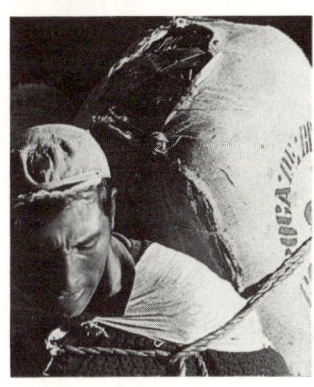

In einer weiteren Methode werden die Blätter einem leichten Gärungsprozess ausgesetzt. Dieser wird dadurch erreicht, indem man beim Antrocknen die Blätter immer wieder anfeuchtet und mit den Füssen stampft. Die Blätter werden dann in Lagerschuppen zu dünnen Lagen aufgeschüttet und mit Wolltüchern abgedeckt. Mehrmals werden sie dann wieder, bis sie trocken sind, gestampft. Die so getrockneten Blätter werden als «Coca picade» bezeichnet. Sie sind so lange Zeit, bis zu ein paar Jahren, haltbar. Da der Wirkstoffgehalt jedoch schon nach wenigen Monaten geringer wird, gehen die Blätter häufig schon nach kurzer Zeit in die Weiterverarbeitung zu Kokain oder in den Handel zum Eigenverbrauch. Auf die Indio-Märkte wird die Ware dann in Körben und Säcken gebracht, wo der Handel mit Coca-Blättern auch heute noch legal ist.

Rohstoffherstellung – der Weg zur «Coca bruta»

Auf vielen Plantagen werden die Blätter zu handlichen ½ Zentner schweren Ballen gepresst. Dann machen sich die Lastträger, viele tausend in den Andenländern, als «Ameisen» auf den oft sehr beschwerlichen und langen Weg, durch den Dschungel in die Nachbarprovinzen, oder wo sonst auch immer die grossen Farmen sind, die einzig auf die Kokain-Rohstoffherstellung eingerichtet sind.

Arbeiter bei der weiteren Coca-blatt-Verarbeitung

In grossen Zementbecken werden hier die Blätter mit Wasser und etwas Schwefelsäure aufgegossen. Hilfsarbeiter treten sie dann bis zu 24 Stunden. Eine grünlich-braune Brühe entsteht, der man Kerosin und etwas Kalk oder auch Natriumkarbonat beimischt. Weisse Flocken bilden sich, die durch Tücher abgeseiht werden. Zurück bleibt eine Art «Paste», die «Coca bruta». Je nach Qualität der gelieferten Ware können so aus 100 bis 200 Kilo Coca-Blätter ein Kilo «Kokain-Sulfat», also Coca-Paste, gewonnen werden.

An diesem ersten wichtigen Zwischenprodukt sind die vielen Aufkäufer der Kokain-Könige, der coca war lords, interessiert. Fast immer wird die Paste mit dem Flugzeug abgeholt und dann in die fernen Kokain-Laboratorien, beispielsweise in Kolumbien, gebracht, wo sie in einem zweiten Veredlungsprozess zu Kokain verarbeitet wird.

Von diesem Geschehen ist der einfache Indio-Bauer weit entfernt. Dem Coca-Kauen steht er jedoch sehr nah.

Coca – Genussmittel der Indios: Verbreitung gestern und heute

Und als Handelsware hatte die Indios eigentlich schon immer nur das Cocablatt interessiert. Erst recht vor der Entdeckung des Kokain im fernen Europa 1860.

Viele Zeugnisse bekunden, welchen zentralen Wert der Cocaanbau, aber auch die Verbreitung unter den Indios vor über 130 Jahren hatte. Der Drogenkenner und Südamerikatourist Ernst Freiherr *von Bibra* berichtet über «narkotische Genussmittel» 1855:

Stationen der illegalen
Kokainherstellung:

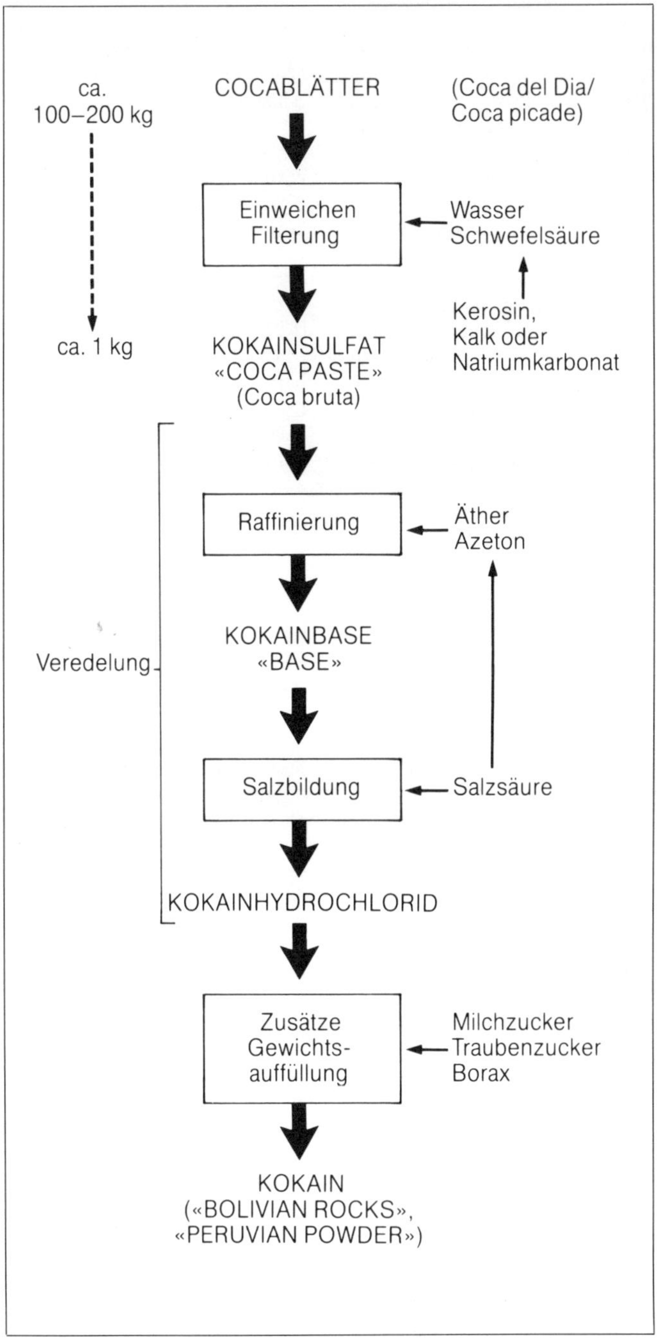

ca.
100–200 kg

COCABLÄTTER   (Coca del Dia/
Coca picade)

⬇

Einweichen
Filterung   ◄   Wasser
Schwefelsäure

Kerosin,
ca. 1 kg   KOKAINSULFAT   Kalk oder
«COCA PASTE»   Natriumkarbonat
(Coca bruta)

⬇

Raffinierung   ◄   Äther
Azeton

⬇

KOKAINBASE
Veredelung   «BASE»

⬇

Salzbildung   ◄   Salzsäure

⬇

KOKAINHYDROCHLORID

⬇

Zusätze
Gewichts-   ◄   Milchzucker
auffüllung   Traubenzucker
Borax

⬇

KOKAIN
(«BOLIVIAN ROCKS»,
«PERUVIAN POWDER»)

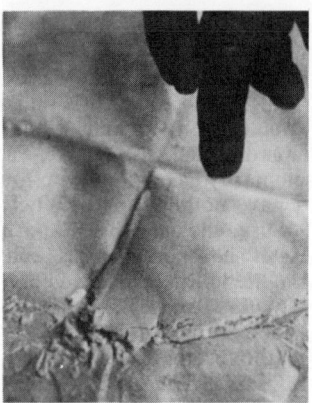

Rohmaterial: Coca-Paste

Das raffinierte Produkt: reines
Kokain

41

Der grösste und ausgebreitetste Bau der Coca findet in der Provinz Nongas, im östlichen Theile Bolivia's statt. Man erntet drei- bis viermal im Jahre die Blätter ein, und beurtheilt ihre Reife darnach, wenn sie beim Biegen brechen. Die Weiber und Kinder, welche die Einsammlung vollbringen, trocknen auch dieselben an der Sonne. Sie verbreiten hierbei einen starken Geruch, der an frisches Heu erinnert, und, wie jenes, Kopfweh verursacht.

In anderen Distrikten scheint das Cocablatt aber auch mit Beihülfe von Feuer getrocknet zu werden, und *Martius* fand das zum Beispiel so am Amazonenstrome. Als Mittelertrag für einen Morgen Feld können 800 Pfund der trockenen Blätter an-genommen werden. Sie haben in diesem Zustande eine grünlich-gelbe Farbe, welche aber später, und besonders beim Transport über die See, oder, wenn sie überhaupt an einem feuchteren Orte aufbewahrt werden, bräunlich oder schwarz wird. Durch eine Gährung, ähnlich wie sie der Tabak durchmachen muss, werden die Cocablätter vollständig werthlos.

Die Coca wird angewendet und gebaut in den höheren Distrikten von Peru und Bolivien, und hat auf der östlichen Seite der Anden eine weitere Verbreitung, als auf der westlichen, indem sie sich dort selbst über einige Theile Brasiliens erstreckt.

Genau lässt sich natürlich kaum etwas über die Gesammt-menge der jährlichen Produktion bestimmen; dennoch lassen sich vielleicht mit Wahrscheinlichkeit etwa 30 Millionen Pfund trockene Blätter annehmen, welche jährlich produzirt werden, und 10 Millionen Menschen, welche sie consumiren.

Nimmt man 800 Pfund Blätter auf den Morgen an, so hat man hiernach eine Fläche von 37 000 Morgen, welche mit Coca bepflanzt ist.

Wie wichtig aber für jene Gegenden Südamerika's auch in staatsökonomischer Beziehung der Bau der Coca ist, geht aus den Mittheilungen von *Dr. Weddell* hervor, der berichtet, dass im Jahre 1850 die auf die Coca gelegte Steuer in Bolivien allein drei Millionen spanische Thaler eintrug.

Nicht weniger sachkundig ergänzte sein englischer Kollege *Johnston* im selben Jahr:

Der Verbrauch an Cocablättern. – Wir haben keine genauen Angaben, nach denen sich das Gewicht der Coca abschätzen liesse, welche jährlich in Bolivia und Peru gesammelt und verbraucht wird. *Pöppig* veranschlagt den Geldwerth des jährlichen Produkts auf 4 500 000 Thaler, und hiernach müssen 13 500 000 Pfd. gewonnen werden, wenn das Pfund zu 10 Sgr. berechnet wird. Selbst diese ungefähre Schätzung genügt, um daraus abzunehmen, wie wichtig dieses Produkt für die höher gelegenen Gegenden Südamerikas, sowohl in landwirthschaftlicher und commercieller Beziehung als vom socialen Gesichtspunkte aus ist.

Dr. Weddell, der in neuerer Zeit Bolivia bereist hat, theilt mit, dass die Provinz Nongas, in welcher viel Coca gebaut wird, allein 9 600 000 spanische Pfund producirt. Der Gesammtertrag beläuft sich daher wahrscheinlich weit höher als wir oben aus der Pöppigschen Angabe ableiteten.

Noch aus einem anderen Umstande, den Weddell mittheilt, lässt sich ein ähnlicher Schluss ziehen. Die Staatseinnahmen von Bolivia beliefen sich im Jahre 1850 auf 10½ Millionen Francs, wovon 900 000 Francs oder ein Zwölftel durch die Cocasteuer aufgebracht wurden. Wir würden das Gesammtprodukt des Staates Bolivia genauer schätzen können, wenn der Reisende zugleich den Betrag der Steuer pro Pfund mitgetheilt hätte. Wenn wir bedenken, dass der Anbau und der Genuss der Coca sich ostwärts von Bolivia und Peru bis nach Brasilien hinein und bis an die Ufer des Amazonenstroms verbreitet hat, so wird es nicht übertrieben erscheinen, wenn wir das jährliche Produkt an getrockneten Cocablättern auf 30 000 000 Pfund in einem Werthe von 10 Millionen Thalern veranschlagen. Angenommen, dass der durchschnittliche Ertrag eines Morgens 500 Pfund sei, so müssen der Kultur des Cocastrauchs 60 000 Morgen guten und sorgfältig angebauten Landes gewidmet sein. Auch können wir die Zahl der Menschen, unter welchen der Genuss der Coca mehr oder weniger verbreitet ist, annähernd auf etwa 10 Millionen schätzen.

Der bekannte Forscher und Autor des Standardwerks «Die Pfeilgifte» (Leipzig 1923), *Louis Lewin,* erweist sich als profunder Kenner der Indioszene. Nüchtern und detailliert beschreibt er 1927:

Koka wird in Peru hauptsächlich in der Montaña, den Departements Cusco, Huanuco, Ayacucho und Puno gebaut. Auch sonst findet man in allen tiefen und heissen Tälern des Innern kleine Pflanzungen. Verbraucher der Blätter sind die Ketschua, die Aymara-Stämme in Cundinamarca usw. Sie werden ferner begehrt in *Bolivia,* besonders im Departement Cochabamba, Larecaja und Yungas, in *Columbia* bis zum Golfe von Maracaibo – so sind z. B. die Goajiros Liebhaber der Koka – weniger in Ecuador, und dort in einigen Tälern der Ostabhänge der Kordilleren von Quito. Mit der Entfernung nach Osten von den Anden nimmt der Gebrauch ab. Er ist freilich, dem Marañon folgend, wohl etwas vorgedrungen. Die Halfcaste und indianischen Weiber am oberen Amazonas sind fast alle dem Genuss von Ypadú, so heisst dort die Koka, ergeben. Die Frauen pflanzen den Strauch, der ½ bis 1½ m hoch wird, in einem entlegenen Waldwinkel. Die Marauá-Indianer an den Ufern des Yutahí nehmen sie gleichfalls, vereinzelt die Tecunas, Iuri, Passos, auch die Yauaretés. Vom Rio Tiquié scheint sich diese Gewohnheit, wie *Koch-Grünberg* beobachtete, über den Papury hin eingebürgert zu haben. In *Nordwest-Brasilien* gebrauchen Indianer die Koka in unglaublichen Mengen. Den ganzen Tag geht die Kalabasse um. Man sieht solche Kokaesser mit so grossen Bissen im Munde, dass sie knotenartig die Backe hervorwölben. Von Bolivien hat sie sich nach *Argentinien* ausgedehnt.

Bolivianischer Indio-Coca-Markt

Was ist nun von dieser Indioszene übrig geblieben, nachdem über Jahrhunderte Europäer und die Nachkommen ihrer Negersklaven die indianische Bevölkerung, ob in den Anden oder in den ausgedehnten Dschungelgebieten, zurückdrängten? Der Anteil der Fremden aus der Alten Welt und ihrer Nachfahren wurde immer grösser, die indianische Urbevölkerung wurde zur Minderheit.

Nur in den klassischen Cocaländern Peru und Bolivien stellen die Indios heute die Hälfte beziehungsweise ein Viertel der Bevölkerung. In allen anderen Staaten Südamerikas, bis auf Ecuador, rangiert die Urbevölkerung auf dem letzten Platz, zwischen einem und zwei Prozent. Das Erbe der Spanier war verlustreich für die Indios.

Prozentuale Verteilung der Indios (nach Revista de Indias)		Einwohner (1979)
Argentinien	1,30	26,7 Mill.
Bolivien	21,83	6,1 Mill.
Brasilien	1,00	118,7 Mill.
Chile	2,40	10,9 Mill.
Ecuador	20,80	8,1 Mill.
Kolumbien	2,50	26,4 Mill.
Paraguay	0,53	2,9 Mill.
Peru	48,40	17,3 Mill.
Uruguay	0,16	2,9 Mill.
Venezuela	1,08	13,5 Mill.
	100,00	

Quelle: dtv-Perthes Atlas, Bd. 3 Südamerika, München u. Darmstadt 1981

Hoch jedoch, sehr hoch war immer der Anteil der Cocaesser unter den Indios, Coca als Genussmittel.

In der zweibändigen populärwissenschaftlichen «Chemie des täglichen Lebens», die der Engländer *Johnston* vor 130 Jahren zu Papier brachte, ist nachzulesen, dass die Verbreitung der verschiedenen Narkotika so um 1850 unter unseren Vorvätern schon recht beachtlich war:

Nach einer ungefähren Schätzung kann man die Verbreitung der verschiedenen Narkotika, wie folgt, angeben:

Der Genuss des Tabaks	ist verbreitet unter
	800 Mill. Menschen.
Der Genuss des Opiums	ist verbreitet unter
	400 Mill. Menschen.
Der Genuss des Hanfs	ist verbreitet unter
	200–300 Mill. Menschen.
Der Genuss des Betels	ist verbreitet unter
	100 Mill. Menschen.
Der Genuss der Coca	ist verbreitet unter
	10 Mill. Menschen.

Mitte des 19. Jahrhunderts war an eine Bevölkerungsexplosion in Südamerika noch nicht zu denken. Zehn Millionen Cocaesser zu dieser Zeit, das war schon eine gewaltige Mehrheit.

Millionen sind es heute immer noch. Wieviele, das weiss keiner genau. Wenigstens 8 Millionen, allein 3 Millionen davon in Peru. Kenner der Szene schätzen, dass bis zu 90 Prozent aller Indios Coca kauen, bis zu 15 Millionen Menschen.

Cocaanbau – das bedeutet heute für die Indios und andere Coca-Kleinbauern in Peru, Bolivien, Ecuador und Kolumbien, inzwischen auch in Brasilien, die Existenzsicherung ihrer Familien.

Beispielsweise werden in der peruanischen Provinz La Convencion bis zu 60 Prozent der nationalen Cocaproduktion geerntet, und 8 bis 18 Tausend Indiofamilien haben dadurch ihr Auskommen. Zehntausende bewirtschaften winzige Anbauflächen, oft nur einen halben Hektar gross.

Im benachbarten Bolivien werden nach Regierungsangaben mindestens 50 Tausend Hektar mit Cocastauden bepflanzt. Die Bauern stehen zu ihrer Nutzpflanze. Die Cocapreise schwanken nicht, wohl aber die Bananen- und Maispreise, und die Campesinos, die Coca einsäen und im Jahr mehrfach ernten, verdienen 500 US-Dollar pro Hektar und Jahr. Ein Bauer mit mehreren Hektar Land kommt so viel schneller an mehr Geld, als er mit Kartoffeln oder Kaffee je erwirtschaften könnte. Die Coca-Bauern laufen so den Kartoffel-Bauern den Rang ab. Auf nur 142 Tausend Hektar werden heute Kartoffeln noch angebaut, für die Versorgung der bolivianischen Bevölkerung nicht mehr ausreichend.

Coca, nur Coca sichert den Arbeitsplatz. Zehntausende kämpften für die Erhaltung dieser Plätze in der kolumbianischen Provinz La Guajira. Und die Streiks der Campesinos in La Paz und anderswo, wenn sie etwas anderes als Coca anbauen sollen, haben schon Tradition. Bisher haben sie sich noch immer erfolgreich verteidigt.

Coca-Markt der Indios

Cocastrauch-Kulturen,
Coca-Länder

n. Paul J. Pugliese

Dem Cocakonsum ihrer Arbeiter mussten schon die Minenbesitzer im 19. Jahrhundert Konzessionen machen. Ernst
Freiherr *von Bibra* dazu 1855:

Für den Bergmann, welcher in den Minen die schwerste Arbeit verrichten muss, für den Nach-kömmling der Spanier, für den neueingewanderten Engländer oder Franzosen, wie es sein Ahne vielleicht für die Ynkas gethan; ist die Coca, so wie für Jene, ein unentbehrliches Bedürfniss. Auch der strengste Herr gibt drei oder vier Ruhezeiten des Tages, welche etwa 20 Minuten dauern, und dann eilt der Arbeiter an einen ruhigen, wo möglich stillen und abgelegenen Ort, nimmt aus dem kleinen Lederbeutel, in wel-chem er die getrockneten Blätter bewahrt, einige derselben, ver-setzt sie mit ein wenig Pflanzen-asche, welche er in einem Fläschchen mit sich führt, und nachdem alles dieses zu einer Kugel geformt ist, bringt er die-selbe in den Mund, und kaut oder saugt langsam an derselben. So lange hierdurch noch eine starke Speichelabsonderung bewirkt wird, behält er den Bissen im Munde, und der starke grünlich gefärbte Speichel wird zum Thei-le ausgeworfen, grösstentheils aber verschluckt.

Später wird eine erneute Portion genommen und häufig zuletzt eine Papier-Cigarre ge-raucht. Dann geht der Mann mit erneueten Kräften, heiter und ge-stärkt, zur Arbeit, ohne auch nur die kleinste Menge eigentlicher Nahrung zu sich genommen zu haben.

Sein Kollege *Johnston* klärt im selben Jahr über die Arbeits-
pause für Cocaesser auf:

Die Zeit, welche den Arbeitern zu diesem Genusse verstattet wird, beträgt 15 Minuten bis eine halbe Stunde und er wird in der Regel mit dem Rauchen einer Papierci-garre beschlossen. Bei drei- oder viermaliger Wiederholung be-trägt der tägliche Verbrauch an Cocablättern durchschnittlich zwei bis drei Loth, an Feiertagen das Doppelte. Die Minenbesitzer und Pflanzer haben es lange in ihrem Interesse gefunden eine dreimalige Unterbrechung der Arbeit zum Zweck des Cocakau-ens zu gestatten, und der India-ner verlässt schnell einen Arbeit-geber, der ihm diese Zeit des Genusses zu rauben oder zu ver-kürzen sucht. Während dersel-ben ist sein Phlegma ausseror-dentlich. Kein Drängen oder Bit-ten seines Herrn oder Arbeitge-bers bewegt ihn, und der einge-fleischte Coquero achtet, wenn er unter dem Einfluss des Blattes ist, weder des Gewitters, das ihn an seinem Lagerplatze zu erträn-ken droht, noch des Brüllens her-annahender wilder ·Thiere, noch des dampfenden Feuers, welches sich im Grase entlang schlängelt und nahe daran ist, ihn in seinem Lager zu braten oder zu er-sticken.

Den Minenarbeitern taten es die Feldarbeiter gleich. Sorg-
sam hatten sie sich ihre «Ruhe- und Cocazeiten» ausbedun-
gen. Selbst die Maultiertreiber hatten ihre regelmässigen
Pausen.

Nun, trotz der Pausen kamen die Herren der damaligen

Zeit schon an ihr Geld. Für die Indios führten sie eine Coca-Kopfsteuer ein:

Man könnte vermuthen, dass bei der Gründung der Republiken in Südamerika die Leiden der lange unterdrückten Ureinwohner zu Ende gewesen seien, und dass unter den verschiedenen Racen eine Art politischer Gleichheit hergestellt worden sei, – dies ist aber nicht der Fall. In Bolivia zahlt jeder Indianer vom achtzehnten bis zum fünfzigsten Jahre eine Kopfsteuer von 5 Dollar, wenn er ein Arbeiter und von 6 bis 10 Dollar, wenn er Eigenthümer ist, und diese Steuer wird halbjährlich eingesammelt. Die Weissen zahlen keine entsprechende Steuer, und die Indianer bringen auf diese Weise 4½ Millionen Dollar auf, während die ganze jährliche Einnahme der Republik nur 10½ Millionen beträgt. Die unglückliche Race wird also noch jetzt von dem herrschenden Blute unterdrückt, und so pflanzt sich bei ihr das niederschlagende Gefühl ihres untergeordneten Zustandes fort.   *Johnston, 1855*

Mit Coca bis ins hohe Alter

Coca für alle Lebenslagen – diese Situation fanden die Spanier vor. Und wundersame Dinge wurden von den Wirkungen des Blattkauens berichtet.

Als das forschungs- und entdeckungsfreudige Europa im 19. Jahrhundert seine Boten in die Neue Welt schickte, kamen diese ebenfalls mit den aussergewöhnlichen Wirkungen und Auswirkungen des Cocaessens in Berührung.

Der Schweizer Johann Jacob *von Tschudi* schreibt diese in seinen «Reiseskizzen» 1846 nieder.

Mit Coca ins hohe Alter
«Ich glaube, dass der mässige Genuss der Coca nicht nur nicht nachtheilig, sondern der Gesundheit sehr zuträglich ist. Ich mache hier auf die noch später anzuführenden zahlreichen Beispiele von dem ausserordentlich hohen Alter von 130 Jahren aufmerksam, bei Indianern, die vom Knabenalter an täglich dreimal diese Blätter kauten und in ihrem Leben die ungeheure Quantität von 2700 Pfund konsumierten, sich aber immer dabei sehr wohl befanden. Selbst der Cequero erreicht ein Alter von fünfzig Jahren. Indessen scheint die Coca in den höher gelegenen und kälteren Andengegenden zuträglicher als in der heissen Ebene zu sein.»

Mit Coca zur Hochleistung
«Ein Cholo von Huari, *Hatun Huamang,* ‹der grosse Geier› genannt, machte für mich während 5 Tagen und eben so vielen Nächten sehr mühevolle Ausgrabungen, ohne während dieser Zeit irgendeine Speise zu geniessen oder sich mehr als zwei Stunden Schlaf jede Nacht zu gönnen; alle 2½ bis 3 Stunden kaute er aber ungefähr eine halbe Unze Blätter und behielt den Acullico immer im Munde. Ich war die ganze Zeit über bei ihm und konnte ihn also genau beobachten. Nach vollen-

deter Arbeit begleitete er mich während eines zweitägigen Rittes 23 Leguas weit über die Hochebenen und lief zu Fusse neben meinem raschschreitenden Maulthiere unermüdlich fort und ruhte nur, wenn er das Bedürfniss zum Chacchar (Kauen) fühlte. Als er mich verliess, versicherte er mir, er würde gern sogleich noch einmal die nämlichen Arbeiten ohne zu essen verrichten, wenn ich ihm nur genug Coca gäbe. Der Mann war, wie mir der Pfarrer des Orts versicherte, schon 62 Jahre alt und sollte in seinem Leben noch nie krank gewesen sein.»

Ob auf den Indiomärkten in La Paz, Lima oder Quito, seit Jahrhunderten sind die Cocaverkäufer auch selbst ihre besten Kunden. Millionen Indios kauen Coca. Und sie tun es alle mehr oder weniger auf die selbe Art und Weise.

Traditionsgemäss trägt der Indio seinen täglichen Cocavorrat in einer ledernen Umhängetasche, der «Huallqui» oder «Chuspa». In einem ausgehöhlten Flaschenkürbis, der «Ishcupuru», oft schön geschnitzt, bewahrt er die Ingredienzien, Zusätze wie Kalk oder Asche, auf. Zusammen gekaut schmecken die Blätter nicht so bitter. Die Indios der küstennahen Regionen nehmen pulverisierten, ungelöschten Kalk. Sie gewinnen ihn aus gebrannten und zerstossenen Schalen von Meerestieren. Die Indios der küstenfernen Regionen nehmen «Tocra», Pflanzenasche, oder «Llipta», wie die Asche der getreideartigen Quinoapflanze in den Anden heisst.

Bei den Ingredienzien gibt es eine Vielzahl von lokalen Varianten. Ihr Konsum macht beim Cocakauen erst den Genuss.

Wie bei allen Konsumentengruppen in der ganzen Welt gab und gibt es natürlich auch hier die Problemkonsumenten, die «Coqueros». Zwischen 50 und 250 Gramm Cocablätter, das entspricht im Extremfall bis zu 2 Gramm Kokain, kauen sie täglich. Auf sie, die Coqueros, fiel das Interesse der Gelehrten, der Forscher und Wissenschaftler. Mit ihnen konnte selbst Johann Jacob *von Tschudi*, als Schweizer zur Liberalität verpflichtet, nichts Positives anfangen. Er berichtet 1846:

«Alle, die Coca kauen, haben eine höchst unangenehme Ausdünstung, einen übelriechenden (nach Weddell «abscheulichen») Athem, blasse Lippen und Zahnfleisch, grüne stumpfe Zähne und einen ekelhaften schwärzlichen Saum um die Mundwinkel. Die leidenschaftlichen Cocakauer, die sogenannten Coqueros, erkennt man auf den ersten Blick an ihrem unsicheren schwankenden Gange, der schlaffen Haut von graugelber Färbung, den hohlen glanzlosen von tiefen violettbraunen Kreisen umgebenen Augen, den zitternden Lippen und unzusammenhängenden Reden, und an ihrem stumpfen apathischen Wesen.»

Im königlichen England vergleicht *Johnston* 1855 die Coqueros mit den «Trinker-Sklaven des Alkohols»:

Ein eingefleischter Kauer wird ein Coquero genannt, und diese sollen zuweilen in einem höheren Grade Sklaven des Blattes werden, als bei uns die Trinker Sklaven des Alkohols.

Zuweilen übermannt den Coquero eine unwiderstehliche Begierde, und er begiebt sich Tage lang in die Einsamkeit der Wälder, um dort ungestört seinem Genusse nachhängen zu können. Junge Leute aus den besten Familien in Peru verfallen zuweilen in diesen äussersten Grad der Leidenschaft und werden dann als verloren betrachtet. Indem sie die Städte und die Gesellschaft civilisirter Menschen verlassen und fast nur in den Wäldern oder in Indianerdörfern leben, ergeben sie sich einem wilden und einsamen Leben. Aus diesem Grunde hat die Bezeichnung «weisser Coquereo» dort denselben üblen Sinn als bei uns der Ausdruck «ein unverbesserlicher Trunkenbold».

In den 20er Jahren unseres Jahrhunderts werden sie, die Coqueros, von namhaften Drogenforschern als warnendes Beispiel dargestellt. Louis *Lewin* schreibt dazu noch 1927:

Der Dauergebrauch als Genussmittel schafft in langsamer Entwicklung noch viel Schlimmeres, was schon bei den südamerikanischen leidenschaftlichen Kokakauern, den *Cocqueros,* zutage tritt. Sie verhalten sich nach der physischen und geistigen Seite wie Opiumraucher: Es bildet sich bei ihnen ein kachektischer Zustand mit beträchtlichem Körperschwund aus und, damit verbunden, eine allmählich wachsende Wesensänderung. Sie sind Greise, wenn sie kaum in das Mannesalter getreten sind. Sie werden apathisch, für alle ernsteren Lebenszwecke unbrauchbar, halluzinatorisch und absolut beherrscht von der Sehnsucht nach dem Genusse, dem sie alles im Leben unterordnen.

Nun, die Coqueros von damals und die von heute sind für die «Kokain-Könige» zum Auslauf des 20. Jahrhunderts uninteressant. Ihr Blick ist auf die «Kokser» gerichtet, deren Kokainbedarf in Nordamerika, in Europa, in Asien, Japan und Australien immer grösser wird.

3. Kapitel

DER WEISSE RIESE
*Die legale und illegale Coca- und Kokainindustrie in Süd-
amerika*

Andenschnee –
die lange Linie
des Kokains

Angebot und Nachfrage der narkotischen Stoffe bestimmten auch schon Mitte des 19. Jahrhunderts die Märkte, auch den südamerikanischen Coca-Markt.

Angaben über das jährliche Erzeugniss und den Werth der wichtigsten in den früheren Kapiteln besprochenen narkotischen Stoffe.

	Durch-schnitt-licher Ertrag pr. Acre	Jährliches Gesammt-produkt in Pfunden	Bebaute Boden-fläche	Wert pro Pfund	Gesamt-wert in Thalern
	Pfd.				
Tabak	800	4 480 000 000	5 600 000	1 Sgr. 10 pf.	247 000 000
Opium	20	20 000 000	1 000 000	6 thl. 20 sg.	133 000 000
Hopfen	660	80 000 000	120 000	10 Sgr.	27 000 000
Coca	800	30 000 000	37 000	10 Sgr.	10 000 000

Ausserdem werden fünfhundert Millionen Pfund Betel nebst zwanzig Millionen Pfund Catechu und Gambirextract verbraucht.
Johnston, 1855

Seit dieser Zeit sind die Geschäfte noch besser geworden und waren noch nie so gut wie heute, Mitte der 80er Jahre. Die englische Zeitschrift «South» (London) schätzt, dass heute schon 8 bis 9 Prozent des gesamten Welthandels auf das Geschäft mit Rauschgift gehen.

Mit Abstand hat heute das Kokaingeschäft die höchsten Zuwachsraten zu verzeichnen. So liegt das lukrative Gewerbe nicht mehr nur in den Händen der klassischen Cocaländer Peru, Bolivien und Kolumbien. Weitere süd- und mittelamerikanische Staaten sehen in der Beteiligung an der Kokainindustrie eine Aufbesserung ihrer Finanzen. Beispielsweise war Ecuador mit einer Jahresproduktion von nicht einmal 1000 Tonnen Cocablättern bisher kaum interessant. Interessant hingegen die Jahresernte, die für 1985 befürchtet wird, weit über 10 000 Tonnen.

Zehntausende Kleinbauern pflanzen den rustikalen Strauch an, der drei- bis viermal im Jahr abgeerntet wird. Gemüsebauern steigen zunehmend auf Coca um. Der Anbau sichert Hunderttausenden die Existenz.

Spitzenverdiener im Blätter- und Pulverhandel sind die Kokain-Könige, auch Narcokings, coca war lords, los grandos mafiosos und so weiter genannt.

Sie residieren in feudalen Ruhequartieren, verlassen diese auch schon einmal, wenn die Armee einrückt. Die USA, wichtigster Abnehmer des weissen Pulvers, sucht sie als most wanted people. Einwohner Kolumbiens und Boliviens hingegen feiern sie als Volkshelden, sehen in ihnen eine Mischung aus *Simon Bolivar* und *Robin Hood*. Ihre illegalen Geschäfte machten sie zu Milliardären. Ihre Macht ist grösser als die vieler Staatspräsidenten. Sie bestechen, kaufen und schmieren die Mächtigen ihrer Länder: Polizei und Justiz, Militärs und Politiker.

Sie haben das Kokaingeschäft zu einem total professionell arbeitenden Unternehmen umgebaut, von der Anbauplanung bis zum Endverkauf. Diese multinationale Firma lässt in Peru, Bolivien, Ecuador und Kolumbien anbauen. In Paraguay, Brasilien und natürlich Kolumbien den Rohstoff veredeln. In Mexiko, Nicaragua und Kuba das Kokain schliesslich umschlagen. Zwischen 120 000 und 170 000 Tonnen werden als 85er-Ernte erwartet, zehnmal so viel wie 1970*. Weit über der 100-Tonnen-Marke liegt inzwischen die Kokainproduktion, weit über der 100-Milliarden-Dollar-Marke der Verkaufswert des Andenschnees.

* Andere Schätzungen (Spiegel 31/85) gehen auf eine Jahresernte von weit über 200 000 Tonnen, allein im Chapare, Bolivien.

Um den wachsenden Weltbedarf zu decken, bedienen sich die Kokain-Grossindustriellen zusätzlich einer schnellwachsenden und ertragsreichen Coca-Varietät, «Epadu» genannt. Diese Abart des Cocastrauchs wächst nicht nur an Bergabhängen, sie gedeiht auch in der Ebene, auch mitten im Dschungel.

Der Kokaingehalt der Epadublätter ist zwar um 60 und mehr Prozent geringer, dafür stehen dem neuen Strauch aber unendliche Anbaugebiete offen, riesige Ausweichräume in Ecuador und vor allem im Amazonasraum Brasiliens.

Gegen diesen gewaltigen Ausbau der Cocapflanzungen und der Macht der Kokainindustrie nimmt sich die legale Cocaproduktion winzig aus.

ENACO – Coca-Staatsmonopol Perus – zwischen Anspruch und Wirklichkeit

Peru ist nicht nur einer der weltgrössten Cocaerzeuger. Hier bedarf die Cocaproduktion der gesetzlichen Genehmigung. Über 30 000 Kleinbauern pflanzen den ertragsträchtigen Strauch an. Um die 3 Millionen Indios werden zu den Cocaessern gezählt. Die jahrhundertealte Kautradition wird

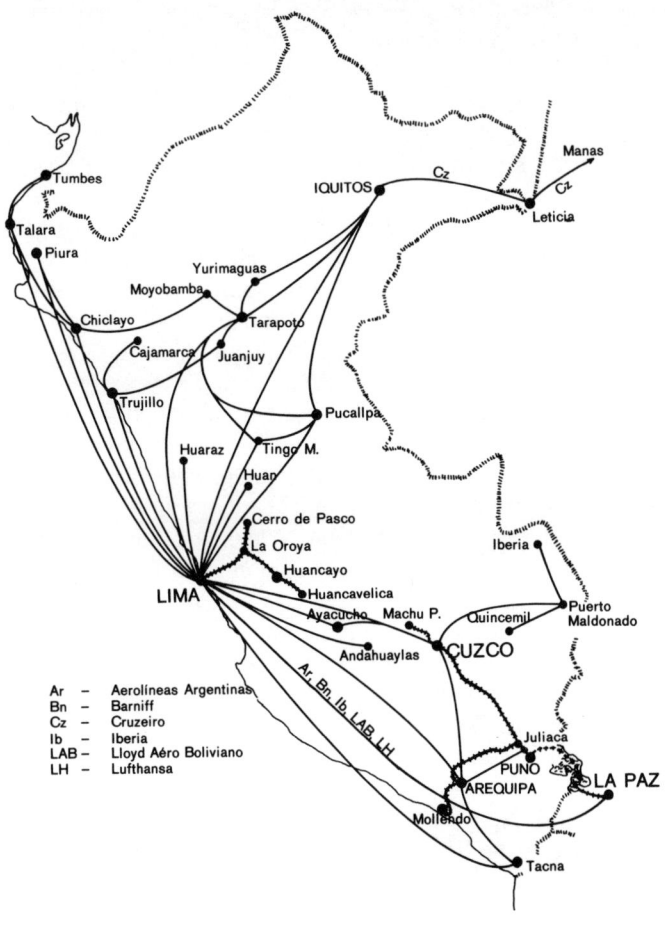

Möller, 1980

inzwischen selbst von einer milde gestimmten Kirche ver-
teidigt. Im «Komitee zur Verteidigung und Erforschung des
Cocablattes» war sie durch den Erzbischof von Cuzco,
Monsenor *Luis Vallejos*, vertreten.

Kaum ein Peruaner, der nicht am Coca- und Kokaingeschäft interessiert wäre.

Die fast 8000 Quadratkilometer grosse Anbaufläche
geniesst den Schutz der Guerilla-Organisation «Leuchten-
der Pfad». Mit dem Coca-Dollar finanziert sie ihre Aktionen.
Kein Wunder, dass die Rauschgiftbekämpfer bisher lediglich
370 Quadrat-Kilometer für den Anbau unbrauchbar machen
konnten.

Natürlich versuchen sich auch ungezählte Einzelgänger mit und durch den weissen Stoff ein Zubrot zu verdienen, mal mit, mal ohne Erfolg.

Luftwaffengeneral a. D., *Frank Tweedle,* Ex-Direktor der staatlichen Fluggesellschaft Aero Peru, hatte im März 1980 keinen Erfolg. Auf dem Flugplatz von Lima wurde er mit 5 Kilogramm Kokain, sein privates Reisegepäck, verhaftet.

Schon 1980 wurden weit mehr Cocablätter geerntet, als für medizinische und Forschungszwecke legal benötigt wurden. Von den damals 30 000 Tonnen eingebrachten Blättern wurden dafür lediglich 5000 gebraucht: 4000 kauten die Indios, 1000 kaufte Coca Cola und 60 gingen an die Pharmazeutische Industrie. Die restlichen 25 000 Tonnen wurden zu Cocapaste verarbeitet, die dann zur Kokainveredelung nach Kolumbien eingeschmuggelt wurde. In nur fünf Jahren haben sich die Erntebeträge verdoppelt. Mit 60 000 Tonnen wird 1985 gerechnet.

Tausende von Landepisten, jenseits der offiziellen Fluglinien, gut ausgebaut und beleuchtet, ermöglichen den fast reibungslosen Transport der heissen Ware. Fast alle der schwerbewachten und bewaffneten Laboratorien sind völlig unzugänglich, nur auf dem Luftwege zu erreichen.

Alles in allem – harte Konkurrenz für die «National Coca Enterprise», für ENACO. Das Staatsunternehmen ist eigentlich für vieles verantwortlich. Nach seinen «Monopolbestimmungen» soll es alle Phasen der Cocaherstellung, des Vertriebes und Exports kontrollieren. Es soll die Steuern einziehen, die auf die lizensierte Herstellung erhoben wird. Die Cocabauern sind angehalten, über ihre Pflanzungen, Anbauflächen, Erträge und Verkäufe – alles genehmigungspflichtig – Buch zu führen. ENACO-Inspekteure überprüfen diese Angaben. Und die kontrollieren auch auf den Autobahnen die Cocatransporteure, im Bedarfsfall besteuern sie erneut. Die staatlichen Lizenzen vergibt die Firma an Cocablatthändler, Einzel- und Grosshändler.

Und eigentlich soll das Staatsunternehmen auch illegal gezogene Cocapflanzen konfiszieren. Aber selbst in Zusammenarbeit mit der US-Rauschgiftabwehr, der «Drug Enforcement Administration», der DEA, gelingt dies selten und wenn, dann oft unvollkommen. Auch der mächtigen DEA sind im Gastlande Grenzen gesetzt.

DEA – Rauschgift-
kontrolle und -abwehr
– der big brother als
Papiertiger

Zweifelsohne sind die US-Verbraucher immer noch die besten Abnehmer des Andenschnees. Zwischen 4 und 5 Millionen koksen regelmässig, so um die 20 Millionen dann und wann. Zwischen 50 und 70 Tonnen Kokain brauchen sie denn auch schon im Jahr. Der Verkaufswert liegt an der 100-Milliarden-Dollar-Grenze.

Kein Wunder, dass seit den frühen 70er Jahren die Regierungen der USA mit allen möglichen Mitteln versuchten, die Einfuhr zu stoppen. Unmögliches soll die DEA in der Abwehr leisten, mitten im Feindesland. Ein ausweg-loser Kampf von hochspezialisierten Zwergen im Land der reichen Riesen.

Mit der legalen Coca-Produktion beschäftigt sich eine Unterabteilung der DEA, das «Office of Compliance and Regulatory Affairs». Hauptaufgabe dieses DEA-Büros: Die Abzweigung legal hergestellter und kontrollierter Substan-zen in die Illegalität einzuschränken. Ein schwieriges Geschäft. Ein unmögliches Geschäft, wenn es um illegale Substanzen geht.

Einfacher scheint die Aufgabe zu sein, Produktionsquo-ten zu erstellen, die sich auf den geschätzten medizinischen und wissenschaftlichen Bedarf und auf die Erfordernisse in Forschung und Industrie stützen. Mit ihnen wird die Höhe der Kokain-Jahresproduktion festgelegt.

In Kilogramm	1975	1976	1977	1978	1979
Quoten	749	1 213	1 249	1 478	1 482
Produktion	702	654	683	1005	–
Exporte	616	332	286	284	–
Cocablattimport	612 966	528 907	481 789	650 723	–

Bensinger, DEA (U. S. Dep. of Justice), 1979

Originäre Aufgabe der DEA ist die Erfassung der Einfuhr von Cocablättern in die USA, das heisst, es müssen alle Import- und Exportbewegungen kontrolliert werden. Mit der «National Coca Enterprice» ENACO hat die DEA wenigstens in Peru einen Ansprechpartner. Viel schwieriger die Situa-tion in Bolivien mit seinen offenen Märkten.

Kokain importieren die USA nicht, ausschliesslich Cocablätter. «Stepan Chemical Company», Maywood/New

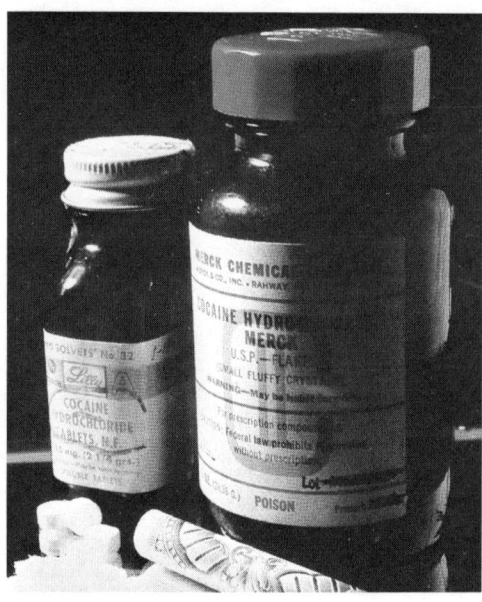

Pharmazeutisches Kokain der US-Firmen Merck und Lilly

Jersey, ist die einzige US-Firma, die Cocablätter legal einführen kann.

Der Teil der Blätter, für den gesetzliche Beschränkungen bestehen, wird an «Merck Inc.» verkauft, Hauptkokainverteiler auf Herstellungsebene. Der verbleibende Rest wird nach Quotenfestlegung nach Frankreich, England und der Bundesrepublik Deutschland ausgeführt.

Das «Merck-Kokain» wiederum geht an die Firmen «Eli Lilly Co.» und «Mallinckrodt, Inc.» zur weiteren Verarbeitung, Dosierung und Verteilung an Krankenhäuser und Kliniken. Was von der «Merck-Zuteilung» übrigbleibt, wird an weitere Vertriebsunternehmen verkauft. Gemessen an der heutigen Coca- und Kokainproduktion sind die legalen Mengen winzig. Aber die Kokaindustrie hatte auch einmal klein angefangen, damals – als «Latin connection».

Kokain-Könige:
los grandes mafiosos
Vom Paste-Fabrikanten zum
Kokain-König
Cocageschichte Boliviens*

* s. a. Schlumberger, Hella *Bolivien – Schwankende Wiege der Freiheit, Land zwischen Kokainmilitärs und Demokraten,* Bund Verlag, Köln 1985 *(Hier: «IV. Von Coca, Kokain und der Rolle der Deutschen», S. 184–243)*

Die alte Cessna 210, klapprig und einmotorig, hatte ihren Standort auf der holperigen Landepiste des Estancia eines paraguayischen Generals, nur wenige Kilometer von der Hauptstadt Asuncion entfernt. Das war so um 1969/70.

Die damalige «Latin connection» hatte sich noch nicht auf Kokain spezialisiert. Sie verschob so alles, was angeboten und gewinnträchtig war. Gute Geschäfte wurden mit Heroin gemacht, aus türkischem Opium gewonnen und in französischen Geheimlabors bei Marseille hergestellt. Man half der weissen Ware auf ihrer langen Reise: Argentinien, Paraguay, Uruguay, Venezuela. Interessiert begleitete man sie nach Panama, Mexiko und die Karibikinseln weiter. Was dann die reichen Canadier und Amerikaner damit machten, war nicht von Belang.

Schliesslich hatten die «Paten», wie *Francisco Javier Bernal Lopez,* Jurist in Mexiko, und andere, Besseres zu tun. Das Geschäft lief gut. Es wurde auch schon einmal Kokain aus eigener Produktionsstätte mitgeschickt. Die Produktion steckte freilich noch in den Kinderschuhen. Die Cocaländer Peru und Bolivien ernteten gerade mal 12 000, vielleicht auch 15 000 Tonnen.

Bernal López, Schmuggler-Boss

Das reichte für den täglichen Bedarf von Millionen Indios. Was übrig blieb, ging in die ersten kleinen, bald auch grösseren Kokainfabriken.

Algarrobo in Chile beispielsweise war Anfang der 70er Jahre nicht nur als Badeort bekannt. Die chilenischen Küchen bekamen bald bolivianische Konkurrenz. In den Zinnarbeiterstädtchen entstanden immer mehr Familienbetriebe. Allein in Oruro soll es 100 dieser winzigen Kokainküchen gegeben haben. Man lief dem chilenischen Nachbarn den Rang ab.

Nun, dieses Chaos musste organisiert werden. Diese Aufgabe stellte sich dann auch ein guter Organisator, der General *Hugo Banzer,* 1971 durch den landesüblichen Putsch an die Macht gekommen.

Im fernen Europa lief das Heroingeschäft auch nicht mehr so gut. Die «French connection» hatte Ärger, musste 1971/72 ums Überleben kämpfen und es sah nicht so aus, dass sie den Kampf gegen die USA und Frankreich gewinnen würde.

Banzer war ein vorausschauender Mann. Er sah, dass die Drogenzukunft nur im Kokain liegen konnte. Ein Coca-Entwicklungs-Programm folgte auf dem Fusse. Zunächst liess er den Tropenwald in der Region Chapare für die Besiedlung erschliessen. Den Zuckerindustriellen und Viehzüchtern der angrenzenden Provinz Santa Cruz verschaffte er «Entwicklungskredite». Die Geschäftsleute waren nicht undankbar. Als Gegenleistung finanzierten sie die Umwandlung des Chapare in die grösste Coca-Anbaufläche.

Anschlag der Drogenmafia auf US-Botschaft in Bogotá

Bogotá (AP). Bei der Explosion eines mit Sprengstoff beladenen Autos vor der amerikanischen Botschaft in Bogotá sind am Montag eine Frau getötet und zwei Personen verletzt worden. Nach Angaben der kolumbianischen Polizei handelten die Täter offenbar im Auftrag der kolumbianischen Rauschgiftmafia, die die Auslieferung inhaftierter Drogenhändler in die USA verhindern will.

Vor knapp zwei Wochen hatte die US-Botschaft mitgeteilt, Drogenhändler hätten die Ermordung von fünf Amerikanern für jeden Rauschgifthändler angekündigt, der von Kolumbien in die USA ausgeliefert werde. Zahlreiche Diplomaten erhielten anonyme Morddrohungen.

Der kolumbianische Präsident Betancur hatte zunächst die Auslieferung von Rauschgifthändlern abgelehnt. Als sein Justizminister Lara von Drogenhändlern ermordet wurde, stimmte er jedoch zunächst sechs der 70 Auslieferungsbegehren der USA zu.

Tagesspiegel, 28. 11. 1984

Sieben Drogenfahnder ermordet

La Paz (dpa). Rund 200 Drogenschmuggler habe am Wochenende in Bolivien sieben Drogenfahnder gefoltert und erschossen, nachdem die Fahnder zwei Schmuggler festgenommen hatten. Anschließend befreien die Schmuggler die beiden Festgenommenen und ließen auch das von den Fahndern beschlagnahmte Kokain mitgehen. Ein achter Fahnder konnte sich verstecken und überlebte das Massaker.

Tagesspiegel, 5. 10. 1982

„Wohltäter" war Kokainschmuggler

St. Paul (dpa). Der elegante Joseph Ramirez erwies sich für die Kleinstadt Princeton im US-Bundesstaat Minnesota als wahrer Wohltäter. Er stiftete Autos für die Polizei, Palmen für das Rathaus, er beteiligte sich großzügig am Bau einer Hockeyhalle, ließ den Alten und Bedürftigen etwas zukommen und war auch bei der Renovierung des Flughafens mit einer Spende von einer halben Million Dollar dabei. Zweieinhalb Millionen Dollar verteilte er auf diese Weise, und die 3100 Einwohner der Stadt fragten sich, woher ihr neuer Mitbürger das viele Geld hatte. Jetzt wissen sie es: Ramirez wurde vom Gericht wegen Kokainschmuggels in großem Stil zu 20 Jahren Haft und 50 000 Dollar Geldstrafe verurteilt. Den so großzügig mitfinanzierten Flughafen hatte er genutzt, um Rauschgift im Werte von vielen Millionen Dollar aus Lateinamerika heranzuschaffen.

Tagesspiegel, 15. 11. 1984

Haftverschonung für Fiebelkorn

Frankfurt a. M. (dpa). Der 38 Jahre alte Joachim Fiebelkorn, der laut Anklage 1980 als Chef einer Söldnertruppe in Bolivien Transporte von mehr als zwei Tonnen Kokain organisiert und überwacht haben soll, kann nach zweijähriger Untersuchungshaft in Frankfurt aus der Haft entlassen werden. Die vierte Strafkammer des Landgerichts beschloß am Freitag unerwartet, den Angeklagten gegen eine Kaution in Höhe von 30 000 DM von weiterer Untersuchungshaft zu verschonen. Er muß sich einmal wöchentlich bei der Polizei melden.

Tagesspiegel, 24. 12. 1984

Arme schützen Rauschgifthändler
Ein „Robin Hood" in Rio spendet Medikamente und Spielzeug

Rio de Janeiro (dpa). Rund 85 000 Bewohner einer Armutssiedlung in Rio de Janeiro schützen und verteidigen einen Rauschgifthändler, weil er sie mit Medikamenten, Kleidung, Haushaltsgeräten und Spielzeug versorgt und sogar kleinere Kanalisierungsarbeiten in der wildgewachsenen Siedlung finanziert. Trotz mehrfachen Einsatzes gelang es der Polizei bisher nicht, den in der Favela Rebu im Osten der Sechs-Millionen-Stadt lebenden 40jährigen Silvio Carvalho zu fassen: Sobald Polizisten in der Siedlung auftauchten, wurden sie von den Bewohnern mit einem Hagel von Steinen wieder vertrieben. Der Dealer, der von seinem labyrinthartigen Versteck aus den Rauschgifthandel von Ost-Rio kontrolliert, wird von den bitterarmen „Favelados" als eine Art „tropischer Robin Hood" verehrt. „Er ist ein Segen für uns", meinte ein Bewohner der Elendssiedlung. Da es dort keinerlei öffentliche Einrichtung gibt, nimmt Carvalho gelegentlich auch die Funktion eines Polizeichefs oder Richters wahr, um Interessenkonflikte zu schlichten.

Jetzt will die Polizei den bewaffneten Dealer für die Bevölkerung „überflüssig" machen: In der Favela sollen Sozialstationen eingerichtet werden, damit die Armen auf die guten Dienste des Kriminellen nicht mehr angewiesen sind.

Tagesspiegel, 24. 10. 1984

Rauschgiftgangster mit Privatarmee

Bisher größter Schmugglerring in den USA aufgeflogen

Miami (dpa). **Den bisher größten Rauschgift-Schmuggelring der Vereinigten Staaten haben die US-Bundeskriminalpolizei FBI und die Drogenbehörde nach eigenen Angaben in Florida geknackt. Die Bande soll in 16 Monaten rund 450 Tonnen Marihuana im Wert von etwa 300 Millionen Dollar (rund 570 Millionen DM) sowie unbekannte Mengen von Kokain aus Kolumbia in die USA geschafft und damit fünf Prozent des dortigen Rauschgiftkonsums gedeckt haben.**

13 Bandenmitglieder wurden nach einjährigen Ermittlungen festgenommen. Ein weiterer, der Beschaffer der Drogen in Kolumbien, wird noch gesucht. Alle sollen wegen „organisierten Verbrechertums" angeklagt werden.

Die 105seitige Anklageschrift liest sich stellenweise wie das Drehbuch zu einem Film. Dirigiert wurde der Rauschgiftschmuggel aus einer luxuriösen Hotel-Suite in Miami und aus einem vor dem Hotel liegenden Hausboot. Getarnt hinter einem Gebrauchtwagen-Unternehmen besaß die Bande einen kleinen Flugzeugpark, Spezialboote und eine eigene kleine, mit Gewehren und Nebelgranaten ausgerüstete „Privatarmee", die beim Umladen der heißen Ware von „Mutter-Schiffen" auf kleinere Jachten oder beim Umladen aus Flugzeugen Wache schob. Ein Experte hörte den verschlüsselten Funkverkehr von Küstenwachen und Polizei ab. Ausgenutzt wurden vor allem die von Radar unkontrollierten „toten Zonen" der Küste. Den Piloten zahlten die Schmuggler zwischen 50 000 und 150 000 Dollar für einen Trip nach Kolumbien und zurück. Für den Schmuggel über See baute die Bootsfirma Spezial-Schiffe, deren Wasserlinie so erhöht war, daß die Yachten trotz schwerer Frachten unbeladen aussahen.

Der noch nicht gefaßte Lieferant der Bande in Kolumbien, Raul Davila-Jimeno mit dem Decknamen „Schwarzer Thunfisch", rühmte sich, einen Teil des Staates zu beherrschen und unter anderem einen Oberst der kolumbianischen Armee sowie einen Polizeichef auf der Honorarliste zu haben. Einmal soll der „Schwarze Thunfisch" eines der führenden Bandenmitglieder zum Preis von 300 000 Dollar aus Schwierigkeiten in Kolumbien freigekauft haben.

Tagesspiegel, 3. 5. 1979

Ehemaliger Söldner verhaftet

Frankfurt a. M. (AP). Unter dem dringenden Verdacht, Transporte von 1,8 Tonnen Kokain-Base innerhalb Boliviens organisiert und illegale Rauschgiftgeschäfte getätigt sowie ein Mädchen gefoltert zu haben, ist gestern der 35jährige deutsche ehemalige Söldnerführer Joachim Fiebelkorn in seiner Wohnung in Eppstein/Taunus verhaftet worden.

Die Staatsanwaltschaft teilte mit, in dem Haftbefehl werde Fiebelkorn vorgeworfen, von Januar bis September 1980 als Befehlshaber einer paramilitärischen Gruppe in Bolivien die Bewachung von Kokaintransporten aus Santa Cruz zu einem Zentrallager in Beni angeordnet und einen Teil dieser Transporte selbst begleitet zu haben. Ferner werde er beschuldigt, 1980 einen damals in Bolivien lebenden Deutschen mit einem Kilo Kokain in die USA geschickt und aus dem Erlös von 100 000 Dollar 10 000 Dollar in bar und zehn Schußwaffen erhalten zu haben. Fiebelkorn werde außerdem vorgeworfen, das 17jährige bolivianische Hausmädchen eines Rauschgifthändlers in seinem eigenen Haus unter anderem mit glühenden Zigaretten gefoltert zu haben, um Informationen über den Verbleib von 30 000 Dollar zu erhalten.

Tagesspiegel, 14. 1. 1983

Rauschgiftfund in Südamerika

Bogota (AP/dpa). Den größten Rauschgiftfang Südamerikas machte die kolumbianische Geheimpolizei während einer Razzia in der Hauptstadt Bogota. Sie fand 700 Kilogramm Heroin im Schwarzmarktwert von etwa 50 Millionen DM in drei Häusern, sechs Laboratorien und 15 Fahrzeugen. Die Beamten nahmen elf Personen, darunter vier Frauen, unter der Beschuldigung des Rauschgiftbesitzes fest.

Die britische Polizei hat in einem Wald der Grafschaft Bedfordshire nördlich Londons Rauschgift im Wert von etwa 20 Millionen DM ausgegraben. Die LSD-Tabletten waren vor drei Jahren nicht gefunden worden, als die Polizei einen der größten Hersteller- und Verteilerringe für diese Droge zerschlug.

Tagesspiegel, 13. 9. 1979

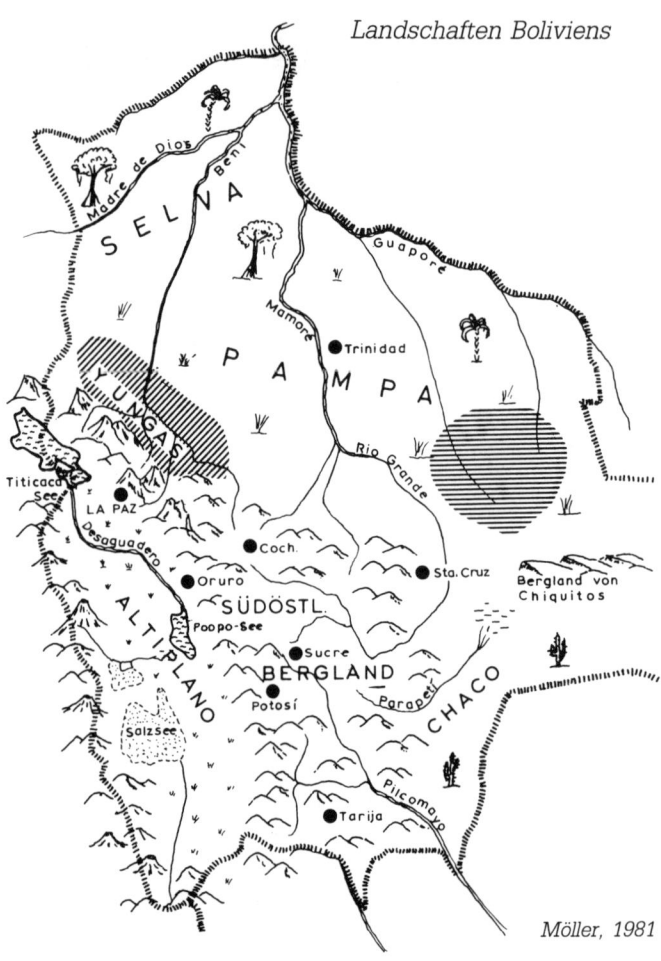

Möller, 1981

Während im traditionellen Anbaugebiet Yungas, hoch im Gebirge gelegen, für die einheimische Indiobevölkerung geerntet wurde, in guten Jahren bis zu 20 000 Tonnen, konnte nun durch die erschlossene und cocakultivierte Chaparegion mit der Produktion zur Pastenherstellung begonnen werden.

Aber jede Herrschaft geht einmal zu Ende. Als ein parlamentarischer Ausschuss die Geschäfte des geschäftstüchtigen Generals untersuchen wollte, sahen die inzwischen reich gewordenen Zucker- und Viehbarone ihre Geldquelle bedroht.

Immerhin hatten sie Jahre gebraucht, um ihr Monopol – die Herstellung von Cocasulfat – aufzubauen. Nun galt es

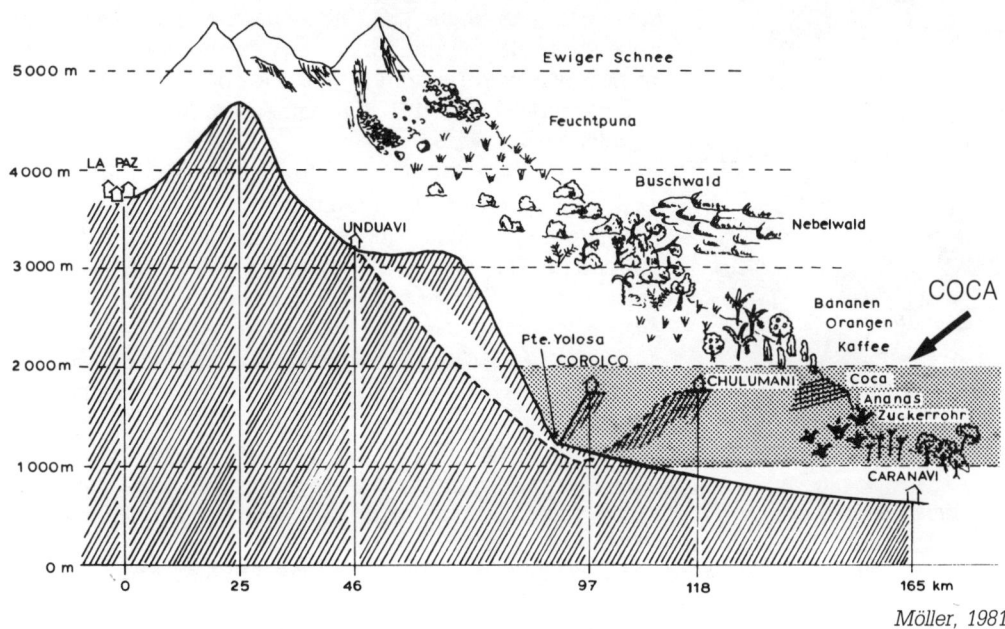

Höhenverlauf der Yungas-Strasse

5000 m — Ewiger Schnee

Feuchtpuna

4000 m — LA PAZ

Buschwald

UNDUAVI

Nebelwald

3000 m —

COCA

Pte. Yolosa

Bananen
Orangen
Kaffee

2000m — COROICO

CHULUMANI

Coca
Ananas
Zuckerrohr

1000m —

CARANAVI

0 m

0   25   46   97   118   165 km

Möller, 1981

diese Nebengeschäfte zu sichern. Nur ein Mann, der die Interessen der Paste-Fabrikanten teilte, konnte neuer Chef werden. Wieder einmal ein General, *Garcia Meza,* teilte diese Interessen. Ein Militärputsch wurde grosszügig mitfinanziert und Bolivien hatte einen neuen Diktator. Mit ihm zusammen kam am 17. Juli 1980 die Drogenindustrie zur Macht. In der Weltpresse machte dieser Regierungswechsel als «Kokain-Putsch» Schlagzeilen.

Präsident García Meza

Die USA setzten ein politisches Zeichen – verweigerten der neuen Regierung die Anerkennung. Der General hatte andere Probleme. Einerseits hatte «sein» Land über 3½ Milliarden Dollar Auslandsschulden, andererseits brachte der Kokain-Exporterlös über 1,6 Milliarden Dollar ins Land. Wohl planend setzte *Meza* einen neuen Innenminister ein. Oberst *Arce Gomez* war in einschlägigen Kreisen bekannt. Sein Vetter *Roberto Suarez Gomez* war ein Mafioso, der Pate von Santa Cruz.

Die Cocageschäftstüchtigkeit lag der Familie im Blute. Innenminister *Gomez,* als hoher Militär das Organisieren gewöhnt, übernahm das Erbe der Ära *Banzer.* Er erklärte den Handel mit Cocablättern zum Staatsmonopol. Fortan mussten die fünf Clans der Paste-Fabrikanten ihren Bedarf beim Oberst decken. Wer so etwas aufbaut, muss es auch

Oberst Arce Gómez «Idi Amin des Anden-Hochlandes»

sichern und kontrollieren können. So wurde eine 800köpfige Söldnertruppe zusammengestellt, die der Ex-Gestapo-Chef *Klaus Barbie-Altmann* mit Hilfe deutscher und italienischer Rechtsradikaler paramilitärisch ausbildete. Die kampfstarke Truppe war bald gefürchtet. Als ihr oberster Chef erwarb sich Minister *Gomez* bald den Namen «Idi Amin des Anden-Hochlandes».

Die gut bezahlten Cocasöldner gingen überhart gegen nicht organisierte Kleinfabrikanten vor. Die grossen Paste-Fabrikanten hingegen wurden in Ruhe gelassen. Denn sie zahlten für die «Sicherung ihrer Pfründe» Schutzgelder. Jeder der fünf Clans brachte monatlich 150 000 Dollar auf. Zusätzlich zahlte er für jeden Blätterballen 40 Dollar «Steuern». Ein Millionengeschäft, das Doña *Olme,* die Generalsgattin, verwaltete und gut für die Präsidentenfamilie anlegte.

Natürlich sorgte der Innenminister dafür, dass auch seine Truppenkommandeure reichlich entlohnt wurden: 50 000 Dollar Treueprämie im Monat. Das Cocageschäft

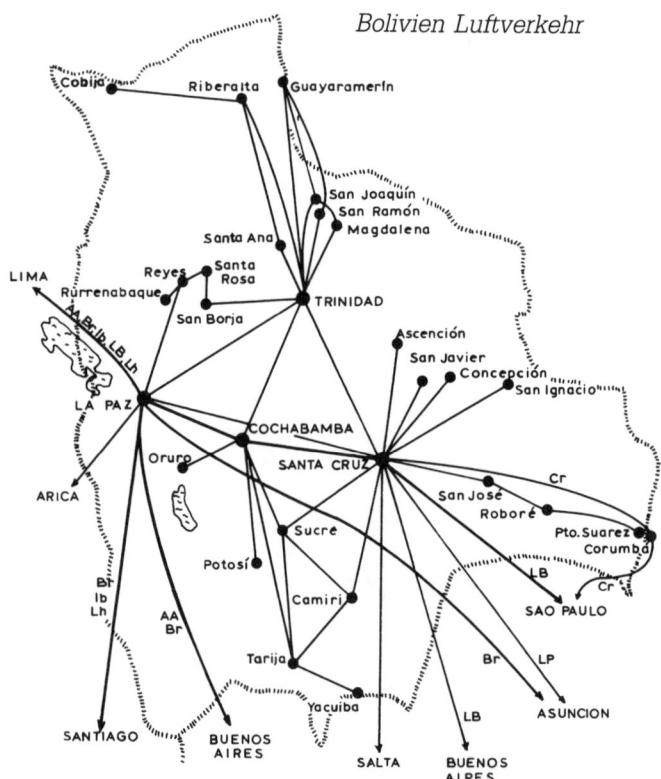

Bolivien Luftverkehr

Möller, 1981

Illegale Herstellung von Koks-paste in Bolivien

wurde zu einem florierenden Unternehmen. Nicht lange, und Santa Cruz wurde zum Sitz von zwei Dutzend Lufttaxi-Unternehmen mit fast 200 Flugzeugen.

Die hohen Regierungsoffiziere waren nicht gerade arm, als sie im Oktober 1982 die Macht abgeben mussten. Mit dem Zivilisten *Hernan Siles Zuazo,* 193. Präsident Boliviens, sollte die Demokratie ins Land kommen. Auch das etablierte Drogengeschäft ging *Zuazo* demokratisch an. Ein Zeichen setzend, wurde die gefürchtete Söldnertruppe aufgelöst. Der Klügere gibt nach, sagten sich die grandos mafiosos von Santa Cruz, und zogen sich auf ihre Besitzungen im Dschun-gel der Provinz Beni zurück.

Zuazo hatte es da schwerer. Den wirtschaftlichen Pro-blemen seines Landes konnte er nicht ausweichen. Die Arbeiter können schon lange nicht mehr preisgünstig Lebensmittel einkaufen. Bei der weit über 2000prozentigen Inflation kostet ein Essen heute ½ Million Pesos. Der Peso ist nicht viel wert. Auf dem Schwarzmarkt, dem Mercado Paralelo, wird der US-Dollar gegen 120 000 Pesos getauscht. Viermal soviel, wie es der offizielle Kurs ausweist. Der mächtige Gewerkschaftsdachverband «Central Obrera Boli-viana» – der COB – drängt schon den Demokraten zum Rücktritt. Die Regierung kann sich jedoch noch auf das sonst sehr putschfreudige Militär verlassen.*

Die politischen Gewitterwolken ziehen sich zusammen. Die Minenarbeiter, die Mineros, streiken. Auch gegen den Hunger. Und gegen Hunger hilft Coca. Und der Wirtschafts-zweig Coca hat Hochkonjunktur. Früher kauten die Mineros

* Nach knapp drei Jahren ist die linke Regierung des sozialisti-schen Staatschefs Zuasos ge-scheitert. Die Militärs kommen wieder. 1985 hat Ex-Diktator Banzer gute Chancen, als 194. Präsident, zugegeben diesmal durch Wahlen, in den Regie-rungspalast in La Paz einzu-ziehen.

Bolivianische Mineros ohne Hoffnung

Coca, da sie in den Zinnminen während der Schicht nicht zum Essen kamen. Heute kaufen die Mineros auch Coca, um die Familie mit dem Hungerstiller zu versorgen.

Coca hilft auch den Staatsbeamten, denen die Gehälter weginflationiert werden. Offiziere und Angestellte bevorzugen die harte Währung Coca-Dollar. Berühmt berüchtigter Umschlagplatz ist auch das Stadtgefängnis von La Paz, «Panoptico» genannt. In dem ehemaligen Kloster verdienen sich nicht wenige Aufsichtsbeamte mit 1000 Inhaftierten ein Zubrot.

Gemüsebauern werden zu Cocabauern. Die Pflanze ist ertragreicher und bringt mehr Gewinn. Während sein Land auf Coca umschwenkt, weiss Präsident *Zuazo* keinen Ausweg, die über 4 Milliarden Dollar Auslandsschulden zu bezahlen. Allein die Bezahlung der Zinsen ergibt einen Betrag, der die Exportgewinne um 25 Prozent übersteigt. Angesichts dieser Schuldenlast nehmen sich die angekündigten Kredite und Gelder zur Entwicklungshilfe, so um die 200 Millionen Dollar, vom Big brother USA erwartet, fast lächerlich aus.

Die Angebote des Bürgers *Suarez* haben da schon ganz anderes Format.

Kokain-Könige –
Los Grandes Mafiosos

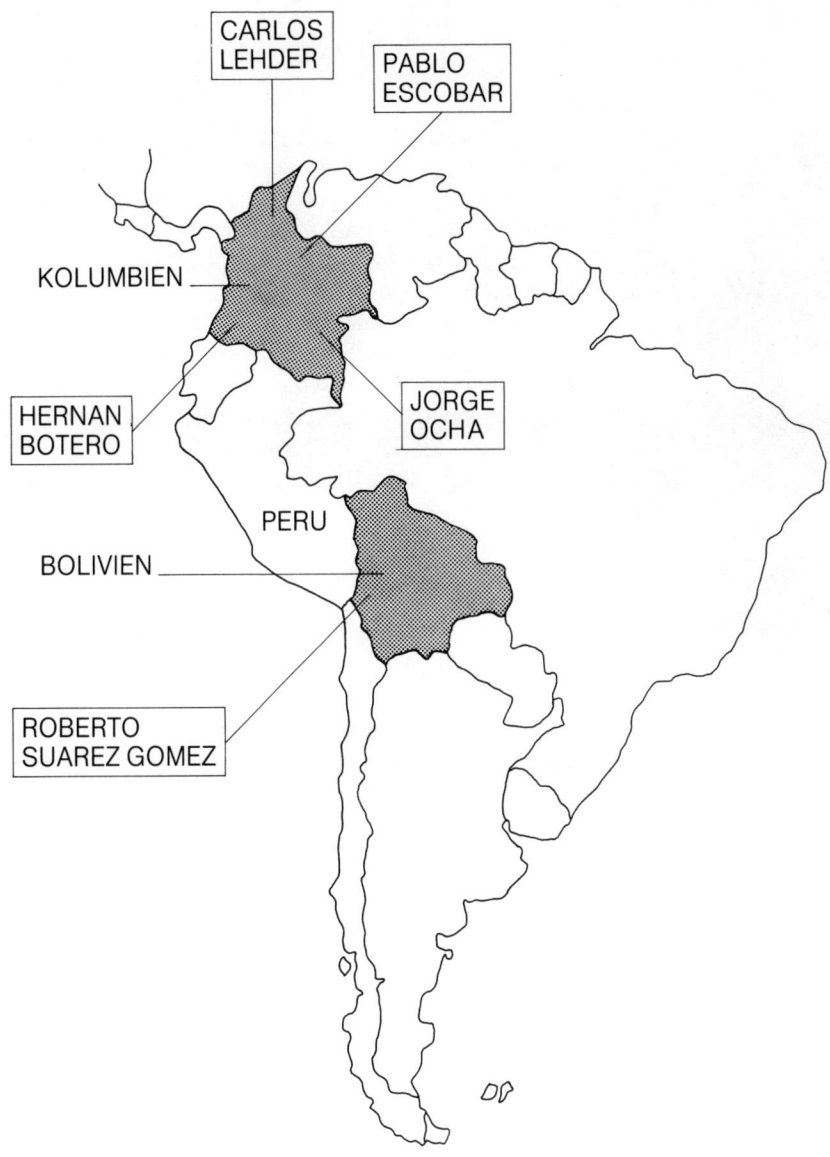

CARLOS LEHDER

PABLO ESCOBAR

KOLUMBIEN

HERNAN BOTERO

JORGE OCHA

PERU

BOLIVIEN

ROBERTO SUAREZ GOMEZ

n. Thamm, 1985

Wer ist dieser Mann, für dessen Ergreifung die US-Drogen-
fahndung seit 1982 eine hohe Belohnung ausgesetzt hat,
und der von der Bevölkerung der bolivianischen Urwaldprovinz Beni als moderner Robin Hood gefeiert wird?

Don Roberto – Robin Hood
im Dschungel Benis

*Roberto Suárez Gómez, Coca war
lord*

Wie seine kolumbianischen Kollegen ist der deutschstäm-
mige Bolivianer *Roberto Suarez Gomez* einer der reichsten
und mächtigsten Männer Lateinamerikas. Allein sein Privatvermögen wird auf 4 Milliarden Dollar geschätzt. Seine
Haziendas liegen verstreut in der Provinz Beni, 213 000
Quadratkilometer gross.

Das Operationsgebiet seiner Narcotraficantes, so heissen die Drogentransporteure, ist unwegsam und kaum zu
kontrollieren. In dem savannenartigen Südwestzipfel des
Amazonasbeckens gibt es kaum Strassen und Städte. Dafür
aber so um die 10 000 Flugpisten für kleine Maschinen. Die
Besitzungen «Don Robertos», bis zu 50 Hektar gross, sind
wie Industrieanlagen gesichert. Zu seiner Privatstreitmacht
sollen 1500 Kämpfer gehören. Seinen persönlichen Schutz
übernehmen 120 von lybischen Experten ausgebildete Leib-
wächter.

Gegen unliebsame Gäste wehrt sich der Kokain-König
mit eigener Luftwaffe. Ein Dutzend raketenbestückter Jagd-
bomber soll dazugehören. Vom Boden her lässt er das
Terrain mit Flugabwehrraketen verteidigen. Die monatli-
chen Einnahmen aus dem Kokaingeschäft sollen 240 Millionen Dollar betragen, etwa 3 Milliarden im Jahr. Neider
behaupten, es wäre nur eine Milliarde. Egal wieviel, es
würde den offiziellen Exporterlösen für Erdöl, Erdgas, Zinn
und noch andere Produkte entsprechen. Dieses Jahresein-
kommen verpflichtet auch zu guten Taten. Um den Endvier-
ziger ranken sich Legenden.

Als Haustier hält er sich einen Leoparden, sein Revolver
ist natürlich vergoldet. Als Politiker setzt er in die Zeitungen
ganzseitige Anzeigen, zieht gegen die Korruption der bolivianischen Regierung zu Felde. Als Milliardär unterstützt er
Arme und Kranke.

In schwerzugänglichen Dschungeldörfern lässt er
Schulen bauen, lässt die einheimische Bevölkerung medizinisch versorgen, kümmert sich um den Stromanschluss der
Hinterwäldler. Er lässt baufällige Kirchen reparieren, sorgt
für Schulbildung bei den Armen und Waisen.

Der armen Regierung *Zuazo* bot er einen Kredit von 2

Milliarden Dollar an, wohl nicht nur als Kokain-König. Der reichen Regierung *Reagan* im Feindesland Amerika bot er die eigene Auslieferung an, wenn diese die 4 Milliarden Dollar bolivianischer Auslandsschulden übernehmen würden. Ein auch für US-Begriffe zu hoher Kopfpreis für den «most wanted» *Gomez*. Don Roberto ist ein Mann mit Nationalgefühl und Stolz, ein Mann mit politischem Bewusstsein. Auch der Chef der Drogenbehörde, *Rafael Otazo*, sieht im Coca-Paten mehr den national denkenden Unternehmer, mit dem man sich auch an einen Tisch setzen kann. Währenddessen gehen die «Leoparden», eine von der USA gedrillte und finanzierte Spezialtruppe, ihrem Geschäft nach: sie bekämpften den Kokshandel.

Nun, nicht weniger reich und mächtig sind die Kollegen von *Gomez*, die «Capos» im entfernten Kolumbien.

Die Capos – Kolumbiens Dagobert Ducks

Das Jahr 1984 war noch keine vier Monate alt, da stürmten kolumbianische Soldaten die feudalen Ruhequartiere der Capos. Jedoch, die Mafia-Haciendas waren menschenleer, dafür sehr tierreich.

Besitzer der Hacienda «Napoles» in der Nordwestprovinz Antioquia gelegen, gehörte *Pablo Escobar Gaviria*, bekannt auch als *«Napoles»*. Die ärmliche Landbevölkerung in der Nähe Medellins feierte ihn als Wohltäter. Medellin, zweitgrösste Stadt des Landes, Hauptstadt der Provinz Antioquia, ist für seine Industrie bekannt. Auch für die Coca-Industrie. Sie hat den Ruf, den grössten Teil der Cocapaste aus Peru und Bolivien zu Kokain zu veredeln.

Gegen die Einnahmen aus diesem gewaltigen Geschäft nimmt sich das geschätzte Privatvermögen *Escobars*, rund 2,3 Milliarden Dollar, gering aus.

Der Nation verbunden, hatte er mit dem Bau von Unterkünften für 1000 Familien begonnen. Nun ist die Baustelle verwaist! Die Armee hat die Entwicklungshilfe gestoppt!

Verwaist auch die gestürmte Hacienda. Nicht ganz. *Escobar* war Tier- und Pflanzenfreund. Der riesige Grundbesitz bot Platz für einen Privat-Zoo. Eintritt war früher, als hier noch Leben und Treiben herrschte, natürlich umsonst. Tausende bestaunten Escobars Exoten: fremdartige Raubkatzen, Elefanten, Nashörner und ungezählte Vogelarten. Nach der Räumung fürchten nun Kolumbiens Tierschützer um den seltenen Tierbestand. *Escobar* hatte sich auch einen

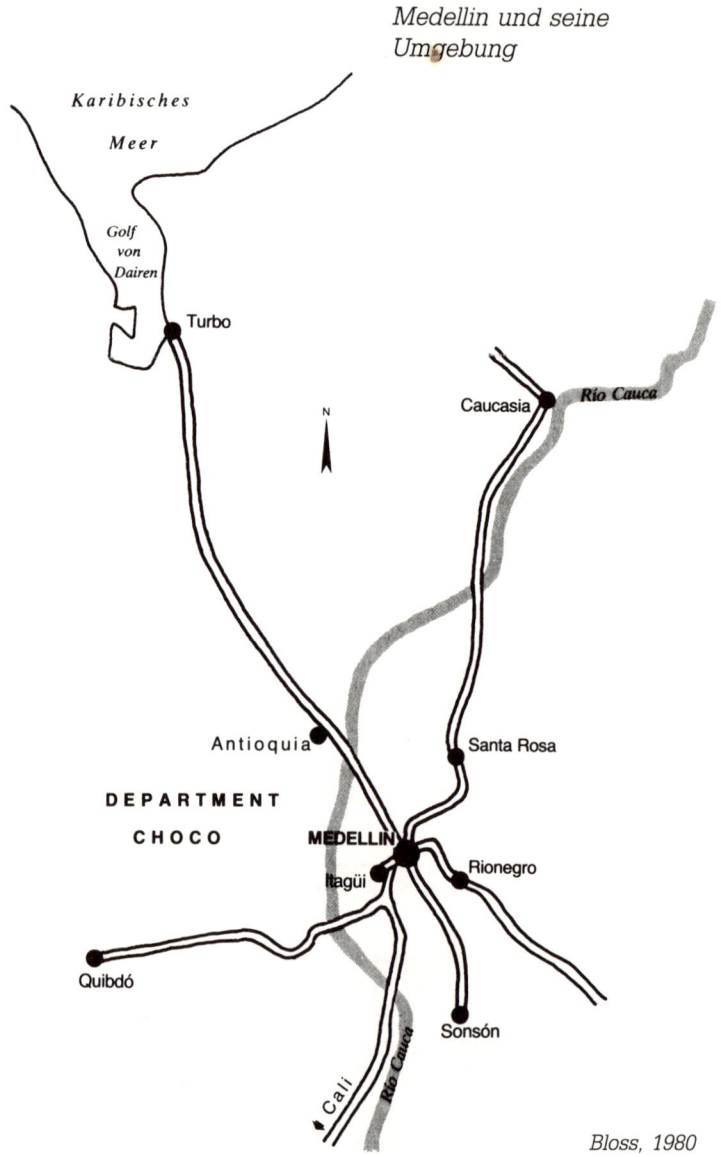

Medellin und seine Umgebung

Karibisches Meer

Golf von Dairen

Turbo

Río Cauca

Caucasia

N

Antioquia

Santa Rosa

DEPARTMENT CHOCO

MEDELLIN

Itagüi

Rionegro

Quibdó

Sonsón

Cali

Río Cauca

Bloss, 1980

ganzen Stab von Agrarexperten geholt, um seine 300 000 Obstbäume veredeln zu lassen.

Die Tierliebe *Escobars* teilte auch der Industrielle *Jorge Ocha,* dessen mächtiger Clan im Norden des Landes residierte. Auf seiner Hacienda «Veracruz», an der Atlantikküste gelegen, waren jedoch Besucher seines Privat-Zoos unerwünscht.

Ocha liebte den Kampf. Seine Gäste konnten sich in der

70

Die kolumbianische Karibikküste

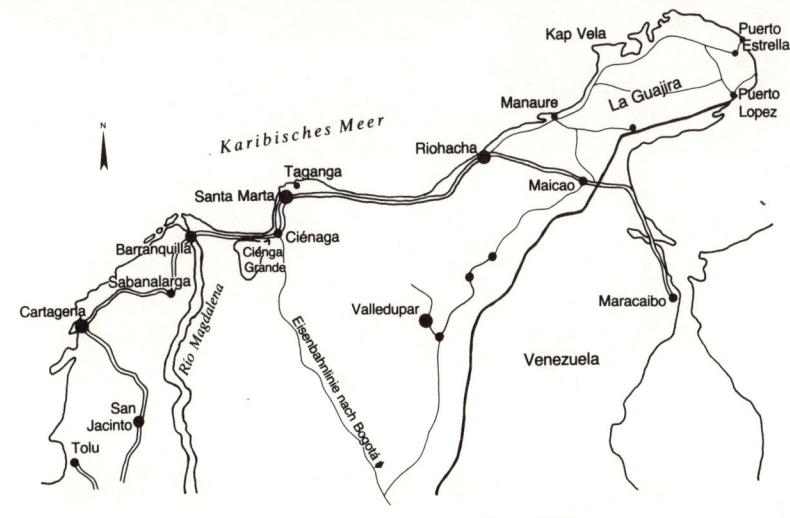

Bloss, 1980

Die staatliche Gliederung Kolumbiens in Provinzen, Intendanturen und Kommissariate

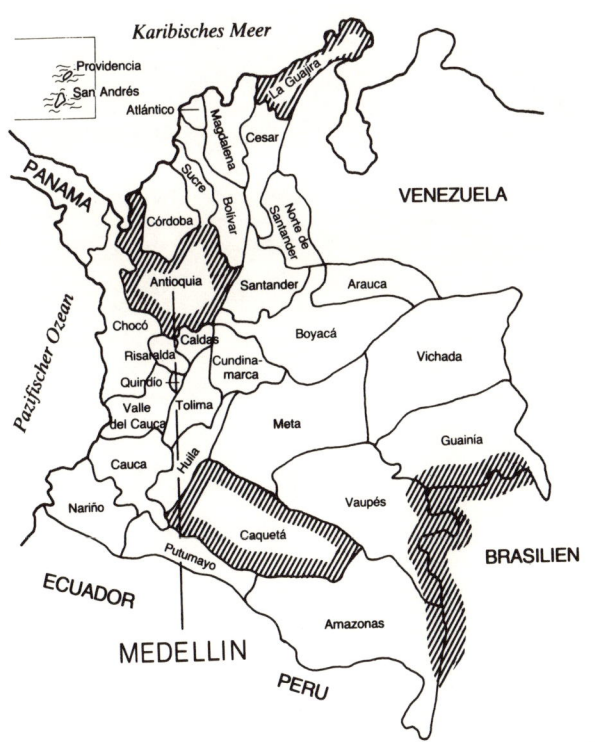

Bloss, 1980

Kokain-Produktionsstätten

KOLUMBIEN

BOGOTA

LIMA

LA PAZ

BRASILIEN

ARGENTINIEN

RIO DE JANEIRO

n. Paul J. Pugliese

eigenen Stierkampfarena und in der Manege an Hahnen-kämpfen belustigen, oder Delphine und Rennpferde be-staunen.

Auch *Ocha* liess sich in ruhigere Gefilde nieder und überliess die nun folgenden Machtkämpfe den rangniederen Statthaltern.

Vielleicht nicht der reichste, bestimmt aber der bekann-teste unter den kolumbianischen Narcokings ist *Carlos «Lemon» Lehder Rivera,* dessen Rückzugsgebiet an der Grenze zu Brasilien liegt.

Auch er fühlt sich dem Volk verbunden, unterstützt Fussballclubs und Krankenanstalten, investiert in Banken, Grundstücken, Häusern und Stadien.

Nebenbei gründete er eine eigene politische Partei, die «Movimiento Civico Latino Nacional»; beansprucht bei Bedarf im TV Columbia Sendezeit. Er will den «Imperialis-mus in die Schranken verweisen» und erklärte kürzlich «Kokain zur Atombombe Lateinamerikas».

Ihre Milliarden-Pfründe lassen sich die coca war lords nicht wegnehmen, auch nicht verkleinern.

Ihre Macht reicht aus, um Landesregierungen den Krieg erklären zu können. Inzwischen haben sie auch den USA den Coca-Fehdehandschuh hingeworfen.

Der Stern (Hamburg), 14/1985

STERN: Sie wollen eine Guerilla-Armee von 500 000 Mann aufstellen. Warum?

LEHDER: Es geht nicht mehr allein um den Kampf gegen den Auslieferungsvertrag zwischen Kolumbien und den USA. Wir müssen uns jetzt mit allen Revolutionären und Fortschrittlichen Kolumbiens zusammentun und die Befreiung unseres Volkes erstreiten. Wir werden mit den Guerilleros, mit revolutionären Soldaten und allen, die zur Waffe greifen wollen, reden und, wenn nötig, eine Front des militärischen Kampfes aufbauen.

STERN: Und dieses Heer wollen Sie mit Geldern aus Drogengeschäften bezahlen?

LEHDER: Uns ist es lieber, wenn sich unsere Befreiungsbewegungen durch die Bonanza, das heißt durch Stimulantien, finanzieren – als durch Überfälle, Erpressungen oder durch Entführungen. Ich finde es würdiger, wenn unsere Guerilleros den Imperialisten Drogen verkaufen, als die Tochter oder den Sohn eines komlumbianischen Bürgers zu entführen. Mit Entführern habe ich nichts im Sinn.

STERN: Eine sehr zweifelhafte Art von Würde. Glauben

»Kokain – die Atombombe Lateinamerikas«

Einer der wichtigsten Bosse des Drogenexports in Kolumbien ist der deutsch-stämmige Carlos Lehder, 34. Von Interpol gesucht und von Auslieferung an die USA bedroht, sucht der Kokain-König seine Geschäfte jetzt als revolutionären Kampf gegen den Imperialis-mus zu verbrämen. In seinem Versteck nahe der kolumbianisch-venezolani-schen Grenze sprach Lehder mit STERN-Mitarbeiterin Carol Ogun

Sie denn, daß sich auch die anderen Kokain-Produzenten in Bolivien und Peru Ihrem »Drogenkrieg« anschlie-ßen?

LEHDER: Die Befreiung ganz Lateinamerikas ließe sich mit Kokain erreichen. Kokain ist die Atombombe La-teinamerikas. Die Droge ist zu einem Teil unserer kul-turellen, moralischen und wirtschaftlichen Revolution geworden. Der Nobelpreis-träger Gabriel García Már-quez hat gesagt, daß die Bonanza ein Mittel zur Selbstverteidigung unseres Volkes sei. In meinem Kampf gegen den US-Impe-rialismus und die Oligar-chie in Kolumbien heiligt der Zweck die Mittel.

STERN: Fahnden die kolum-bianischen Behörden wirk-lich ernsthaft nach Ihnen?

LEHDER: Die Teile des Hee-res und der Polizei, die von der Oligarchie beherrscht werden, suchen mich, aber keineswegs das ganze Heer oder die ganze Polizei. Ich habe große Freunde dort, ebenso wie in der Guerilla, im Episkopat und im Senat. Sie sind nicht nur meine Freun-de, sondern Freunde des ko-lumbianischen Volkes. Und das Volk hat seine Augen und Ohren überall.

*Der Fall Bonilla – die Macht
der coca war lords*

Kolumbiens starker Mann, Präsident *Betancur*, setzte viel Hoffnung in seinen neuen Justizminister. Ende 1983 nahm der 37jährige *Rodrigo Lara Bonilla* den Kampf gegen die grandes mafiosos auf. Der harte Minister hatte Fortune. Er störte die Geschäfte. Als er im Dschungellabor, schwer zugänglich in der Caquetaprovinz des Landes, gar 12 500 Kilogramm reines Kokain beschlagnahmte, war das Ende seines geschäftsschädigenden Treibens absehbar. Immerhin hatte die verlorene Ware einen Strassenverkaufswert von 1,2 Milliarden Dollar. Auf den unliebsamen Gegner wurde eine Kopfprämie ausgesetzt, 20 000 Dollar. Die Prämie verdienten sich am 30. April 1984 ein paar Schützen. Nicht nur aus menschlicher Anteilnahme betrauerte US-Vizepräsident *Bush* den frühen Tod *Bonillas,* «Amerikas bestem Freund an der Drogenfront». Landeschef *Betancur* kündigte der Cocamafia einen «Kampf ohne Pause» an. Um für diese Machtprobe auch den Rücken frei zu haben, schloss er gar Waffenstillstand mit der nationalen linken Guerilla. Fortan wollte sich der Präsident lieber auf seine eigenen Beamten, nicht mehr auf Zivilisten verlassen, da diese in Cocasachen entweder mit Mord bedroht wurden oder schlicht korrupt waren. So kamen die Drogendelikte vor das Militärgericht.

Beerdigung des Justizministers
Bonilla

Koks-Zaren wie *Escobar* und *Ocha* sind zuallererst Geschäftsleute. Sie schlugen dem Gegner Verhandlungen vor. Angeblich sollen an diesen Unterredungen honorige Staatsdiener, wie Ex-Präsident *Michelsen* und Generalstaatsanwalt *Carlo Gomez* teilgenommen haben. Das Angebot der Milliardäre:

Der Staat solle alle Verfolgungen einstellen, die Auslieferungsanträge der USA zurückweisen und die Anbauregionen in Ruhe lassen. Dafür würde man zur Legalität zurückkehren.

Über Direktinvestitionen in Milliardenhöhe in die Wirtschaft liesse sich reden. Selbst um die Auslandsschulden wolle man sich kümmern, stolze 13 Milliarden Dollar kann Kolumbien aufweisen. Wer weiss, was Präsident *Betancur* bei diesen Angeboten dachte? Und ob er von den USA so gut beraten wurde, als er den big deal ablehnte und noch ein halbes Dutzend der «most wanted people» dem Verbündeten auslieferte?

Druck konnten auch die Kokain-Könige ausüben. Abschussprämien für gefährliche Gegner wurden auf mehrere hunderttausend Dollar erhöht. Zu den nun gefährdeten

Personen gehörten auch die US-Botschafter *Tombs* in Bogota und *Edwin Corr* in La Paz, Ex-DEA Chef *Francis Mullon* und andere.

Die Cocamafia drohte weiterhin, für jeden ausgelieferten Kollegen fünf US-Bürger hinzurichten. Keine leeren Worte. Erst im Frühjahr 1985 wurde ein DEA-Beauftragter in Guadalajara/Mexiko liquidiert. Die Macht der coca war lords scheint keine Grenzen zu kennen.

Cessna – die einmotorigen Schneeflieger – von Kleinhändlern und Grossschmugglern

Welchen Weg nimmt nun das Cocablatt, um irgendwann als weisses Pulver für teuer Geld verkauft zu werden? Ob in Los Angeles, Amsterdam, New Dehli oder Melbourne, fast weltweit muss für ein Gramm 80 bis 100 Dollar bezahlt werden.

Seinen Ursprung nimmt das Geschäft bei den Cocabauern, beispielsweise den Chaparebauern in Bolivien.

In Kleinbetrieben verarbeiten sie ihre Feldernte lieber selbst zur Cocapaste. Die Monatsproduktion tragen sie dann auf den Markt nach Sinahota. Hier warten schon die Aufkäufer, prüfen die Ware und zahlen danach für ein Kilo 5000 Dollar aus.

Mit Kleinflugzeugen, vornehmlich den robusten Cessnas, den VW's der Lüfte, werden 500 Kiloportionen zu den Grossfarmen in die Dschungelprovinz Beni, *die* bolivianische Sammelstelle geflogen. Weit grössere Maschinen der

Drogenschmuggler-Flugzeuge, die in den USA beschlagnahmt wurden

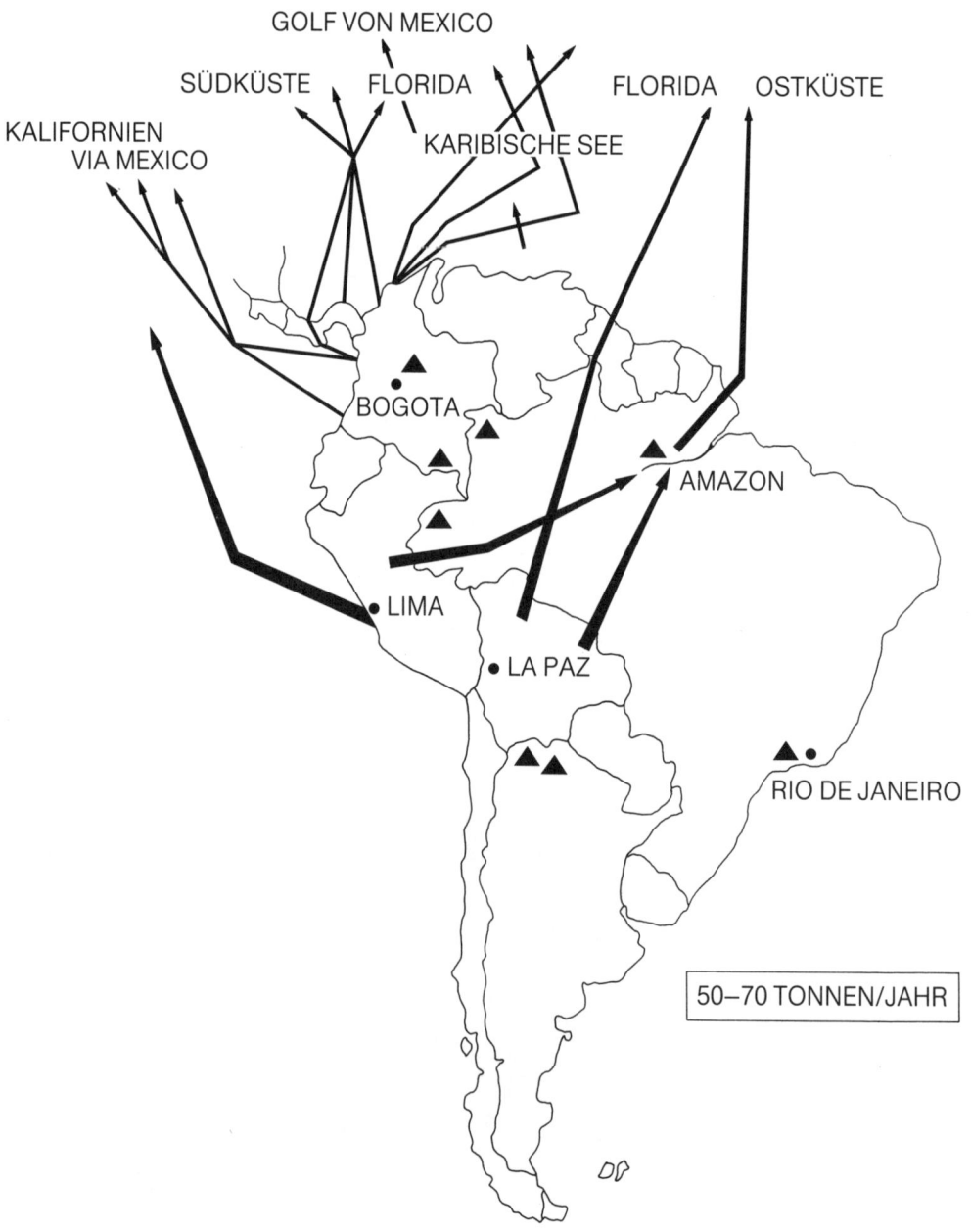

Kokainschmuggel in die
USA

GOLF VON MEXICO

SÜDKÜSTE   FLORIDA   FLORIDA   OSTKÜSTE

KALIFORNIEN   KARIBISCHE SEE
VIA MEXICO

BOGOTA

AMAZON

LIMA

LA PAZ

RIO DE JANEIRO

50–70 TONNEN/JAHR

n. Paul J. Pugliese

Kokainschmuggel nach
Europa

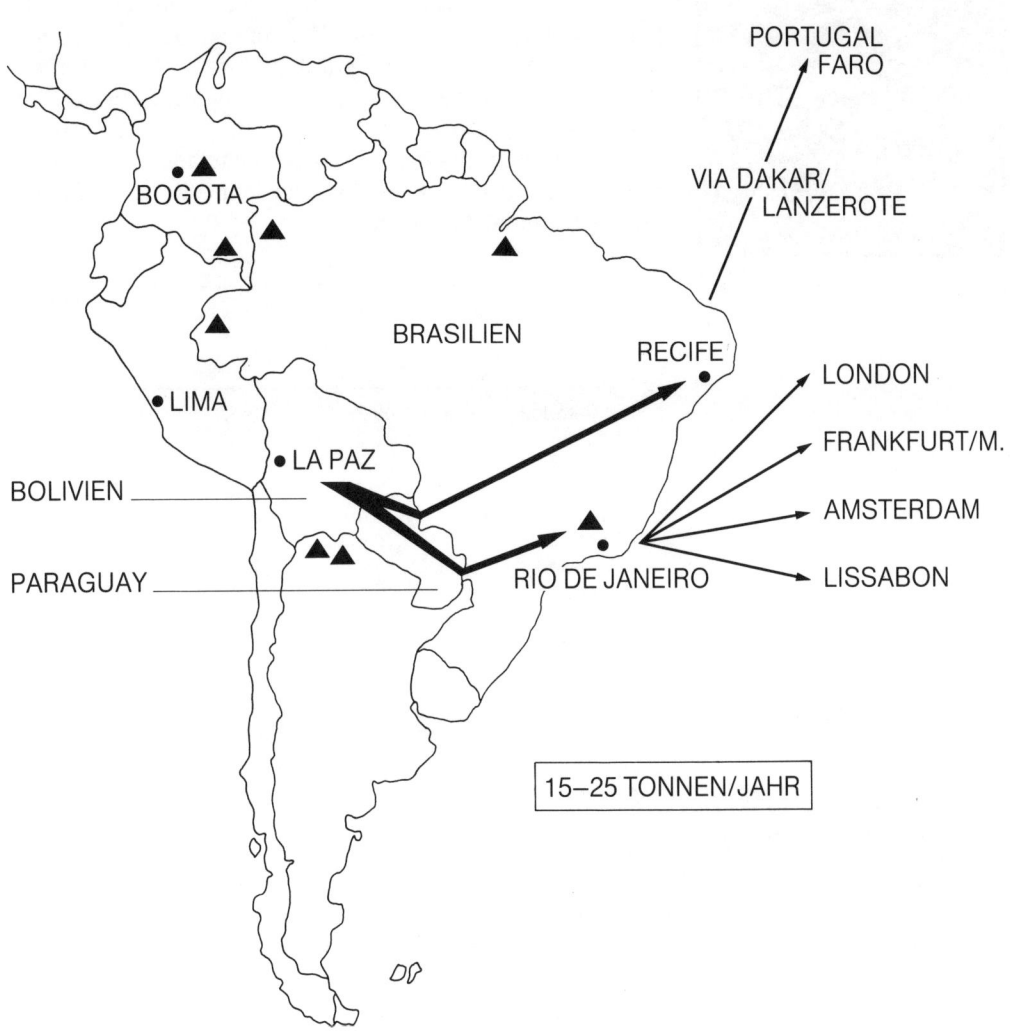

n. Thamm, 1985

Cocaine Wars, Time Cover 1985

Kolumbianer übernehmen hier die Fracht und fliegen sie weiter in die unzugänglichen Laboratorien ihres Landes, inzwischen aber auch nach Paraguay und Brasilien. Hier wird die Paste mit Hilfe von Hunderttausenden Litern Äther, Aceton und Salzsäure zu Kokain raffiniert.

Von hier aus startet die «Columbian Connection» in die ganze Welt. Auf dem Luft- und Wasserweg in die USA, durch den «Transit-Krieg» in der Karibik mit der US-Rauschgiftabwehr kaum beeinträchtigt. Hier ist immer noch der Hauptabnehmer. Aber wie lange noch?

Seit Westeuropa in der zweiten Hälfte der 70er Jahre auf Kokainverbrauch angetestet wurde, lohnt sich der Export in die finanzstarke Alte Welt.

Europäische Länder	Sichergestelltes Kokain		Steigerungs-Faktor
	1982 (kg)	1983 (kg)	
Frankreich	69,2	214,4	3,1
Italien	72,0	198,5	2,8
Spanien	76,2	154,9	2,0
BR Deutschland	32,7	106,3	3,0
Grossbritannien	11,0	88,2	(8,0)
Dänemark	5,5	45,3	(8,2)
Portugal	4,2	39,0	(9,1)
Belgien	5,1	28,5	(5,6)
Summe (8 europ. Länder)	276,0	875,1	3,2

Nach BKA, 1984

Vernichtung von Cocapflanzen durch Feuer

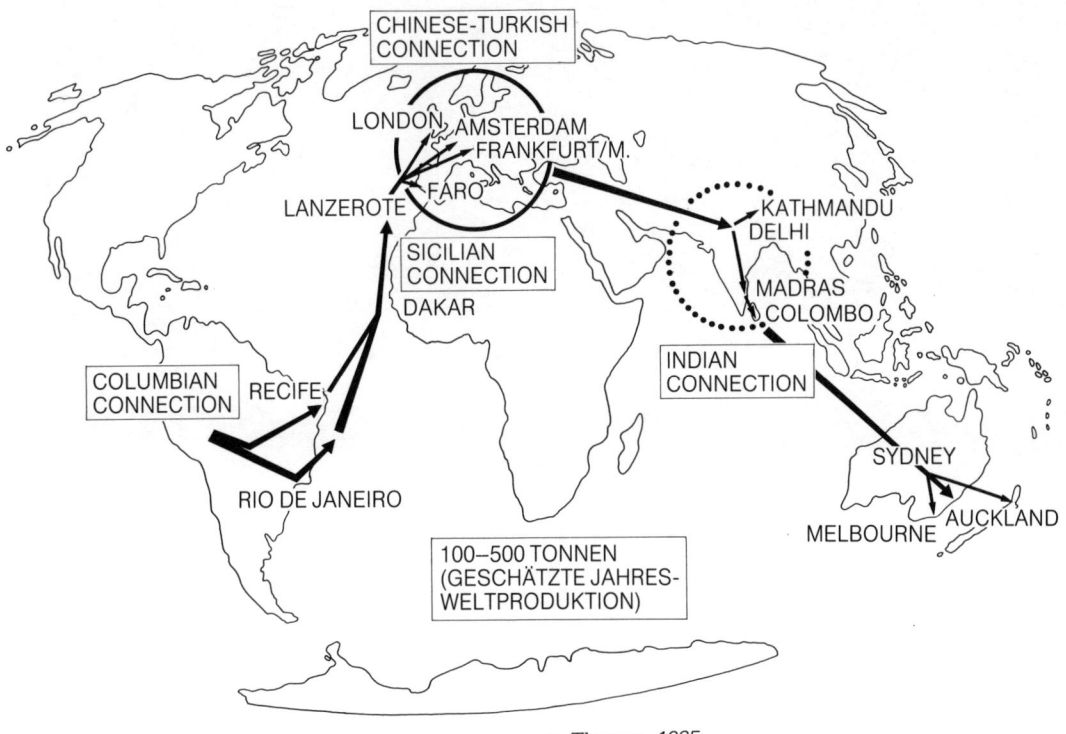

Kokainschmuggel
nach Asien und Australien via
Europa

n. Thamm, 1985

Wieviel Kokain jährlich tatsächlich in den südamerikanischen Staaten produziert wird, entzieht sich jeglicher Kenntnis. Geschätzt werden 100 bis über 500 Tonnen. Sicher scheint, dass der gesättigte US-Markt in die Phase der Konsolidierung gegangen ist. Bei derzeit 50 bis 70 Tonnen Jahresverbrauch scheint hier die obere Grenze unter der 100-Tonnen-Marke zu liegen.

Für die 80er Jahre und später verspricht sich die lateinamerikanische Industrie viel, sehr viel vom verbraucherfreundlichen Europa. Hier sind es bisher kaum 100 000 regelmässiger Koksschnupfer, kaum eine halbe Million Probierer. Aber die Zuwachsraten sind dreistellig.

Auf 15 bis 25 Tonnen schätzen Insider schon die jährliche Andenluftfracht nach Europa, die inzwischen ihre Ziele in London, Amsterdam, Frankfurt, Lissabon, Rom und Paris ohne grossen Schaden erreicht.

*Kolumbianische Polizei vernich-
tet Kokain am Karibikstrand*

Kokain ist *die* Grossstadtdroge – vermehrter Bedarf wird
aus Indien, Australien und Neuseeland angemeldet.

Die Kokain-Könige können der Entwicklung gelassen
entgegensehen. Mit ihrer «biologischen Geheimwaffe», der
Coca-Abart Epadu, sind sie auf den Bedarf des Jahres 2000
eingestellt.

Kolumbiens Luftwaffe erklärt Drogenhändlern den Krieg

Bogota (ddp). Die Luftwaffe Kolumbiens hat allen Drogenhändlern im Lande den Krieg erklärt. In einer in Bogota veröffentlichten Mitteilung hieß es, alle verdächtigen Flugzeuge würden angegriffen, um „Verletzungen des kolumbischen Luftraumes zu verhindern und den Drogenhandel zu bekämpfen."

Tagesspiegel, 9. 3. 1978

Schlag gegen Drogen-Mafia

La Paz (dpa). Die Polizei in Bolivien hat bei mehreren Razzien gegen den illegalen Rauschgifthandel in den vergangenen zwei Wochen Kokain im Wert von umgerechnet über 55 Millionen DM beschlagnahmt und damit der Drogen-Mafia des Landes nach Angaben der Behörden „den bisher härtesten Schlag versetzt". In der nordöstlichen Urwaldprovinz Beni wurden vier Kleinflugzeuge sichergestellt, die zum Transport des Rauschgiftes nach Kolumbien gedient hatten. Ein Kolumbianer, der in einem illegalen Laboratorium arbeitete, wurde festgenommen.

Tagesspiegel, 1. 9. 1984

Drogenfabrik im Urwald

Bogota (ddp). Die kolumbianischen Sicherheitsbehörden haben den auf internationaler Ebene arbeitenden Rauschgiftschmugglern des Landes einen empfindlichen Schlag versetzt. Nach Angaben der Polizei entdeckten staatliche Fahnder in der Nähe von Calamar mitten im Urwald eine 3000 Hektar große Plantage mit Coca-Pflanzen, große und moderne Laboratorien zur Herstellung von Drogen sowie eine nicht näher bezeichnete Menge von Kokain.

Tagesspiegel, 14. 2. 1980

60 Dschungel-Flugplätze gesprengt

Bogotá (AFP/dpa). Im kolumbianischen Dschungel sind von der Polizei und der Armee 60 geheime Startbahnen gesprengt worden, die von Rauschgiftschmugglern gebaut worden waren. Außerdem wurden 160 000 Hektar Marihuana-Anbauland zerstört. Mehrere Personen wurden festgenommen. Zahlreiche Waffen und Fahrzeuge wurden beschlagnahmt.

Der pakistanische Zoll hat in einem Haus in der Nähe von Karachi 18 000 Kilogramm Haschisch beschlagnahmt. Lediglich ein alter Mann wurde festgenommen.

Tagesspiegel, 27. 4. 1985

Venezuela und Kolumbien setzen Armee gegen Rauschgifthändler ein

Kooperation angestrebt — Hauptumschlagplatz für Kokain und Marihuana

Caracas (AFP). Die Streitkräfte Kolumbiens und Venezuelas haben einen gemeinsamen Kampf gegen Rauschgifthändler begonnen. Wie aus unterrichteten Kreisen in Caracas verlautete, wurde der kolumbianische Verteidigungsminister, General Gustavo Matamores, am Mittwoch von seinem venezolanischen Amtskollegen, General Humberto Alcadez Alvarez, zu einer Sitzung über praktische Maßnahmen zur Beendigung dieses für beide Länder zur Plage gewordenen Problems erwartet.

Fünfzehn Tonnen Rauschgift mit einem Schätzwert von umgerechnet 38 Milliarden DM liefen allein im vergangenen Jahr über venezolanisches Territorium, betonen Parlamentarier in Caracas. Sie fügen hinzu, daß der Konsum von Kokain und Marihuana rund 500 000 Venezolaner betreffe und für 85 Prozent der Straftaten ursächlich sei. Jeden Tag werden in Caracas Kinder im Alter von acht und neun Jahren wegen Drogenbesitzes festgenommen.

Venezuela ist in den letzten Jahren zu einem der Hauptumschlagplätze des internationalen Rauschgifthandels geworden. Das Land ist Dreh- und Angelpunkt der „Latin Connection", über die bolivianisches Kokain und kolumbianisches Marihuana in die USA und nach Kanada geschmuggelt wird. Außerdem wurden im vergangenen Januar nahe der Grenze zu Kolumbien 50 000 Hektar Marihuanapflanzungen entdeckt und von der venezolanischen Armee verbrannt. In derselben Region stießen die Streitkräfte auf mehrere kleine Privatflugplätze von Rauschgifthändlern.

Das venezolanische Parlament hat inzwischen einen Sonderausschuß gegründet, um die Hintergründe von Produktion und Handel mit Rauschgift zu untersuchen. Klar ist jedoch, daß das Problem nicht ohne enge internationale Zusammenarbeit gelöst werden kann, insbesondere in den schwer kontrollierbaren Grenzgebieten Lateinamerikas. Außer Kolumbien hat die Regierung in Caracas auch Ecuador, Peru und Bolivien eine Zusammenarbeit zur Lösung des Drogenproblems angeboten.

Tagesspiegel, 16. 2. 1984

4. Kapitel

DIE FLASCHE DES SHERLOCK HOLMES
*Der Cocarausch der Industrieländer im
19. Jahrhundert bis zum 1. Weltkrieg*

Entdecker und Neugierige – Goldene Zeiten der Feel- & Good-Pharma-Industrie

Die Landarbeiter und Handwerker im 18. Jahrhundert konnten wenigstens das Tempo ihrer Tagesarbeit mehr oder weniger selbst bestimmen.

Ihre Nachfahren im 19. Jahrhundert hatten es da schon schwerer. Die Abwanderung vom Lande in die Städte prägte dieses Jahrhundert, in Amerika, Europa und auch in Australien. In der Folge änderten sich Lebensformen, Bedürfnisse und auf lange Sicht auch die Ernährungsweise. Die Industrie diktierte den Lebensrhythmus der Arbeiter in den Fabriken. Gleichmässige Leistung wurde von ihnen erwartet, am Tag 12 Stunden und mehr. Leistung, Leistungssteigerung fordert auf Dauer ihren Tribut. Die natürlichen Reserven des Körpers reichten nicht immer aus, er musste auch künstlich angeregt werden. Tee und Kaffee eigneten sich vorzüglich dazu. Alkohol berauschte und betäubte, er machte das Vergessen leichter. Viele Menschen lernten die Vorzüge der Drogen zu schätzen, die Herstellung von Narkotika versprach *das* Geschäft zu werden. Der Berufsstand der Apotheker sah den besten Zeiten entgegen. Waren es zuerst noch kleine Medikamentenhersteller, war doch der rasche Aufbau einer Medikamentenindustrie absehbar. Man fing an, zuerst recht bescheiden, noch zu forschen, zu produzieren, zu werben und zu verkaufen.

1805 war das Morphium erstmalig vom Roh-Opium chemisch getrennt worden. *E. Merck & Co.* begannen 1827 mit der kommerziellen Herstellung. Morphiumhaltige Arzneien sollten strapazierte Nerven beruhigen.

1859 wurde Kokain aus den Cocablättern isoliert. 1862 entschloss sich wiederum *Merck* zur kommerziellen Produktion. Schon bald lag die deutsche Pharma-Firma in harter Konkurrenz zur amerikanischen *Park-Davis Company*. Darmstadt und Detroit kämpften um die Vorherrschaft im weltweiten Kokainhandel.

Medikamente auf Kokainbasis wurden als Müdigkeitskiller verkauft. Aber Coca und Kokain konnten noch mehr. Sie waren gegen alle möglichen Krankheiten: Keuchhusten, Erkältung, Asthma, Durchfall, Neuralgie, Seekrankheit, Vaginismus, Schwangerschaftserbrechen, Tripper und Syphilis.

Die «Feel- & Good-Pharma-Industrie» erarbeitete sich

◄

Coca des Incas, Werbeplakat, Frankreich 1896

Peruvian Wine of Coca, Chicago

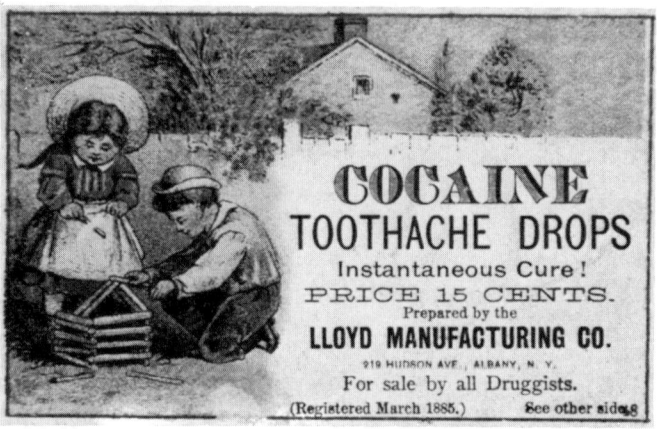

Cocaine-Tropfen gegen Zahn-schmerzen, New York 1885

ihre goldene Aera. Alle erdenklichen Cocaprodukte wurden vertrieben.

Coca in Pudersorten, beliebt natürlich als Nasenpuder –
Coca in Sprays, auch hier, als Nasenspray sehr beliebt –
Coca in Pulvern, Pillen und Einreibemitteln –
Cocazigaretten und Cocakaugummis wurden gut verkauft.

Und Coca in ungezählten Getränken, die mit diesem Zusatz zur Erfrischung des 19. Jahrhunderts wurden –
Cocaweine, unter ihnen der berühmte Vin Mariani –
Cocatees, Coca in Tonic water und
Coca in Sirup, so das bekannte Coca Cola –
Coca Soda – Coca in irgendeiner Flüssigkeit!

*Collier's, The National Weekly
Populäres Magazin, Mai 1912*

Kokainhaltige Pharmazeutika beherrschten den Markt. Es war unternehmerisch lohnenswert, den Drogenkonsum zu propagieren. Es lohnte sich, im letzten Drittel des 19. Jahrhunderts eine beispiellose multinationale pharmazeutische Verbrauchskampagne zu starten. Zwischen 1870 und 1890 verfolgte man die Strategie der Massenvermarktung. Den Zeitungen mit hoher Auflage kam mit der Verbesserung der Drucktechnik – 1812 Schnellpresse *(Koenig/Bauer)*, 1869 Lichtdruck *(Albert)*, 1881 Autotypie *(Meisenbach)*, 1884 Setzmaschine *(Mergenthaler)* – und der Optik/Fotografie – 1839 Fotografie *(Daguerre)*, 1871 Bromsilber-Platte *(Maddox/Eastman)*, 1895 Kinematograph *(Lumière)* – ein hoher Werbestellenwert zu. In grossen Anzeigen wurde geworben. Mit ansprechenden Markennamen. Und da das Geschäft mit den Drogen so gut lief, versetzte man immer mehr

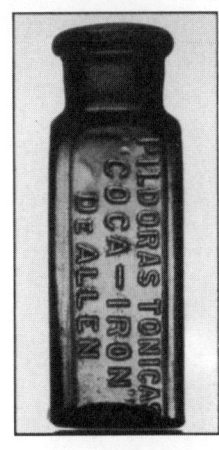

medizinische Produkte mit Narkotika und Alkohol. Die Wirkungen waren vorprogrammiert. Die wirkungsvollen Produkte mussten geschützt werden. Man liess sie patentieren.

Die Pharmaindustrie wurde zu einer der bedeutsamsten Wachstumsindustrien. Hohe Konzentrationen an Narkotika und Dauerkonsum führen bekanntlich zur Sucht. Eine unangenehme, weil geschäftsschädigende Nebensache, eine böse Randerscheinung.

Über Jahrzehnte wuchs die Anzahl der Morphinisten, die ab 1850 durch die Variante des Spritzmorphinismus bereichert wurde. Man forschte nach geeigneten Gegenmitteln.

1874 wurde in England das Gegenmittel gefunden. Man hatte das böse Morphium einfach mit einer Essigsäure verbunden und nannte es Diacetyl-Morphium. 1898 nahm die deutsche Firma *Bayer* die Massenproduktion auf. Doch Diacetyl-Morphium, diesen Namen konnte sich keiner merken. So waren denn die Elbersfelder mit dem zugkräftigen Handelsnamen «Heroin» weitaus zufriedener.

Bayer startete, wie später auch beim «Aspirin», eine internationale Werbekampagne.

Heroin war schliesslich ein nicht suchtbildendes Allheilmittel gegen Erkrankungen der Atemwege bei Kindern.

Vielleicht blieb der American Medical Association 1906 gar nichts anderes übrig, als *den Gebrauch des Heroin anstelle von Morphium bei verschiedenen schmerzhaften Infektionen* zu genehmigen. Auch in Europa und Australien sah man in den heroinhaltigen Medikamenten schliesslich Mittel, die sowohl die Gemüter als auch die Atmungsorgane beruhigten.

The Golden Age of Coca Tonics, Pastillen, Elixiere, Syrup

Werbung für Drogen/Cocahaltige Arzneien in Australien, um 1900

Merck'sche Fabrik in Darmstadt, 1892

Werbung für Kokain-Produkte, 1900

Am blühenden Handel mit Medikamenten auf Narkotikabasis profitierten die Industriegiganten – und partizipierten die zahlreichen kleinen Apotheker und Privatgelehrten.

Einzelgänger, zumal wenn sie kaufmännisch begabt sind, sollten ab und an auch ernst genommen werden.

Päpstliches Gold für einen Korsen – Cocaweine und ihre Freunde

In der korsischen Stadt Bastia erblickte *Angelo Mariani* das Licht der Welt. Der Zufall wollte es, dass der Knabe in einer Familie voller Gelehrter, Ärzte und Chemiker erzogen wurde. Kein Wunder, dass der junge Mann in die wissenschaftlichen Fussstapfen trat. Er wurde Chemiker, die Beschäftigung mit Coca sein Lebenswerk. Lange war er auf der Suche nach dem richtigen Weg, «Coca an den Mann zu bringen», verbraucherfreundlich und in gefälliger Form.

Ein gewinnträchtiges Geschäft bot sich förmlich an. Nach seiner Isolierung hatte «Kokain» 1860 seinen Namen bekommen. 1862 hatte die Pharma-Firma Merck mit der kommerziellen Kokainproduktion begonnen. Und nun, 1863 war *Mariani* endlich soweit. Er hatte gefunden, was er solange gesucht hatte: einen Wein, einen Coca-Wein, den Vin Mariani.

Die anregende Wirkung verdankte der, natürlich patentierte, Wein seinem Mischungsverhältnis. Auf zwei Unzen frischer Cocablätter kam ein US-Pint (0,47 l) Bordeaux-Wein. Kaum hergestellt, liess sich das edle Nass auch gut verkaufen. So gut, dass *Mariani*, zum Kaufmann berufen, eine ganze Reihe von Elixieren hinterher produzierte, vom Mariani-Tee bis zu Mariani-Pastillen. Es war schon was, Mariani-Produkte zu kaufen. Und wer sie kaufte, war schon was. Zu seiner betuchten Kundschaft gehörten Geistliche, Politiker, Künstler, Ärzte und Wissenschaftler. Als Mann von Welt legte *Mariani* ein Album für die eingehenden Empfehlungsschreiben seiner berühmten Zeitgenossen an.

Marianis Coca Leaf, New York 1903

Thomas Edison:
«Herr Mariani. Ich freue mich, Ihnen zur Veröffentlichung in Ihrem Album ein Foto von mir zu schicken.»

Camille Flammarion, Gründer der französischen Gesellschaft der Astronomen:
«Sonnenstrahlen in Flaschen.»

Charles Gounod, Opernkomponist:
«Für meinen jungen Freund Mariani, dem segensreichen Schöpfer dieses wunderbaren Kokaweines aus Peru, der mir so oft meine Kraft wiedergab.»

Auguste Rodin:
«An Mariani, der Koka verbreitet. Ihr Freund.»

Jules Verne:
«Seitdem eine einzige Flasche von Marianis aussergewöhnlichem Kokawein eine hundertjährige Lebensdauer garantiert, freue ich mich, das Jahr 2700 zu erleben. Gut, ich habe keine Einwände. Ihr sehr dankbarer ...»

Coca-Getränk – Vin Tonique Mariani

Gerade der Kunst fühlte sich *Mariani* verpflichtet. Und die Künstler dankten es ihm durch den Konsum seiner Produkte, so *Emile Zola* und *Henrik Ibsen.* Künstler warben schliesslich für seine Cocaprodukte in grossen Zeitungsannoncen, die *Mariani* aufgab: Komponisten wie *Gounod* und *Masse-*

Coca-Weine – Reklame für Mariani und Caswell Hazard & Co

net, Schauspieler wie *Sarah Bernhardt,* Tänzerinnen wie *Adeline Patti* und Sängerinnen. Um diese mühten sich nicht wenige Ärzte, die über ihre Patienten den «Kollegen» *Mariani* schätzen lernten.

So der Pariser Arzt Dr. *Charles Fauvel:*
«Dank des Marianiweines bin ich in der Lage gewesen, die Stimmen vieler Sänger wiederherzustellen, die ohne dieses wirksame Mittel nicht in der Lage gewesen wären, ihre Vorstellungen zu geben.»

Auch Staatsoberhäupter zollten dem Getränkehersteller Tribut.
Auf Anraten seiner Ärzte soll US-Präsident *U. Grant* Mariani-Tee regelmässig genossen haben. Natürlich erst in seinen letzten Lebensmonaten, damit der Politiker seine Memoiren vollenden konnte.
Und aus Washington kam mit der Post vom 14. Juni 1898 präsidialer Dank:
«Sehr geehrter Herr. Bitte nehmen Sie den Dank des Präsidenten entgegen. Im Namen des Präsidenten, seinen als auch meinen, Dank für Ihre Freundlichkeit, uns eine Kiste des berühmten Mariani-Weines zu schicken, dessen stärkende Eigenschaften mir bereits bekannt waren. Ich freue mich, Ihnen in Zukunft behilflich sein zu können, falls dies erforderlich ist. Mit vorzüglicher Hochachtung, John Addison Porter, Sekretär des Präsidenten William McKinley.»

Dem Segen des Weissen Hauses schlossen sich andere bekannte Männer an. So der Marschkomponist *John Philip Sousa,* für dessen Kopfarbeit der Cocawein genau das richtige war. Vielleicht beflügelte er ihn zu seinem bekannten «Stars and Stripes». Und vielleicht half der Cocawein auch dem Architekten und Erbauer der Freiheitsstatue, der grandiosen Leistung des Franzosen *Frédéric-Auguste Bartholdi.*
Mariani, wissenschaftlich vorgebildeter Geschäftsmann, verstand es hervorragend, das Angenehme mit dem Nützlichen zu verbinden. Die Dankschreiben seiner prominenten Kundschaft verband er mit seiner werbewirksamen publizistischen Tätigkeit. *Mariani* wurde zum Synonym für das stimulierende Therapeutikum Coca. Durch seine Weinherstellung war er in der Praxis, durch seine vielen Veröffentlichungen war er in der Theorie kein unbekannter Forscher unter den Cocawissenschaftlern seiner Zeit.

Mariani schrieb sich bekannt, vom kleinen Artikel «La Coca du Pérou (1872)» bis zum Standardwerk «Coca and its Therapeutic Application (1890)».

Nicht wenige hatten eine hohe Meinung von ihm. So der New Yorker Mediziner Dr. *J. Leonard Corning,* der selbst als erster den Gebrauch von Kokain zur spinalen Anästhesie vorschlug:

> «Über Marianiwein brauche ich kaum zu sprechen, weil der Medizin seine Wirkungen bereits bekannt sind. Von allen stärkenden, anregenden tonischen Präparaten, die jemals der Medizin bekannt wurden, ist er zweifelsohne das wirksamste für die Behandlung von Erschöpfungs- und Reizzuständen des zentralen Nervensystems.»

Von Insidern wurde *Mariani* bald als bester Kenner der Chemie der Coca in Amerika und Europa gefeiert. Die Spitzenprodukte des tüchtigen Korsen nahm Europa mit offenen Armen auf. Die Freuden seiner Cocagetränke gingen selbst am Vatikan nicht spurlos vorüber. Kardinal *Lavigerie* bedankte sich:

> «Ihr Koka aus Amerika gab meinen europäischen Priestern die Kraft, Asien und Afrika zu zivilisieren.»

Vin Mariani, the wonderful tonic wine, has the effect of prolonging life.   JULES VERNE.

Selbst der Heilige Stuhl sparte nicht mit Lob, gehörten doch drei Päpste zum erlesenen Kundenstamm des Weinfabrikanten. Nicht *Pius X.,* sondern *Leo XIII.* griff zur Feder, und liess *Mariani* in seinem Schreiben vom 2. Januar 1898 durch seinen Kardinal wissen:

> «Seine Heiligkeit hat mich gnädigst beauftragt, in seinem heiligen *Namen* dem bedeutenden Stifter zu danken und ihm die Dankbarkeit auch in materieller Weise zu zeigen. Seine Heiligkeit beehrte mich, Herrn Mariani mit einer Goldmedaille auszuzeichnen, welche sein verehrungswürdiges Wappen zeigt.»

Vin Mariani – Dankschreiben der Abnehmer Papst Leo XIII, Jules Verne, Thomas Edison

---

S. P. A.

Rome, January 2, 1898.

"It has pleased His Holiness to instruct me to transmit in his august name his thanks to Monsieur Mariani, and to testify again in a special manner his gratitude. His Holiness has even deigned to offer Monsieur Mariani a Gold Medal bearing his venerable image."

CARDINAL RAMPOLLA.

Angelo Mariani

In den 90er Jahren konnte *Angelo Mariani* auf eine Geschäftskarriere zurückblicken, die mehr als eindrucksvoll war. In zweieinhalb Jahrzehnten hatte er nicht nur drei Päpste, sondern auch 16 Staatsoberhäupter zu Cocafreunden gemacht. 8000 Mediziner waren treue Kunden geworden. Geschäfte, die so gut laufen, bleiben nicht lange ohne Konkurrenz. Die trat denn auch auf, vom «Metcalf's Coca Wine» bis zum «Peruvian Wine of Coca», der im «Sears Roebuck catalog» 1902 für 1 $ die Flasche angeboten wurde.

Nicht nur Weine waren cocaverträglich. Andere Getränke boten sich, mit Cocazusatz versteht sich, an. Ein unbekannter Apotheker in Atlanta, ein Mann namens *John Styth Pemberton,* der in den 80er Jahren gerne mit Elixieren herumexperimentierte, sollte zum grössten Konkurrenten des *Mariani*-Monopols werden.

Kopfschmerzmittel Coca Cola – die Erfindung eines Apothekers*

Zwischen 1880 und der Jahrhundertwende hatte Kokain seine meisten Anhänger in den US-Südstaaten, arme Farmarbeiter schnupften es als Pulver. Die schwarze Bevölkerung in den Grossstädten, Fabrikarbeiter, aber auch Arbeitslose, bevorzugten kokainhaltige Getränke, Whisky mit Coca-Schuss.

In einem dieser schwarzen Südstaaten lebte auch *John Styth Pemberton,* 1833 in Knoxville/Georgia geboren. Der Konföderierten-Armee der Südstaaten diente er im Bürgerkrieg. Danach arbeitete er als Industriechemiker und Drogist. Dann hatte der Pharmazeut in Atlanta es endlich zum Drugstore-Besitzer gebracht. Seinen Kunden verkaufte er oft selbsthergestelltes, etwa seine «Triplex Liver Pills» oder seinen «Globe of Flower Cough Syrup». Der findige Apotheker ging mit der Zeit. Der Ruhm und Reichtum *Marianis* war wohl auch ihm zu Ohren gekommen. So bot *Pemberton* denn auch 1885 ein neues, ideales Nerventonikum, «French Wine Coca», an, aber das richtige war es noch nicht. Die richtige Mixtur fand er am 8. Mai 1886. Er hatte wohl Syrup mit Coca, Koffein und Wasser zusammengebraut, ein Hirntonikum sondergleichen, natürlich gut gegen Kopfschmerzen. Der stimulierende soft drink sollte als «Coca Cola» Getränkegeschichte machen.

Pemberton teilte wohl die Entdeckerfreude *Marianis*, nicht aber dessen Geschäftssinn. Den hatte ein Berufskol-

* s. a. Biedermann Ulf:
Ein amerikanischer Traum
Coca Cola: Die unglaubliche Geschichte eines 100jährigen Erfolges
Rasch und Röhring Verlag, Hamburg 1985

s. a. Fritz, Helmut:
Das Evangelium der Erfrischung
Coca Colas Weltmission
Rowohlt Verlag, Reinbek bei Hamburg, 1985

	Jahr	verkaufte Gallonen*	Werbeausgaben US $
Pemperton	**1886**	25	
erfindet	1887	1.049	
Coca Cola	1888	1.933	
	1889	2.171	
	1890	8.855	
Kokainhaltige	1891	19.831	
Cocablätter	1892	35.360	11.401.78
	1893	48.427	12.395.12
Kokain-Prisen?	1894	64.333	14.538.14
	1895	76.244	17.744.22
	1896	117.636	23.117.58
	1897	163.297	52.405.18
	1898	214.008	43.857.62
	1899	281.055	48.564.83
	1900	370.877	84.508.97
Entkokainisie-	1901	468.411	100.267.01
rung der Coca-	1902	677.515	146.638.91
Blätter	**1903**	881.423	207.008.29
	1904	1.133.788	292.177.23
	1905	1.549.886	436.844.25
	1906	2.107.661	563.406.91
	1910	4.190.149	970.815.31
	1920	18.656.445	2.330.710.40
Beginn der Prohibition Ende der Prohibition (1933)	1930	27.798.730	4.614.892.87
	1940	62.818.828	8.765.749.18
	1950	130.244.687	22.746.869.33
	1980	184.000.000	

* eine Gallone = 3.787 Liter

Quelle: Biedermann, U.: Ein amerikanischer Traum, Hamburg/Zürich 1985

Coca-Cola-Flaschen, Jahrhundertwende

Coca Cola, alte Flasche, Ende des 19. Jahrhunderts

lege, dem wiederum der Erfindergeist fehlte, *A. G. Candler*. 1891 kaufte er dem Drogisten aus Georgia alle Herstellungs- und Vertriebsrechte für Coca Cola ab. 1892 schon gründete er die *Coca Cola Company* und legte damit den Grundstein des Getränkeimperiums des 20. Jahrhunderts. Ab 1894 wurde das braune Gesöff in Flaschen abgefüllt, das ab 1900

COCA-COLA
SYRUP ✳ AND ✳ EXTRACT.

For Soda Water and other Carbonated Beverages.

This "INTELLECTUAL BEVERAGE" and TEMPERANCE DRINK contains the valuable TONIC and NERVE STIMULANT properties of the Coca plant and Cola (or Kola) nuts, and makes not only a delicious, exhilarating, refreshing and invigorating Beverage, (dispensed from the soda water fountain or in other carbonated beverages), but a valuable Brain Tonic, and a cure for all nervous affections — SICK HEAD-ACHE, NEURALGIA, HYSTERIA, MELANCHOLY, &c.

The peculiar flavor of COCA-COLA delights every palate; it is dispensed from the soda fountain in same manner as any of the fruit syrups.

J. S. Pemberton,
↢ Chemist, ↣
Sole Proprietor, Atlanta, Ga.

Coca Cola, Syrup & Extract, 1887

Coca Cola – Werbung für das Delicious Refreshment, Atlanta, Jahrhundertwende

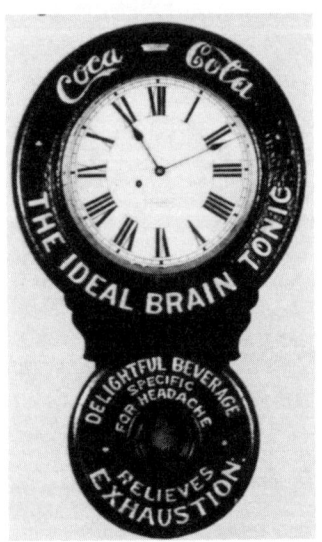

durch das charakteristische Korken-Öffnungs-Geräusch vom Verbraucher den Namen «Soda-Pop» bekam. Als die Anti-Coca-Bewegung nach der Jahrhundertwende so stark wurde, dass sie die Entkokainisierung kokainhaltiger Produkte bewirken konnte, war die Coca-Cola-Industrie schon so sattelfest, dass sie sich ab 1903, oder 1906?, nur noch auf die anregende Wirkung des Koffeins verlassen konnte. Auf die anderen Geschmacksstoffe wollte die Firma jedoch nicht verzichten. Seither wird der Sud auf entkokainisierten Cocablättern gebraut.

Nun, *Pemberton, Candler & Co.* hatten viele entdeckungsfreudige Kollegen und Konkurrenten. Jeder spezialisierte sich auf ein verbreitetes Gebrechen, beispielsweise auf Erkrankungen der Atemwege: Coca is good for Asthma. Ebenfalls in Georgia, aber in Cornelia, brachte *Asthma Remedy & Manufacturing Co.* die «Az-Ma-Syde» auf den Markt. *E. H. Ryno* aus Wayland in Michigan hingegen warb für seine «Ryno's Hay Fever-n-Catarrh Remedy». Bekannt wurde auch Dr. *Tuckers* «Specific – For the Perfect Relief And Cure of Asthma, Hay Fever *and* Catarrh». Andere bevorzugten Dr. H. C. L. *Mitchells* «Coca Bola». Die Liste der kokainhaltigen soft drinks der American Medical Association wurde immer länger:

94

Kos-Kola, Kola-Ade, Koca-Nola, Cafe-Coca Compound, Pilsbury's Coke Extract, Celery Cola, Coke Extract, Dr. Don's Kola, Vani-Kola Compound Syrup, Rococola und Wiseola.

1905 wurden in einem Drogen-Journal schon über 28 000 patentierte medizinische Produkte aufgelistet, 1906 waren es schon um die 50 000.

Der Kokain und Cocablattverbrauch in den USA stieg zwischen 1904 und 1906 dramatisch an. Amerika importierte 1904 bald 53 000 Pfund Cocablätter, 1905 waren es schon 300 000 und 1906 schliesslich 2 600 000, ausreichend, um über 10 000 Kilogramm reines Kokain daraus zu gewinnen. Und das Koks war billig. Eine Unze kostete in New York 1906 höchstens 2 $. Keiner konnte ahnen, dass sie 70 Jahre später tausendmal teurer sein würde.

Es galt, der Kokser-Epidemie entgegenzutreten. Die Moral der US-Bürger liess zu wünschen übrig. Schon 1880 war Kokain, zum ersten Mal, in die offizielle Liste der pharmazeutischen Drogen eingetragen, aber doch nicht offiziell verboten worden.

Coca-Getränk – Vin Désiles, Frankreich

Nun wurden die Gegner der Wunderdroge zu den Saubermännern der Nation. Sie formierten sich zur Anti-Coca-Front. Jedoch ein Wirtschaftsmonopol liess sich nur durch Wirtschaftsmacht brechen. Es entstand eine ungewöhnliche Koalition. Konservative der Südstaaten taten sich mit Puritanern der Oststaaten zusammen. Der Einfluss der Liga wurde mächtig.

Um 1906 verboten die Gesetzgeber den Umgang mit der weissen Ware ausserhalb medizinischer Anwendung. Die Verschreibungspflicht kokainhaltiger Mittel wurde eingeführt. Nicht nur die Getränkehersteller *Pemberton & Candler* mussten dem Druck weichen.

Zwischen 1887 und 1914 reglementierten 46 US-Bundesstaaten durch gesetzliche Verordnungen den Cocaverbrauch und -vertrieb. Es war die Zeit der schleichenden Coca-Prohibition, die das Entstehen einer Coca-Subkultur zur Folge hatte. Viele Kokser wichen der zunehmenden Kriminalisierung aus. Man fand sie in der Cocaine Street im Farbigenviertel von Pitsburgh, aber auch auf den sniff parties in den vornehmen Salons der Grossstädte wieder. Aber bis in ihre Salons wurden die Kokainfreunde verfolgt. Die Kokainfeinde konnten finanzstarke Männer, wie *John David Rockefeller* gewinnen, der die Anti-Saloon-League, kurz ASL finanzierte.

Das vormals so billige Kokain wurde teuer und immer

Coca-Cola wird sanfter und süßer

Coca-Cola, das weltweit meist verkaufte Erfrischungsgetränk, bekommt unter dem zunehmenden Konkurrenzdruck durch den Branchenzweiten Pepsi-Cola einen neuen Geschmack.

99 Jahre nach der Entwicklung der bis heute geheimgehaltenen Formel durch den amerikanischen Apotheker und Erfinder John Styth Pemberton kündigten Coca-Cola-Manager jetzt in New York die erste größere Veränderung dieser Formel an.

Danach wird die in den USA kurz Coke genannte braune Brause künftig „sanfter und süßer" sowie um drei Kalorien gewichtiger sein. Die Einführung des neuen Coca-Cola soll in den USA und Kanada am 8. Mai, in den übrigen Ländern später in diesem Jahr erfolgen.

Mit der neuen Formel, die wieder strikt geheimgehalten wird, reagiert das Unternehmen offensichtlich auf den zunehmenden Erfolg von Pepsi-Cola. Im vergangenen Jahr hatte Coca-Cola auf dem 28 Mrd. Dollar (84 Mrd. DM) schweren US-Markt für „Soft Drinks" mehr als einen Prozentpunkt verloren. Mit einem Anteil von 21,7 Prozent blieb Coke zwar immer noch an der Spitze, aber Pepsi war mit 18,8 Prozent nicht weit entfernt. An dritter Stelle folgte mit Diet Coke (5,4 Prozent) wieder ein Coca-Cola-Getränk.

Erzrivale Pepsi wertete die Änderung der legendären Formel als Eingeständnis der Schwäche. „Vielleicht haben sie endlich erkannt, was die meisten von uns seit Jahren wußten ... Pepsi schmeckt besser als Coke", frohlockte Pepsi-Cola-Präsident Roger Enrico in einer ganzseitigen Anzeige in der „New York Times".

Woraus Coca-Cola genau besteht, weiß bis heute nur eine Handvoll Leute im inneren Führungskreis. Bekannt ist, daß die selbst im Ostblock beliebte Limonade außer Wasser und Zucker noch Karamel, Phosphorsäure, Vanille, Koffein sowie die Extrakte von Coca-Blättern und Cola-Nüssen enthält, die dem Gebräu den Namen gegeben haben.

dpa/vwd

Volksblatt Berlin, 25. 4. 1985

Coca-Cola-Gründer gestorben

Atlanta (AP). Der Gründer des Coca-Cola-Imperiums, Robert Woodruff, ist am Donnerstag im Alter von 95 Jahren in einem Krankenhaus von Atlanta im US-Bundesstaat Georgia gestorben. Er hatte 1923 als 33jähriger die Limonadenfabrik seines Vaters übernommen, auf der schwere Schulden lasteten. „Ich übernahm die Firma und verbreitete sie in der Welt", sagte er 1981 in einem Interview. Woodruff galt als Menschenfreund, der gemeinnützige Einrichtungen in Atlanta und anderswo in Georgia mit großen Geldsummen bedachte. Etwa 215 Millionen Dollar stiftete er seit 1937 allein der Emory-Universität, an der er nur ein Jahr zugebracht hatte, weil er sich langweilte, wie er erzählte.

Tagesspiegel, 15. 10. 1981

Vatikan-Zeitung wirbt für Wein

Vatikanstadt (dpa). Die Vatikan-Zeitung „L'Osservatore Romano" hat einen für das Kirchenblatt ungewöhnlichen Werbefeldzug für den italienischen Wein gestartet. Allein sechs der 14 Seiten der Mittwoch-Ausgabe der Zeitung sind mit deutlicher Anerkennung den verschiedenen Weinsorten südlich der Alpen gewidmet. Weinkenner haben bereits herausgefunden, daß das Papst-Blatt in seinen Beschreibungen dem Rebensaft nördlicher Regionen der Apennin-Halbinsel den Vorzug gibt.

Tagesspiegel, 9. 3. 1985

teurer. Wer arm war und es trotzdem wollte, musste sich das Geld durch Prostitution, Diebstahl und Hehlerei verdienen. Trotzdem, viele konnten schon ab 1905 nicht mehr so recht mithalten. Die Anzahl der schwarzen Konsumenten der weissen Droge wurde stetig geringer. 1914, Beginn eines Weltkrieges in Europa, konnte die Anti-Drogen-Liga ihren grössten Triumph feiern. Im «Harrison Act», dem ersten Anti-Drogen-Gesetz auf US-Bundesebene, war Kokain endgültig dem legalen Markt entzogen worden. Wer es jetzt noch nahm, war kriminell. Aber es waren immer noch viele da, die sich die teure Exklusivdroge leisten konnten, die Europäer beispielsweise.

Kokain – mit dem Multi-refreshment in den 1. Weltkrieg

Mariani produzierte seinen exklusiven Wein schon zwanzig Jahre, *Pemberton* stand kurz vor seiner Coca Cola Kreation – Europa stand in diesen 80er Jahren dem Kokain wohlwollend gegenüber. Wissenschaftler, Ärzte, Schriftsteller, Künstler und Militärs waren von der anregenden und lokalbetäubenden Wirkung angetan.

In Österreich beschrieben 1884 die Mediziner *Sigmund Freud* und *Karl Koller* die Anwendungsformen der Droge. Der Wiener Augenarzt *Koller* lobte die lokalanästhetische Wirkung und ebnete dem Kokain den Weg in die operative Augen-, Hals-, Nasen- und Ohrenkunde. Sein befreundeter Kollege, der spätere Psychotherapeut *Freud,* befürwortete Coca als Psychotherapeutikum, versuchte sich in einer Art von Substitutionstherapie bei Morphinisten.

Im kaiserlichen Deutschland waren bekannte Wissenschaftler nicht ganz der Meinung, die ihre österreichischen Kollegen vertraten. Der Psychiater *A. Erlenmeyer* warnte vor Kokainismus, einer Drogengeissel der Menschheit. Der Drogenfachmann *L. Lewin* verurteilte den unkritischen Umgang. In Militärkreisen hingegen wurde Kokain mehr als soldatenfreundlich eingestuft. Interessiert verfolgte man um 1883 die Experimente des Würzburger Arztes *Theodor Aschenbrand,* der die Wirkung des Stärkungsmittels bei einem bayerischen Armeekorps während der Herbstmanöver studierte und sich darüber freute, dass der von ihm koksbetreute Truppenteil den mit Abstand niedrigsten Krankenstand in der ganzen Division hatte.

Sicher, Kokain hatte unangenehme zentralnervöse Nebenwirkungen. Und in der Forschung suchte man auch

William Gillette, 1901 Auftritt als koksender Detektiv Sherlock Holmes in New York

diese auszuschalten. Schon 1899 stellte *Einhorn* das «Novocain» synthetisch her, wichtig für die Medizin, aber kein Ersatz für die Freunde des Kokains. Schliesslich hatte schon die Darmstädter Firma *Merck* 1862 mit der kommerziellen Kokainherstellung begonnen. Die Werbekampagnen für narkotikahaltige Mittel, die *Bayer* in Elbersfeld ebenfalls weltweit durchführte, kosteten schon damals etwas.

Im königlichen England waren gerade die Künstler, insbesondere die Schriftsteller, von der Droge angetan. Mit ihrer Hilfe soll *Robert Louis Stevenson* sein bekanntes «Dr. Jekyll and Mr. Hyde» in nur sechs Tagen geschrieben haben. Immerhin umfasst die nachtmahrische Erzählung des schottischen Schriftstellers 60 000 Wörter.

Berühmt die Romanfigur Sherlock Holmes. Sein geistiger Vater *Sir Arthur Conan Doyle* stellte ihn 1886 erstmalig im «Scandal in Bohemia» als dem Kokain zugeneigten Detektiv dar. 1888 ist die Supernase in der Geschichte «The Sign of Four» schon Spritzkokainist, mit ärztlichem Beistand, Dr. *Watson*, versteht sich.

Conan Doyle

Die Kunst der Kombination

Vom Kaminsims nahm Sherlock Holmes eine Flasche, und aus dem zierlichen Futteral in Saffianleder zog er seine Spritze hervor. Mit seinen langen, weissen, empfindlichen Fingern befestigte er die feine Nadel und rollte seinen linken Hemdsärmel auf. Einen Augenblick lang ruhte sein Blick nachdenklich auf dem muskulösen, über und über mit den Narben winziger Einstiche bedeckten Unterarm. Schliesslich stiess er die scharfe Spritze ins Fleisch, drückte die Flüssigkeit aus dem kleinen Kolben und sank mit einem Seufzer tiefer Befriedigung in seinen samtüberzogenen Lehnstuhl zurück.

Ich war seit Monaten oft genug Zeuge einer derartigen Vorstellung gewesen, und doch konnte ich mich noch nicht daran gewöhnen. Im Gegenteil, immer mehr sträubte sich alles in mir gegen diesen Anblick, und nachts warf ich mir vor, dass es mir an Mut zu nachdrücklichem Protest fehle. Wieder und wieder hatte ich mir gelobt, meinem Freund über diese Angelegenheit gründlich die Meinung zu sagen; doch hinter seinem kühlen, nonchalanten Wesen spürte man mehr als bei jedem anderen Menschen eine Kraft, die es einem verbot, sich eine Freiheit herauszunehmen. Sein scharfer Verstand, seine Herrenmanier und dazu die zahlreichen Erlebnisse, die mir gezeigt hatten, wie vielseitig seine Fähigkeiten waren: Dies alles liess mich zögern und vor dem entscheidenden Schritt zurückschrecken. Es war nicht gut, ihm in die Quere zu kommen. Ob es nun an dem Wein lag, den ich zum Lunch getrunken, oder ob mich die übertriebene Gelassenheit, mit der er sich gab, besonders reizte, kurzum, an diesem Nachmittag hielt ich es nicht länger aus, schweigend zuzusehen.

«Was ist es denn heute», knurrte ich, «Morphium oder Kokain?»

Er hob träge die Augen von

dem alten Buch mit der Fraktur-
schrift, das er geöffnet hatte.

«Kokain», erklärte er, «eine
siebenprozentige Lösung. Willst
du sie einmal probieren?»

«Besten Dank», antwortete
ich schroff, «ich habe ohnehin die
Nachwirkungen der Kämpfe in
Afghanistan noch nicht überwunden und kann es mir nicht
leisten, meinem Körper eine Ex-
traration zuzumuten.»

Er lächelte nur über meinen
Ärger. «Vielleicht hast du recht,
Watson», sagte er. «Ich nehme
an, dass die physische Wirkung
tatsächlich nicht gerade positiv
sein dürfte. Immerhin scheint mir
die geradezu überirdische Stimu-
lierung und Klärung des Geistes
Grund genug, die übrigen,
durchaus nebensächlichen Einwirkungen geringzuachten.»

«Aber bedenke doch», sagte
ich eindringlich, «ob es wirklich
dafür steht! Meinetwegen mag
dein Gehirn, wie du behauptest,
gespannt und angeregt werden,

doch dies ist ein pathologischer,
ein krankhafter Prozess, der immer stärkere Veränderungen im
Zellgewebe nach sich zieht und
dessen Ende auf jeden Fall stän-
dige körperliche Erschlaffung bedeutet. Du weisst ja selbst genau,
welcher Stimmungsumschlag
dich erwartet. Nein, dieses Spiel
ist bestimmt nicht seinen Einsatz
wert. Warum willst du, nur für ein
vorübergehendes Vergnügen,
den Verlust all jener gewaltigen
Geistesgaben riskieren, die dir
verliehen wurden? Mach dir bitte
klar, dass ich nicht nur als Freund
zum Freund spreche, sondern
auch als Arzt zu einem Menschen, für dessen Gesundheit ich
in gewisser Weise doch verantwortlich bin.»

Er schien keineswegs ver-
letzt zu sein. Im Gegenteil. Er
legte die Fingerspitzen zusammen und stützte die Ellbogen auf
die Lehnen des Sessels, als berei-
te er sich geniesserisch auf ein
Gespräch vor.

«Wenn mein Geist sta-
gniert», sagte er, «wird er rebel-
lisch. Gib mir Probleme, gib mir
Arbeit, lass mich die verworren-
ste Geheimschrift entziffern, die
verzwickteste Analyse durchfüh-
ren, und schon lebe ich in der mir
gemässen Atmosphäre. Dann
kann ich auf künstliche Reizmittel verzichten. Doch ich verab-
scheue das stumpfe Gleichmass
des Daseins. Ich verschmachte
nach geistiger Erregung. Das ist
ja der Grund, warum ich meinen
besonderen Beruf erwählt, nein
geradezu geschaffen habe, denn
ich bin der einzige auf der Welt,
der ihn ausübt.»

«Der einzige Privatdetek-
tiv?» fragte ich und zog die Au-
genbrauen hoch.

Doyle, A., Auszug (Kokainpassa-
ge) aus «The sign of Four» 1890.
(Ins Deutsche übertragen von
Tatjana Wlassow). Ullstein Verlag, Frankfurt am Main 1977

In Frankreich eroberte Kokain das Milieu der Grossstädte,
ganz besonders Paris. Künstlerinnen und gefallene Mädchen nutzten die Wirkung. Nüchtern notierte der Neurologe
Guillain, dass zwischen 1912 und 1914 rund die Hälfte der
Montmartre-Prostituierten koksten. Auch den Homosexuel-
len sagte man einen hohen Verbrauch nach. Randgruppen
sind halt gefährdet.

Selbst in Russland vermutete man, dass der Umgang
mit Kokain der zaristischen Armee vertraut war.

Fernab von diesen Geschehnissen tagte man in der
Ferne, um über das weitere Schicksal der Drogen zu beraten. Das British Empire hatte sich bei der gerechten Markt-
aufteilung des Opiumhandels so gänzlich uneinsichtig
gezeigt. Aus Gründen der Wirtschaftsnotwehr zogen die
Amerikaner die Notbremse der 1. Internationalen «Opium»-
Konferenz, aber der Januar 1909 brachte in Shanghai nicht
die gewünschte Kontrolle. Dafür litten die westlichen Industrienationen schon am Kontrollverlust über die opiathalti-
gen Pharmazeutika. 1912 fand man sich zur 2. Konferenz in
Den Haag wieder zusammen, aber das internationale Aus,
auch des Kokains, brachte erst die Konferenz im Januar 1925
in Genf.

Davon unberührt, marschierte das Kokain zusammen mit den europäischen Soldaten in den 1. Weltkrieg. Das Kokain-Europa vor 1914 beschreiben *Joël & Fränkel* 1924:

Der Cocainmissbrauch, den wir heute nicht nur in Deutschland, sondern in der ganzen Welt sehen, trägt ein ganz anderes Gesicht. Seine eigentliche Ausbreitung beginnt im Krieg und in der Nachkriegszeit, aber er hat immerhin gewisse Vorläufer. So wurde besonders in den Jahren 1912 und 1913 aus Paris berichtet, dass in den Quartiers latins und in der Umgebung des Montmartre Studenten, Apotheker, besonders aber Prostituierte, die Unsitte des Cocainschnupfens betrieben, dass sie sich in ganz bestimmten Lokalen versammelten, und es wurde uns von Augenzeugen beschrieben, dass man dort nachts Frauen begegnen konnte, die ungeniert um ein Cocainpulver bettelten oder, wenn sie in dem Passanten einen Arzt vermuteten, ihn um ein Rezept angingen. Man kannte bereits die Perforation der Nasenscheidenwand als Folge solchen Schnupfens. Mehrfach konnte damals die Pariser Polizei grössere Giftmengen beschlagnahmen, und in der Pariser Psychiatrischen Gesellschaft machten *Beaussart* und *Briand u. Vichon* nachdrücklichst auf die Gefahren des Cocainismus aufmerksam.

Beachtung verdient in diesem Zusammenhange ferner eine Schilderung des amerikanischen Militärarztes *W. B. Meister,* welcher ebenfalls noch vor Ausbruch des Weltkrieges in der nordamerikanischen Armee eine Cocain-«Endemie» aufdeckte, die in ihrem Bilde grosse Ähnlichkeit mit den heutigen Verhältnissen zeigt.

Wie schon fünfhundert Jahre zuvor die Inka-Soldaten, nahmen nun die Soldaten des Kaisers Kokain als «Heeresbestand» mit ins Feld. Im Heer wurde es bei langen Märschen, bei der Jagdfliegerei in Nachteinsätzen geschätzt. Aber auch den Zivilisten blieb der Muntermacher erhalten.

Es ist für die Psychologie des Krieges bemerkenswert, dass nervöse Reizbarkeit und Erschöpfung zu einer Steigerung der Genussgifte auch in den Ländern führte, deren Bevölkerung entweder überhaupt nicht oder doch unverhältnismässig gering am Kriege beteiligt war. Dies gilt für *Amerika* und die *Schweiz,* die erwiesenermassen während des Krieges ganz besonders Cocainmissbrauch zu verzeichnen hatten. Von den kontinentalen kriegführenden Ländern ist auch hier *Frankreich* an erster Stelle zu nennen, wo bereits 1916 umfangreiche Prozesse gegen ganze Banden von Cocainschiebern stattfanden und gleichzeitig auch eine verschärfte Gesetzgebung eingeleitet wurde.

Die Ausbreitung des Cocainismus im Kriege kann nur zum geringen Teil aus unmittelbaren medizinischen Anlässen her erklärt werden, wie dies etwa für das Anschwellen des Morphinismus durchaus zutrifft. Nur ein ganz spärlicher Bruchteil der Verwundeten und Kranken hatte ja überhaupt Gelegenheit, mit Cocain in Berührung zu kommen. Zweifellos sind aber indirekt einige Morphinisten, besonders Ärzte, auf der Suche nach Ersatzmitteln ans Cocain geraten und bei ihm verblieben.

Weit wichtiger aber ist, dass der Krieg bei gewissen Kreisen der Zuhausegebliebenen, wie auch späterhin bei vielen Heimgekehrten, die allgemeinen psychischen Bedingungen zu einem Giftkonsum grossen Stils schuf.

Im Kriege: rasches und verhältnismässig leichtes Geldverdienen bei Ausschaltung einer grossen Anzahl früherer Vergnügungs- und Verausgabungsmöglichkeiten, die Unsicherheit der ganzen Lebenslage, die zu einer überhasteten und möglichst viel erraffenden Genussgier führte.

Nach dem Kriege: die Entfremdung geregelter Arbeit, oft die Vernichtung der wirtschaftlichen Existenz, ein gesteigertes und vergröbertes Rauschbedürfnis nach Jahren des Verzichtes, jene ganze Stimmungslage, wie sie in der Tanzwut, der massenhaften Eröffnung flachster Unterhaltungsstätten, der ungenierteren Entfaltung der Prostitution zum Ausdruck kam, – alles das bildete einen günstigen Boden für die Ausbreitung des neuen Missbrauchs.

Joël & Fränkel, 1924

Aber auch die emigrierten Künstler und Intellektuellen Europas mussten auf das Koksen nicht verzichten.

In den Kriegsjahren funktionierte der Schleichhandel von Deutschland in die bevorzugten Schweizer Kurorte, gerade von Franzosen sehr geschätzt, gut bis sehr gut.

Nach dem Kriege, 1918, formierte sich die kriegsbedingt dezentralisierte Kokser-Szene wieder, zumal sie noch lange Zeit von den nicht aufgebrauchten Heeresbeständen zehren konnte. Koks war noch immer – schon wieder – da.

5. Kapitel

MUTTER, DER MANN MIT DEM KOKS IST DA
Vom europäischen Cocataumel zwischen den Welt-
kriegen 1918 bis 1939

Heereskokain – und seine Verbreitung nach dem 1. Weltkrieg

Sicher, vieles war nach dem letzten Kriegsjahr 1918 knapp geworden, aber die längst noch nicht immer ausgedienten restlichen Heeresbestände konnten noch immer billig erstanden werden. Und das Durchhaltemittel Coca hatte die ganzen Kriegstage durchgehalten. Nun war es wohl zum wertvollsten Bestand der sich auflösenden kaiserlichen Sanitätsdepots geworden. Deutsche und russische Soldaten hatten es schätzen gelernt, machten ihren Einfluss geltend, dass die Kokainproduktion nicht beendet wurde. Über dieses Cocaerbe des 1. Weltkrieges schrieben *Joël & Fränkel* 1924:

Zu diesen für fast alle Länder geltenden Bedingungen kamen für Deutschland noch einige besondere. So besonders die noch einige Jahre nach dem Kriege fortdauernde Alkoholknappheit, deren Bedeutung für den Konsum anderer Genussgifte ja gerade neuerdings an Hand der Erfahrungen Russlands und Amerikas diskutiert wird. Sodann jene ungeheure Verschleuderung von Heeresgut, die bei uns nach dem Zusammenbruch einsetzte und unter die natürlich auch die wertvollen Bestände der Sanitätsdepots fielen. Um wie grosse Giftmengen es sich dabei handelte, kann man leicht ermessen, wenn noch heute immer wieder gerade im illegalen Verkehr Heerescocain zum Vorschein kommt. Eine weitere Bedingung war folgende: Wie uns aus *Russland* berichtet wurde, bemerkten schon während des Krieges einige chemische Fabriken eine auffallend gesteigerte Nachfrage nach Cocain, die, wie sich herausstellte, von gewissen Truppenteilen ausging. In der Tat hatten sich eine grosse Anzahl von russischen Feldzugsteilnehmern, besonders Intellektuelle und Offiziere, dem Cocaingenuss ergeben. Aus diesen Kreisen rekrutierten sich nun Personen, die nach der russischen Revolution auf deutscher Seite gegen die rote Armee, in welcher übrigens ebenfalls Cocain geschnupft wurde, kämpften, und diese waren es, wie uns immer wieder übereinstimmend mitgeteilt wurde, die die Unsitte auch in den deutschen Truppenverbänden einführten. Es ist geradezu erstaunlich, wieviel ehemalige Angehörige der Freikorps man unter den Berliner Cocainisten findet, wenigstens in den Kreisen, in welchen wir hauptsächlich unsere Studien gemacht haben. Eine immer wiederkehrende Schilderung jener Freischärler, die im Baltikum, in Posen oder in Schlesien an den Kleinkämpfen teilgenommen haben, ist die Durchsuchung der Apotheke auf Cocainvorräte nach der Besetzung eines Ortes. Indem nun diese Leute in die Grossstädte zurückkehrten, widmeten sich einige unter ihnen, erwerbslos und haltlos, wie sie waren, dem Cocainhandel, und da, wie wir noch sehen werden, in der ganzen Form des Cocainschnupfens die Elemente der Geselligkeit und Proselytenmacherei liegen, so waren jene Händler (und sind es noch) darauf angewiesen, ihrer Ware immer wieder neue Kunden zuzuführen, das besondere Bedürfnis nach Cocain zu schaffen, um es dann zu befriedigen. Mit welchem Erfolge sie arbeiteten, zeigte sich bald. Das vorher fast unbekannte Wort Cocain, an Strassenecken und in Nachtcafés, Spelunken und Dielen den Passanten und Gästen zugeflüstert, war in wenigen Monaten, auch unter dem Spitznamen «Koks», aller Welt bekannt.

1928 ergänzt *Joël*:

Die *Ausbreitung* des Kokainismus im Kriege kann nur zum geringsten Teil aus unmittelbaren medizinischen Anlässen, wie etwa das Anschwellen des Morphinismus, erklärt werden. Nur ein ganz spärlicher Bruchteil der Verwundeten und Kranken hatte ja überhaupt Gelegenheit, mit Kokain in Berührung zu kommen. Zweifellos sind aber indirekt einige Morphinisten, besonders Ärzte, auf der Suche nach Ersatzmitteln ans Kokain geraten und bei ihm verblieben.

Einige Wege der Ausbreitung sind verfolgbar: Wie uns aus *Russland* berichtet wurde, bemerkten schon während des Krieges einige chemische Fabriken eine auffallend gesteigerte Nachfrage nach Kokain, die, wie sich herausstellte, von gewissen Truppenteilen ausging. Aus diesen Kreisen rekrutierten sich nun Personen, die nach der russischen Revolution auf deutscher Seite gegen die rote Armee kämpften, und diese waren es, wie uns immer wieder übereinstimmend mitgeteilt wurde, die die Unsitte auch in den deutschen Truppenverbänden einführten. Nachdem nun diese Leute in die Grossstädte zurückgekehrt waren, widmeten sich einige unter ihnen, erwerbslos und haltlos, wie sie waren, dem Kokainhandel.

Aber auch die gewaltigen Heeresbestände, die noch relativ lange auf dem Kokainschwarzmarkt zu haben waren, konnten den steigenden Bedarf der europäischen Schnupfer nicht decken. Kokain wurde zum illegalen Genussmittel. Die südamerikanischen und indonesischen Anbauländer exportierten immer grössere Cocablatt-Mengen:

Peru		Java	
1877......	8 000 kg	1904......	26 000 kg
1906......	2 800 000 kg	1911......	740 000 kg
1920......	453 000 kg	1912......	800 000 kg
		1920......	1 700 000 kg

L. Lewin, 1927

Der Export von Roh-Kokain stieg ebenfalls. In Südamerika wurden mit US-amerikanischer Hilfe Koksfabriken gebaut. Die Produktionen konnten sich zunehmend sehen lassen.

So kamen nach Deutschland 1924, nach Angaben des Statistischen Amtes, 662 Kilo Kokain, 1925 waren es schon 1003 Kilo. Nach Angaben des «Opium Committee of the League of Nations» produzierte die Weimarer Republik 1926 schon 2400 Kilo Koks, daneben noch 20 700 Kilo Morphium und 1800 Kilo Heroin.

Narkotika Produktion 1926 (in Kilogramm)			
	Morphium	Heroin	Kokain
Grossbritannien	5 762	315	–
Frankreich	–	–	–
Holland	–	–	–
Deutschland	20 700	1 800	2 400
Schweiz	8 038	3 973	70
Japan	825	1 120	1 509
British Indien	1 977	–	–
USA	2 938	–	818

Genf, 1926: Opium Committee of the League of Nations

Weder nationale noch internationale Drogengesetzgebungen hatten eine Eindämmung der Narkotikaplage bewirken können. Die Wirkungen des Kokains waren stärker. Die Anti-Kokain-Liga trat ihren langen Kampf gegen den Kokainhandel an – ein Kampf, der bis in die heutigen Tage nicht beendet wurde. Wie sah die Kokainverbreitung in Europa, aber auch in den anderen Verbraucherländern, Anfang der 20er Jahre aus?

Kokain in Europa und Übersee – Anfang der 20er Jahre

Hand in Hand mit der Inflation im Deutschen Reich und anderswo breitete sich das Kokain aus. Während der Dollar-Kurs ins Unermessliche stieg – so im Jahr 1923 –

1 US $ kostete im	
Januar Februar:	50 000 Reichsmark (RM)
Juni/Juli:	100 000 RM
Juli/August:	1 Million RM
August/Sept.:	10 Mio RM
Sept./Oktober:	100 Mio RM
Oktober:	1 Milliarde RM
Oktober:	10 Mrd RM
Okt./November:	100 Mrd RM
November:	1 Billion RM
Nov./Dezember:	4,2 Bio RM

blieb die Cocawährung stabil, eine feste Währung in den Jahren des Währungsverfalls. Kokain spielte in den USA immer noch eine erwähnenswerte Rolle. Pharmaziefirmen warben um kokainhaltige Mittel in Australien. Japan produzierte Kokain. Nach China gelangte immer mehr Morphium und Kokain, Folge der Unterdrückung des Opiumrauchens.

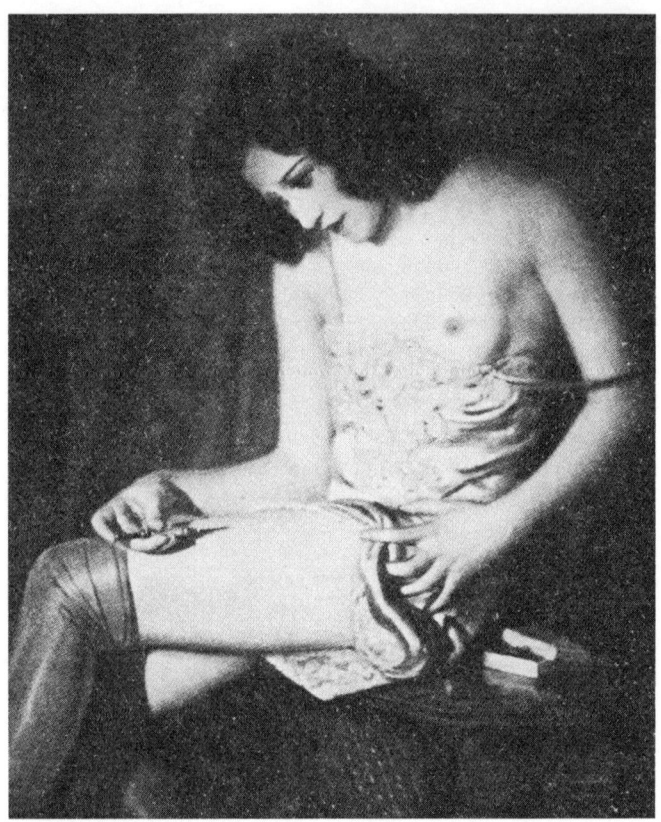

Gefährliche Leidenschaft, spritzende Kokserin, 20er Jahre

Deutschland, die Schweiz und England wetteiferten in der nationalen Narkotikaherstellung. Frankreich und Italien beklagten ihr Koksermilieu. In Russland gab Kokain den Kinderbanden Kraft, das weisse Pulver verschonte nur wenige Industrienationen.

Im 25. Band der Ergebnisse der inneren Medizin und Kinderheilkunde präsentierten die deutschen Wissenschaftler Dr. *Ernst Joël* und Dr. *F. Fränkel* ihren umfassenden Beitrag zum «Cocainismus». In der Cocaländerkunde beschreiben sie 1924:

Die Alpenländer

Österreich und

In *Österreich*, wie man aus Gerichtsverhandlungen ersehen kann, spielt das Cocain ebenfalls keine geringe Rolle. Apotheker geben es zum Teil freihändig ab, manche verweisen die Cocainisten an Ärzte, die ihnen die notwendigen Rezepte ausstellen. Die Polizeibehörde hat sich neuerdings mit der Ärztekammer und einer Vertretung der Apotheker zur Bekämpfung des Missbrauchs zusammengeschlossen, was z. B. zu der Vorschrift führte, dass jedes Cocainrezept den ausdrücklichen Vermerk «ne repetatur» zu tragen habe. Im März 1923 wurden an einem Tage in Wien in drei verschiedenen Fällen in einigen Kaffee- und Weinhäusern, die geradezu Cocainbörsen darstellen, Verhaftungen vorgenommen. Über den finanziellen Gewinn und die Variabilität des Preises bei solchem Schleichhandel unterrichten folgende Zahlen: D. hatte ein Kilogramm Cocain Ende 1921 für 60 000 Kronen von einem Apotheker gekauft, er verkaufte es an S. zu 10 Millionen, dieser an R. zu 17 Millionen, dieser an einen Unbekannten zu 27 Millionen. An eben diesem Tage verkaufte ein stellungsloser Provisor 2 g Cocain an einer Halbweltdame für 32 000 Kronen und ein Cocainhändler 10 g zu 200 000 Kronen, nachdem er für den gleichen Preis 35 g von einem stellungslosen Agenten erworben hatte, der selbst für 120 000 Kronen in ihren Besitz gekommen war. Es ist selbstverständlich, dass in solchen Fällen neben den Strafen wegen unerlaubten Gifthandels noch solche wegen Kettenhandels, Preistreiberei und bei Verfälschungen auch noch wegen Betruges hinzutreten. Bei dieser Gelegenheit sei erwähnt, dass in einem Falle ein englisches Gericht zu seinem eigenen Bedauern die Strafe für einen Cocainhändler deshalb niedriger bemessen musste, weil das von ihm verkaufte Pulver, das hochgradig mit harmlosen Substanzen gestreckt war («adulterated»), einer gesundheitsgefährdenden Wirkung fast entbehrte.

Schweiz,

Die Schweiz (vgl. Cramer, ferner Maier), in der, wie erwähnt, im Kriege unlautere Elemente geradezu den Cocainhandel zentralisiert hatten, ist ein gutes Beispiel für die Folgen der allgemeinen sittlichen Verlotterung, die ein Krieg auch über ein neutrales Land bringen kann. Grosszügige Verschiebungen von Cocain, Verführung der Jugend durch Absatz suchende Händler sind aus mehreren neueren Gerichtsverhandlungen in Genf, Basel und Zürich bekannt geworden. Mangels einer einheitlichen eidgenössischen Gesetzgebung ist es dem Händler leicht, die Zusammenkünfte mit seinen Abnehmern in den nächsten Ort des Nachbarkantons zu verlegen, dessen Gesetzgebung ihn weniger gefährdet (Hunziker). Der Kanton Genf ist seit dem Januar 1922 mit einer schärferen Verfolgung des Narkoticamissbrauchs vorangegangen. Neben Geld- und Freiheitsstrafen kann auf Ehrverlust, befristete oder dauernde Schliessung des betreffenden Betriebes, Publikation des Urteils und selbst bei Freisprechung Beschlagnahme der Ware erkannt werden. Strafverdoppelung tritt im Wiederholungsfalle ein oder wenn das Vergehen von einem Arzt, Apotheker usw. verübt wurde. Toxikomanische Personen können nach ärztlicher Untersuchung in eine Heilanstalt verbracht werden.

Frankreich,

In Frankreich besteht, wie erwähnt, schon seit 1916 eine schärfere Verfolgung des Cocainmissbrauches. Es werden dort mit Geldstrafe von 1000–10 000 Franken und Gefängnis von 3 Monaten bis zu 2 Jahren diejenigen bestraft, die am unerlaubten Handel mit den Narkoticis (Opium, Morphium, Haschisch, Cocain und ihren Abkömmlingen) beteiligt sind, ferner jene, die besagte Substanzen benutzt oder die andere zu deren Gebrauch gegen Entgelt oder umsonst begünstigt haben. Neuerdings sind Bestrebungen zur Verschärfung dieser Bestimmungen im Gange. Die bisherige Wirkung der Gesetze wird freilich sehr skeptisch beurteilt. Ein zweifellos unerwünschter Erfolg ist es jedenfalls, wenn die Vertriebsstellen des Giftes sich der Kontrolle der Hauptstadt möglichst zu entziehen suchen, wodurch nun erst die Provinz gefährdet wird.

Das Cocain wird vielfach über die Grenze geschmuggelt, wobei Soldaten und Eisenbahnangestellte eine Rolle spielen, zum Teil kommt es indirekt über Belgien oder die Schweiz, manchmal mit Flugzeugen. Die Formen, in denen im einzelnen nun die weitere und offenbar grosszügige Verbreitung des Cocains vor sich geht, scheinen noch raffinierter zu sein als bei uns. Künstliche Blumen, gefüllte Mandarinen, Medaillons, Gitarrenböden, sogar kleine Fächer in Kunstbeinen bei Kriegsinvaliden spielen beim Vertrieb eine Rolle. Zentrum des Cocainhandels in Paris ist auch jetzt noch der Montmartre (la «butte»). Als besonderes Kuriosum sei mitgeteilt, dass mehrere populäre Zeitschriften (Les lectures pour tous, Paris, August 1922; La revue mondiale 15. Sept. 1922) ihren Lesern suggerieren wollen, dass der Deutschland zur Last gelegte Schmuggel von Cocain heimtückischerweise den Krieg gegen Frankreich, nämlich durch Untergrabung seiner Volksgesundheit fortsetzen solle. Übrigens haben sich auch wissenschaftliche Autoren, wie z. B. Giroux und Courtois-Suffit, solche Abgeschmacktheiten zu eigen gemacht und sprechen von einer «offensive chimique». – Auch hier spielen Verfälschungen, als solche werden vor allem Soda genannt, eine grosse Rolle; auch hier sorgt ein Heer von Gross- und Kleinhändlern für den Verschleiss, nur dass hier offenbar die Händler noch mehr als Drogisten und Kosmetiker zu imponie-

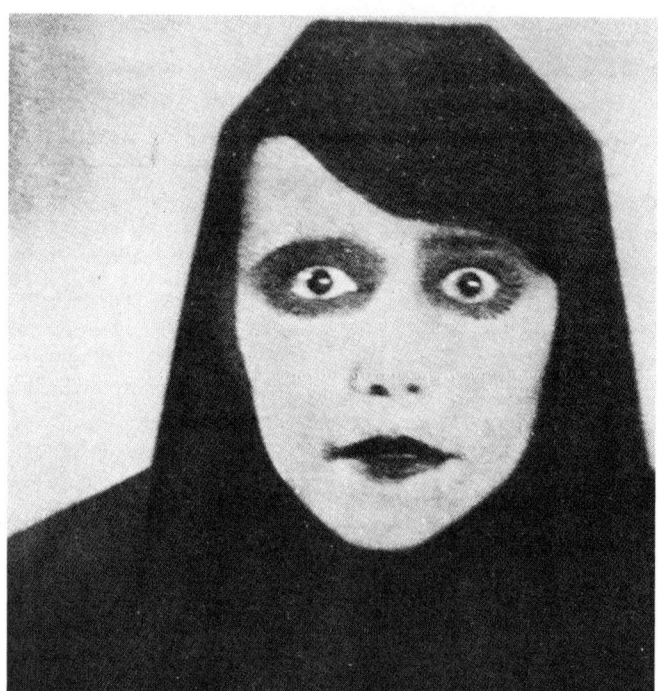

Kokain, Mimische Studie der
Schauspielerin Orsika

brauchs narkotischer Stoffe festgestellt. In 446 Fällen wurden beschlagnahmt: 51 kg Opium, 1 kg Haschisch, 24 kg Cocain, 3 kg Morphium und 112 g Heroin. Die Untersuchungen ergaben, dass vielfach der Cocainvertrieb nicht durch direkte Abgabe, sondern durch Nennung einer Adresse, bei welcher die Ware hinterlegt sei, aufrechterhalten wird. Nach *Cramer* kostete 1921 1 kg Cocain in Deutschland 600 französische Franken, in Frankreich bezahlte man es mit 10-, 12- bis 15 000 Franken, gegenüber dem regulären Verkaufspreis von 1300 Franken. Im Nachthandel kostete 1 Päckchen mit 1 g Cocain 10–20 Franken.

Italien,

In *Italien (Dragotti, Coronedi)* ist – ebenso wie bei uns – der Cocainismus erst nach Kriegsende zur Ausbreitung gelangt. Hier spielen skrupellose Apotheker als Verkäufer und bemerkenswerterweise besonders Angehörige militärischer Kreise als Abnehmer eine hervorragende Rolle. Aber es gibt auch dort einen ausgesprochenen proletarischen Cocainismus. Anfang 1920 wurde bereits von hygienischen Gesellschaften die Regierung ersucht, den Verkauf von Betäubungsmitteln scharf zu kontrollieren und ihre Abgabe strengstens auf rein medizinische Notwendigkeit zu beschränken. Diese Bestrebungen hatten dann auch insofern Erfolg, als man behördlicherseits mit einer aufmerksameren Überwachung der Gifte begann, vor allem die Ärzte anhielt, Name und Adresse des Patienten auf dem Rezept zu vermerken, die Apotheker verpflichtete, an Minderjährige überhaupt kein Cocain zu verabfolgen. Nach einem inzwischen wohl schon Gesetz gewordenen Entwurf (vgl. *Dragotti*) wird neben einer Gefängnisstrafe von 2–6 Monaten mit

ren suchen. Dass die Frauen unter den Konsumenten überwiegen, war schon erwähnt. Neuerdings (*Courtois-Suffit* und *Giroux*) wird darauf hingewiesen, dass ein grosser Teil der Cocainomanen Homosexuelle sein. – In den Jahren 1913–1920 wurden 24 Cocain betreffende Vergehen behandelt und 36 kg Cocain beschlagnahmt (Opium 250 kg). Im Jahre 1921 und im 1. Vierteljahr 1922 wurden 7 kg Cocain beschlagnahmt (Opium 396 kg). Nach einem Bericht aus Paris (vgl. ferner *Courtois-Suffit* und *Giroux*) wurden wegen Cocainhandels in Paris 1921 212 Verhaftungen vorgenommen (wegen unbefugten Gifthandels überhaupt 576 Verhaftungen und 150 Feststellungen verdächtigter Personen, 1920: 151, 1919: 59 Verhaftungen). Im Jahre 1922 (Journ. of the Americ. med. assoc. Bd. 80. 1923. p. 416) wurden 314 Personen wegen ungesetzlichen Verkaufs, Besitzes oder Ver-

1000–4000 Lire bestraft, wer Cocain (und andere Narkotica) feilbietet, verkauft oder anderen sonst wie verschafft, oder auch wer es Apothekern ohne Bezugsschein übermittelt. Im Wiederholungsfalle erhöhen sich diese Strafen. Apotheker können auf 3–6 Monate aus ihrem Beruf ausgeschlossen, ausserdem, ebenso auch Ärzte, mit Ehrverlust bestraft werden.

Belgien,

Belgien sah sich ebenfalls zu einer Verschärfung seiner Gesetzgebung veranlasst. Ärzte, die innerhalb eines Jahres mehr als 10 g Cocain verbrauchen, können zur Führung eines besonderen Registers angehalten und bei besonders hohem Verbrauch vor eine Medizinalbehörde zitiert werden.

und England.

Vom englischen Cocainismus berichtet eine grosse Anzahl von Gerichtsverhandlungen. Als Verkäufer scheinen hier vor allem Ausländer, besonders Chinesen, zu fungieren. Der Verkauf vollzieht sich teilweise auf der Strasse, teilweise in Lokalen. Bei grösseren Abschlüssen fehlt selbst der Sachverständige nicht, der gegen entsprechendes Honorar die chemische Prüfung auf Identität und Reinheit der Ware anstellt. Im Februar 1923 betrug der legitime Verkaufspreis von Cocain pro Pfund 8 £, im Schleichhandel wurden in London bis 400 £ bezahlt. Von Verfälschungsmitteln wird ausgiebiger Gebrauch gemacht. Gewöhnlich beträgt die Strafe (nach dem Gesetz vom August 1920) 6 Monate, die Geldbusse 200 £, im Wiederholungsfall kann auf 2 Jahre Gefängnis mit Zwangsarbeit und 500 £ erkannt werden. Bei Ausländern erfolgt meist Ausweisung. Die englischen Strafbestimmungen sollen verschärft werden. Nach einer neueren englischen Kriminalstatistik wurden 1920 gegen 70 Personen, meist Seeleute und vorwiegend in London eingeschritten, hauptsächlich wegen unerlaubten Besitzes von Cocain. Von diesen wurden 51 zu Freiheitsstrafen verurteilt.

Russische Schneestürme

Man sprach von «gewissen Truppenteilen» und «manchen Gruppen des Frontheeres» der zaristischen Armee, die sich des Kokainschnupfens erfreuten. Ihre Nachfrage soll so gross gewesen sein, dass sie schon während des 1. Weltkrieges einigen chemischen Fabriken auffiel.

Aus *Russland*, wo, wie erwähnt, das Cocainschnupfen schon während des Krieges in manchen Gruppen des Frontheeres bestanden hat, verdanken wir Herrn Prof. *Minor* aus Moskau die Mitteilung, dass dieser Missbrauch sich, wahrscheinlich infolge des Branntweinverbotes, noch weiter durchgesetzt habe. *Natansohn* von der Moskauer oto-laryngologischen Klinik, dem wir ebenfalls für persönliche Mitteilungen verpflichtet sind, hat im Winter 1921 nicht weniger als 78 Fälle von Nasenscheidewandperforation beobachtet, die ja immerhin schon auf eine gründlich betriebene Gewohnheit hinweisen, und diese Zahl hat sich inzwischen weiter vermehrt. *Natansohn* konnte verhältnismässig leicht zu einer so hohen Zahl von Beobachtungen gelangen, indem sich seine Patienten aus den Konzentrationslagern rekrutierten, in die man sie fürsorgerischerweise verbracht hatte; es handelte sich in der Mehrzahl um halbwüchsige, arbeitsscheue Burschen.

Joël & Fränkel, 1924

Aber eben nicht nur Offiziere und Intellektuelle hatten sich an die «Unsitte» gewöhnt, auch die Kinder lernten die Kokainwirkungen zu schätzen.

Wer waren sie, diese «narkomanen Kinder»? Nach dem Bürgerkrieg 1918 bis 1920 traten sie das Erbe als Waisen und Halbwaisen an. Vagabundierten elternlos durch die Lande. Schlossen sich in den grossen Städten Moskau, Kiew und Leningrad zu Strassenbanden zusammen. Sie wurden von der «Kommission für Minderjährige» als obdachlos, verwahrlost, kriminiell und süchtig eingestuft. Sie lebten von der «Kleinstkriminalität» Diebstahl und Einbruch – und überlebten mit Kokain.

Kokain half gegen Hunger, Kälte und gegen Schmerzen. Es machte unempfindlich, half Tage ohne Essen und Schlaf durchzustehen. Es half, die harten Nächte auf den Bahnhöfen (Waggons) und in den Asylen der Erwachsenen zu überstehen. Mit einem Wort: Es erleichterte das nicht immer leichte Leben der 9- bis 17-jährigen Knaben. Über diese «Narkomanie unter Kindern» schreibt 1925 *D. Futer* im «Moskovskij medicinskij zurnal»:

Diese Sucht nimmt mit der Zahl der obdachlosen Kinder zu. In den grossen Städten Moskau, Kiew, Leningrad finden sich 10% rauschgiftsüchtige unter den obdachlosen Kindern. Der grössere Anteil betrifft die Knaben. Unter den Kindern der Nachtasyle betragen diese Prozentzahlen 35–40%. Morphingebrauch ist am seltensten. Die in Schlupfwinkeln, Bahnhöfen (Waggons), Asylen für Erwachsene sich verbergenden Kinder werden nicht erfasst. Kinder verlassen sogar dauernd die Eltern, um Cocain zu schnupfen und Alkohol zu sich zu nehmen. Viele gebrauchen diese Mittel heimlich in den Familien. Alkohol wird mehr konsumiert, eine halbe Flasche kostet bis 75 Kopeken, eine Cocainprise bis 3 Rubel. Diese Kinder rauchen bis 50 Zigaretten täglich. Von den Schulkindern rauchen bis 90%, von den obdachlosen 100%. Autor schreibt: Dieser Zustand darf sich in Sowjetrussland nicht finden! Die Mittel werden ausschliesslich durch Diebstahl verschafft. Die nahen Beziehungen zwischen Rauschgiften und Sittenverfall liegen zutage. 200 Kinder wurden genauer beobachtet im Alter von 9–17 Jahren. Autor unterscheidet gewohnheitsmässige und gelegentliche Rauschsüchtige. Selbst unter den Obdachlosen fallen die Rauschsüchtigen durch das greisenhafte Aussehen auf, sie haben den Spitznamen «Die Greise». Die Schädigungen sind körperlicher und nervöser Art. 5% sind tuberkulös. Gehörs- und häufiger Gesichtshalluzinationen werden beobachtet. Es werden 5–7 g Cocain in 24 Stunden geschnupft. Autor schlägt vor, besonders die Kinder dieser Rauschsüchtigen zu befürsorgen. Mittel zur Bekämpfung erhalten sie von der Kinderhilfe für Heime für rauschsüchtige Kinder. Die Organe der Gesundheitsfürsorge geben oder haben keine Mittel.

Nicht wenige Kollegen ergänzten die Beobachtungen.

So beschreibt *M. Gernet* 1926 «100 mit Narkomanie behaftete Kinder» in der «Voprossy narkologii», *A. Tereskovic* veröffentlicht 1927 seine Auswertung «Narkomanie und Kriminalität» in der «Sovremennaja psichonevrologija»:

Statistische Aufarbeitung des Materials von psychiatrischer Untersuchung 611 im Zuchthaus Eingesperrter. Unter den Erstverbrechern waren 29% Alkoholiker, 6% Cocainisten; unter den Rezidivisten 45% Alkoholiker, 21% Cocainisten. Der grössere Prozent von Narkomanie unter den Rezidivisten ist durch schwierigere hereditäre Belastung (in 70,8%) zu erklären (bei Erstverbrechern nur 23,3%). Alkoholismus ist bei Männern mehr verbreitet, während Cocainismus unter beiden Geschlechtern ungefähr gleich ist. Die Narkomanie ist am häufigsten unter den Räubern. Mehrere Rezidivisten verfallen in Narkomanie noch vor dem 18. Lebensjahr. Am Schluss werden statistische Angaben über das Alter, in welchem die erste Kriminalhandlung begangen war, und über den Bildungsgrad der Verbrecher angegeben.

Aber nicht nur die Kinder, selbst die Säuglinge wurden durch innige Mutter-Kind-Beziehung auf den Narkotikagebrauch vorbereitet. *K. Verescagin* beschreibt 1928 die «Narkomanie bei Brustkindern» in der «Vracebnoe delo». Er weist auf die noch «jetzt in vielen Orten herrschende Unsitte hin, Brustkindern ‹zur Beruhigung› Mohnköpfe, wie auch andere Opium enthaltende Präparate zu verabreichen». Die gedopten Säuglinge bezeichnet er als «kleine Opiophagen». Und denen gehts natürlich nicht gut:

Die kleinen Opiophagen werden als zurückgebliebene, hypotrophische oder atrophische Kinder mit ernstem, ihrem Alter nicht entsprechendem runzeligem Gesicht, blasser Haut, häufigen Dermatiden, schwach entwickeltem Fettpolster, grossem, meistenteils aufgetriebenem Bauch und engen Pupillen charakterisiert. Sie sind oft krank und ertragen schwer die gewöhnlichsten Erkrankungen. Prophylaktisch wird sanitäre Aufklärung durch ein erweitertes Netz der verschiedensten Institutionen für Mutterschutz und Kinderschutz vorgeschlagen.

Viel besser hatten es die sowjetischen Cocaknaben auch nicht. Ihre «geistige Arbeit war äusserst verlangsamt», ihre Gefühle waren verarmt, «Aufmerksamkeits- und Willensschwäche» waren ausgeprägt, «ihnen fehlte jede Initiative» und «sexuell waren sie schamlos», so die wissenschaftlichen Berichterstatter.

Der gewohnheitsmässige Alkohol-, Morphium- und Kokainmissbrauch war vor dem Krieg äusserst selten. Und nun – infolge des Krieges und der Hungerjahre – die Scharen von «verwahrlosten, arbeitsscheuen und willensschwachen Knaben mit stark ausgedrücktem Wandertrieb», wie sie 1928 *F. Zabugin* beschreibt.

Wurde das Jugendgericht ihrer habhaft, mussten sie mit Internierung rechnen. Ein sehr kurzer Weg vom Nachtasyl zum Internat. Hier konnten sich Fürsorger und Wissenschaftler ein «klinisches Bild über den Cocainismus im Kindesalter» machen. *V. Dubrovic* stellt es 1928 in der «Voprossi narkologii» der Fachöffentlichkeit vor:

Verf. beobachtete 151 narkomane Knaben, darunter 38 Rezidivisten. 60 von ihnen stammen aus der Kommission für Minderjährige (Jugendgericht), 57 aus Nachtasylen für Kinder, 14 aus Familien, die übrigen aus verschiedenen Internaten. Die Kinder sind alle schon 1–7 Jahre verwahrlost und professionelle Diebe. Der grösste Teil war schon vor dem Cocaingebrauch verwahrlost, nur in 5 Fällen war letzterer Quelle der Verwahrlosung. Ihrer sozialen Lage nach gehört der grösste Teil zu wenig begüterten Bevölkerungsschichten: 38,5% sind Kinder von Arbeitern, 30,3% von Bauern, 10% von Handwerkern und 4% von Beamten, in 16% ist die Herkunft unbekannt. 65% sind Waisen, 25% haben einen Elternteil und nur 6% beide. Der durchschnittliche Cocaingebrauch beträgt 2–4 Jahre (bei einigen 5–6), das tägliche Quantum gegen 3,0. Alle Knaben führen das Gift durch die Nase

ein. Im Beginn des Cocaingenusses tritt ein Gefühl von gesteigertem Wohlbefinden ein, das jedoch nur selten länger anhält und im weiteren Verlauf durch agitierte Unruhe und Bewegungstrieb abgelöst wird.

Beim grössten Teil entwickeln sich Angstgefühle, Sinnestäuschungen meistenteils illusorischen Charakters, Verfolgungswahn. Echte Halluzinationen sind nicht häufig, akustische äusserst selten, Geruchshalluzinationen fanden sich nur 1mal. In 30% werden taktile Halluzinationen beobachtet, und zwar das Gefühl des Kriechens von Insekten am Körper.

Charakteristisch für die Sinnestäuschungen der Cocainisten ist das Sammeln von Papierfetzen, die für Geld gehalten werden. Im Rauschzustand sind die Kinder gegen Hunger, Kälte, Schmerzen usw. unempfindlich und können einige Tage ohne Speise und Schlaf verbringen.

Dem Übel musste entgegengetreten werden. Schon 1926 trat *R. Siman* dafür ein, dass zur Prophylaxe der Kampf gegen die Obdachlosigkeit und die aufklärende Agitation über die Schädlichkeit des Cocainismus gehören.

Die neue Regierung, Fürsorger, Wissenschaftler und Mediziner waren sich einig: «Dieser Zustand darf sich in Sowjetrussland nicht finden!»

Amerika – Ende des
weissen Winters

Spätestens nach dem 1. Anti-Drogen-Gesetz 1914, dem «Harrison Act», war die US-Kokserszene in den Untergrund gegangen. 1920 wurde den Amerikanern die Freude am Alkoholgenuss vergällt. Das Alkoholverbot, die Prohibition, erst am 5. Dezember 1933 wieder aufgehoben, spaltete die Nation, Bevölkerung und Parteien, in die zwei Lager der «wet» und «dry». Das Alkoholverbot hatte wiederum zur Folge, dass der Kokainverbrauch grösser wurde. Die wirren Narkotikaverhältnisse in Amerika konnten selbst die Suchtexperten *Joël* und *Fränkel* 1924 nicht ganz überblicken:

Soweit wir die Verhältnisse überblicken können, ist der Cocainismus in Frankreich und Amerika besonders verbreitet, in *Nordamerika* deshalb, weil hier die Einfuhrbedingungen günstig sind, die amerikanischen Ärzte von jeher – auch in der inneren Medizin – einen viel freigiebigeren Gebrauch von der Droge und dem Alkaloid gemacht haben als anderwärts, und schliesslich auch, weil die Abgabe ans Publikum lange Zeit sehr lax behandelt worden ist. Hierzu kommen die für alle Länder geltenden vorhin erwähnten besonderen Kriegsumstände. Neuerdings wird berichtet, dass seit dem Alkoholverbot ein weiteres Anschwellen des Cocainverbrauches sich gezeigt habe, was den noch zu besprechenden russischen Erfahrungen entsprechen würde. Immerhin wird andererseits darauf hingewiesen, dass auch der heimlich erworbene Whisky noch immer billiger sein soll als Cocain. Nach der amerikanischen Statistik sollen gegenwärtig etwa 4 Millionen Amerikaner narkotische Mittel gebrauchen. Amerika soll 18mal so viel Opium pro Kopf der Bevölkerung konsumieren wie Deutschland, 12mal so viel wie Frankreich; der Umfang des Schleichhandels in New York habe sich vervierfacht. Die Cocainpreise sind schwankend, je nach Angebot und Nachfrage; ist die Polizei sehr rührig, so schnellen die Preise empor. Die Dreistigkeit der Händler geht übrigens so weit, dass sie unter

US-Anti-Kokain-Plakat, späte 30er Jahre

115

WILD WITH COCAINE IN PARK.

Young Man Scares Women Till Po-
liceman Takes Him to Hospital.

Coke made arresting *New York Times* copy in 1914-15.

Searching for smuggled 'nose-powder.'

A horrified Lois January in *Cocaine Fiends* learns her migraine medicine was not headache powder.

COCAINE IN DEPOSIT BOX

But Mrs. Price Kept Enough by Her
to Collapse in Cell.

COCAINE SOLD IN THEATRES.

Girls Led Into Drug Habit by Men
Met at Picture Shows.

... picture theatres in Will...

In a *Modern Times* prison scene, Chaplin unwittingly seasons his food with cocaine.

Throughout the '20s and '30s, cocaine kept the 78s spinning for Decca, Victor and the black-dominated Okeh label.

Douglas Fairbanks Sr. goes slapstick as Detective Coke Ennyday.

DECCA

TRADE MARK REGISTERED

...FACTURED IN U.S.A. · BY DECCA RECORDS, INC.

(64459)

Fox Trot
Vocal Chorus by
Ella Fitzgerald

WACKY DUST

(Oscar Levant-Stanley Adams)

CHICK WEBB
And His Orchestra

2021 A

VICTOR
21076-B
COCAINE BLUES
(L. Jordan)
Luke Jordan

Studenten und Gymnasiasten Cocain gratis anbieten. Sie wissen, dass sie ihr Geld bald wieder bekommen. Die Regierung plant Massnahmen zur Einrichtung von Hospitälern für die Giftsüchtigen, vor allem aber bemüht sie sich, Produktion und Einfuhr der Narkotica auf das von der Medizin als notwendig erachtete Mass zu beschränken *(Harrison law)*. Neuerdings scheint der Cocainismus mehr und mehr vom Heroinismus abgelöst zu werden, wobei das Heroin ebenfalls geschnupft wird.

Kokain entzog sich dem Auge des Betrachters, nicht so der Alkohol. Herstellungs- und Schmuggelorte wurden präzise Anfang der 30er Jahre auf Karten vermerkt:

Gary Silver, New York 1979

Von 1930 bis Mitte der 60er Jahre sollte Kokain als verbotene Exklusivdroge nur noch in wenigen geschlossenen Kreisen verschiedener Subkulturen eine «schnupfige» Rolle spielen.

Für Europa und Amerika fasst ganz nüchtern der Schwede *C. G. Santesson* schon 1926 die Entwicklung der «sogenannten Genussgiftepidemien oder Toxikomanien» in der «Hygica» zusammen:

Zunächst wird die Entwicklung des Opium-Missbrauchs, des Opiumrauchens, der Opiumfabrikation, seines Handels und der folgenden Verhandlungen und Konventionen zwischen den einzelnen Regierungen kritisiert. Die Unterdrückung des Opiumrauchens führte zu grösserem Missbrauch des Morphiums und Cocains in China, weil diese leicht eingeschmuggelt werden können. In Amerika hat die Zahl der Cocain- und Heroin-Toxicomanen erheblich zugenommen. Diese stellten 1917 0,4% und 1920 9–10% der Gefängnisinsassen. Beinahe 5% des gebrauchten Heroins ist hier eingeschmuggelt. Es lag nahe, durch Beschränkung der Herstellung dieser Alkaloide den Missbrauch zu steuern. Hier leisten die Kolonialländer Widerstand. Auch ist es schwierig, die Menge, die die einzelnen Individuen und Länder nötig haben

◀

Labels der 20er/30er Jahre Schallplatten Koks-Musik, Dope Heas Blues, Cocaine Blues u. a.

(Opium etwa 0,17 bis 0,6 g pro Individuum und Jahr), festzustellen. Die Morphiumsucht und Cocainsucht, die nach dem Kriege in Europa erheblich zugenommen hatte, ist bereits wieder im Abnehmen. Zugenommen hat und gefährlicher ist der Heroinmissbrauch, dessen Produktion in Deutschland, Schweiz, England, Japan sehr gross ist. Heroin wird vielfach geschnupft wie Cocain. Der Import wie die Produktion dieses Mittels ist in Amerika bereits verboten und es wird dort nur eingeschmuggelt. Die Heroinisten feiern gemeinsame Orgien wie die Cocainisten. Cocain kann durch Schnupfen bis zu 15 g pro Tag aufgenommen werden bis zu tödlichen Vergiftungen. Seine Weltproduktion ist eine enorme, und in Europa lässt sich nur eine Kontrolle der Fabrikation, des Handels, der Drogisten, Apotheken und Konsumenten einführen. Gesetzlichen Massnahmen setzen die einzelnen Länder und Interessenten aus wirtschaftlichen, materiellen Gründen Widerstand ohne die humanitäre Seite zu berücksichtigen.

Australien – Narkotika
gegen heisses Klima

Das Klima Australiens genoss bei den europäischen Einwanderern, darunter viele «Unterschichts- Engländer», im 19. Jahrhundert nicht gerade den besten Ruf. Gegen diesen ungesunden Kontinent wappneten sie sich auf ihre Art, chemisch. Die frühen Siedler schworen auf Alkohol, Opium und andere Drogen, zur Hitzeabwehr. Alkohol stärkte die Konstitution, Opium beruhigte die Atmungsorgane, Kokain vertrieb die Müdigkeit und die ungezählten Wundermittel der Drogisten, Pharmazeuten, Apotheker und Quacksalber enthielten alles und nichts.

Wie schon in den USA profitierten auch auf dem 5. Kontinent die Apotheker von dieser Entwicklung:

«... Der Apothekerberuf war in New South Wales und Victoria in den siebziger Jahren des 19. Jahrhunderts wohl etabliert, und kleine Apotheken in Melbourne und Sydney trieben einen blühenden Handel mit Medikamenten auf Opium- und Morphiumbasis. 1893 besass Sydney einen eingetragenen Apotheker auf 1700 Einwohner, und sechs Jahre später hatte der australische Kontinent ein noch ungünstigeres Verhältnis von einem Apotheker für jeweils 2034 Einwohner (...). Um 1910 war Australien trotz seiner verhältnismässig geringen Bevölkerungsdichte weltweit der grösste Importeur britischer Pharmazeutika, und 1936 hatte es den höchsten legalen Verbrauch von Suchtmitteln in der westlichen Welt: den doppelten Pro-Kopf-Verbrauch an Kokain und den dreifachen an Heroin gegenüber Grossbritannien (...) ...»

Nun, um die Jahrhundertwende hatte man sich mit dem «ungesunden» Klima der neuen Heimat angefreundet und auch dem Drogenkonsum blieb man weiterhin treu. Nachdem die fabrikmässige Herstellung von Narkotika – 1827 Morphium, 1862 Kokain, 1898 Heroin – durch die Pharmaziefirmen Eingang in die Werbung der Massenmedien gefunden hatte, verstärkte sich der «Glaube an den Segen der Patentmedizin» unter den Neu-Australiern. Zwischen 1890 und 1920 beherrschte die Drogenwerbung die australischen Zeitungen:

> «... In einer Ausgabe der ‹Truth› vom Januar 1920, der damals grössten Wochenzeitung in New South Wales mit einer Auflage von 250 000 Exemplaren, belegten Drogenhändler über ein Drittel des Raumes für grössere Anzeigen, das war das Fünffache der Fläche für Zigaretten- und Alkoholwerbung zusammen ...»

Pharmaziefirmen aus Übersee und die Apotheker Australiens bildeten über gut drei Jahrzehnte, bis in die späten 20er Jahre, eine Art Drogenkartell, an dem Gesetzgeber und Polizei scheiterten. Schon 1870 sassen sieben Apotheker im Kolonialparlament von Victoria. Der einflussreiche *James McGirr*, Ex-Premierminister von New Youth Wales, war gelernter Apotheker. Politische Interessen verbanden sich mit den Interessen des Berufsstandes.

In führenden Positionen hatte die Apothekerzunft Einfluss auf die Gestaltung der Gesetze, die den Verkauf und Vertrieb von Narkotika bestimmten. Goldene Nasen verdienten sich die «Apotheken-Ketten-Besitzer». Die Geschichte schreibt über die neue Verkaufstechnik:

> «... Der Pionier der Kettenläden im Bereich des australischen Arzeinmittelhandels war *Caleb Soul*, ein englischer Spekulant und Handelsreisender, der 1863 nach Sydney kam. *Soul* guckte sich die Verkaufstechnik bei einer britischen Drogen-Einzelhandelskette, *Boot & Co.*, ab und senkte seinen Gewinnanteil bei abgepackten Medikamenten, um den Umsatz zu erhöhen. Bei seinem Tod im Jahr 1884 hatte *Caleb Soul* ein Vermögen von 40 600 Pfund und eine Kette von Apotheken mit dreiunddreissig Angestellten. 1903 erwarb *Lewy Pattinson*, ein englischer Einwanderer mit einer Kette von sechzehn Apotheken das Vermögen seines Rivalen und gründete die Firma *W. H. Soul Pattinson & Co.*, einen Einzelhandelsriesen mit etwa vierzig Ladengeschäften um 1920, die vornehmlich in Sydney konzentriert waren (...) ...»

Modern anmutend stellte sich der Narkotika-Wundermittel-markt auf «Zielgruppen» ein: getrennt nach Männlein und Weiblein wurde für den Drogenmarkt geworben:

– «Ayer's Sarsaparillo», opiathaltiges Mittel aus den USA, sollte Schlafstörungen und Appetitlosigkeit bei den Damen beseitigen;

– «Dr. William's Pink Pills for Pale People», arsenhaltiges Wundermittel aus Kanada, half den «Mädchen von heute» bei Frauenbeschwerden;

– «Bonnington's Irish Moss» aus Australien und «Mrs. Winslow's Soothing Syrup», beides morphinhaltige Mittel, versprachen Linderung bei Krankheiten der Atemwege.

Unübertroffen der Umsatz und der Gewinn der deutschen Pharmazie-Filialen. Allein der *Bayer*-Vertrieb in Sydney, Heroin- und Aspirin-Hersteller, meldete für 1914 einen Jahresumsatz von 6,5 Millionen Pfund. Aber die Pharmaziefirmen mussten nach fünfzigjähriger Drogenmarkt-Herrschaft, die von 1870 bis 1920 währte, ihre Vormachtstellung nach und nach räumen.

Indirekt eingeleitet hatte diese Entwicklung wieder einmal das Militär, diesmal die australischen Truppen, die als Soldaten des Commonwealth ihre Verbündeten in Europa während des 1. Weltkrieges unterstützten.

Von den kriegsmüden europäischen Frontkämpfern hatten sie auch den Narkotikagebrauch gelernt, insbesondere das Koksen. Das Schnupfen lehrten sie denn auch sogleich, wohlbehalten in den heimatlichen Hafenstädten Melbourne und Sydney eingelaufen, den Hafenmädchen, den Prostituierten.

Während im Vorkriegs-Australien Opiate der Renner waren, machten die Kriegsjahre Kokain populär. Kokain wurde zum beherrschenden Narkotikum der Nachkriegsjahrzehnte.

«... Innerhalb weniger Jahre nach Kriegsende entdeckte die Polizei von Sydney und Melbourne, dass Kokainkonsum das vorherrschende Laster der Prostituierten und Slumbewohner war ... ... Zu Beginn, 1919, wurden zwei Melbourner Apotheker wegen illegalen Verkaufs von Kokain an uniformierte Armeeangehörige verhaftet ...»

Anti-Drogen-Liga, Völkerbund, internationale Opiumkonferenzen – ihre Auswirkungen waren auch in Australien bemerkbar.

Australische Soldaten an der Somme-Front, 1917 «Bedürfnis nach Kokain»

1922 verabschiedete das Parlament von Viktoria die «Dangerous Drug Regulations», New South Wales folgte 1927 mit dem «Police Offenses (Amendment) Drugs Act». Narkotika waren nun illegal geworden. Das Geschäft blieb, wenn auch zwielichtig. Ideal für das organisierte Verbrechen, das sich in den 20er Jahren aus dem ländlichen Banditentum und der städtischen Kleinkriminalität zusammengefunden hatte. Der Kokainhandel und die Prostitution waren die gewinnträchtigsten Unternehmen. Die «Syndikate» wurden zu ernsthaften Konkurrenten der bis dahin marktbeherrschenden Pharmazieindustrie. Die Kämpfe der Syndikate um den Markt provozierten die Gewalt – über Jahre. Nach Jahren der Gewalt reagierte 1930 das Parlament in New South Wales mit dem polizeifreundlichen «Draconian Consorting Act». Dem Vertrieb des Andenschnees in Australien wurde der Kampf angesagt. 1935 gab die Polizei Drogenentwarnung: kein Kokainhandel mehr in New South Wales.

Anhang: Nach statistischen Angaben des Commonwealth für 1936 hatte Australien trotz Gesetzgebung und Polizeieinsatz immer noch den höchsten Kokainverbrauch von allen englischsprachigen Nationen: 12,4 kg Kokain auf eine Million Einwohner gegenüber 6,3 kg in den USA, 5,8 kg in Grossbritannien und 4,9 kg in Kanada (. . .)

Mutter, der Mann mit dem Koks ist da – die deutsche Kokainszene Mitte der 20er Jahre

Mit dem Ausbruch des 1. Weltkrieges führten die kriegführenden Völker das Kokain für ihre Soldaten ein, gaben gleichzeitig ihre Goldwährungen auf. Die Notendruckpresse ermöglichte nun die Kriegsfinanzierung. Am 11. 11. 1918 war der Krieg zu Ende, jedoch die Notenpresse blieb.

Nach 4½ Jahren Krieg mussten sich die Nationen wieder auf die Friedenswirtschaft umstellen. Die Beseitigung der Kriegsschäden kostete viel. Die Kreditwünsche der Staats- und Privatwirtschaft erhöhten sich, die Inflation nahm zu. Insbesondere Deutschland zeichnete sich durch eine ständig steigernde inflationistische Finanzierungspolitik aus, die Anforderungen an den Reichshaushalt stiegen ins Unermessliche.

Am 10. April 1922 einigten sich viele kriegführende und neutrale Länder auf der Weltwirtschaftskonferenz von Genua, die Notenpresse abzuschaffen. Eine neue Form der Goldwährung, die Golddevisenwährung, wurde vorgeschlagen. 1923 wurde die Deutsche Rentenbank eingerichtet, die Währung stabilisierte sich:

Bei der Stabilisierung wurden 1 Billion Mark gleich einer Rentenmark, 4,2 Billionen Mark gleich einem Dollar, gleich 4,20 alte Goldmark von 1914 bewertet.

Nun begannen die «glücklichen», die «goldenen» zwanziger Jahre, die erst mit dem Sturz der Kurse an der New Yorker Börse am 24. Oktober 1929 ihr Ende fanden. Schon im Sommer 1930 waren fast alle Länder Europas von der Weltwirtschaftskrise betroffen. Wesentlich länger waren sie schon vom Kokainismus betroffen. Das Narkotikum hatte alle wirtschaftlichen Höhen und Tiefen überwunden. Und es war im Nachkriegsdeutschland gut aufgehoben. Mitte der 20er Jahre war Deutschland mit Abstand der grösste Morphium-, Heroin- und Kokainproduzent der Welt. Der «neue» Kokainismus hatte seinen Teil dazu beigetragen.

*Es darf geschnupft werden –
der neue Kokainismus*

Schon kurz vor dem Kriege, im Krieg selbst und in den ersten Nachkriegsjahren setzte sich fast in der ganzen Welt eine neue Form des Koksens durch: der *Schnupf*-Kokainismus.

Kenntnisreich beschrieb 1925 der Privatdozent Dr. *Meggendorfer* den Übergang vom Spritz- zum Schnupfkokainismus:

Dieser sogenannte Spritzkokainismus spielte allerdings nur in gewissen Kreisen, die durch ihren Beruf oder durch eine längere Krankheit mit dem Morphium, dem Kokain und auch mit der Verwendungsweise dieser Gifte bekannt wurden, eine Rolle. Jedenfalls fristete dieser ältere Kokainismus nur im Verborgenen sein Dasein. In dieser Hinsicht haben sich die Verhältnisse neuerdings gewaltig geändert. Das Kokain hat sich dem Bedürfnis nach Geselligkeit angepasst. Der neuere Kokainismus beruht nämlich vor allem in der Anwendung des Kokains als Schnupfpulver. Daneben wird auch Kokainwein und Kokainsekt getrunken, werden auch Kokainzigarren und Kokainzigaretten geraucht. Diese Umstände bringen es mit sich, dass der neuere Kokainismus besonders in gewissen als gesellig, aber auch als unsolide bekannten Kreisen eine Heimstätte gefunden hat. So sind es besonders niedere Künstler- und Artistenkreise, Angehörige der Boheme, dann Schieber, gewerbsmässige Spieler, Kellner unsolider Lokale und das dort verkehrende Publikum aller Kreise samt Prostituierten und Zuhältern, die dem Schnupfkokainismus als Opfer

anheimfallen. Daneben aber sind es leider auch genug vollwertige und hochwertige tüchtige junge Leute, die aus Zufall, aus Neugierde oder durch Verführung einmal in diese Kreise kommen und dann der schwersten aller Suchten, die wir kennen, verfallen.

In diesen Kreisen wird aus Geselligkeit Kokain geschnupft, getrunken und geraucht; hier wird aus Genussucht, auch wohl aus Neugierde oder Gefälligkeit und Scheu, eine etwa angebotene Prise abzulehnen, mit dem Schnupfen begonnen; hier wird selbst nach anfänglichem Missbehagen und Übelbekommen aus «Korpsgeist» damit fortgefahren, bis es zu einem unentbehrlichen Lebensbedürfnis geworden ist. Die Mitglieder eines solchen Kreises kennen einander genau; sie halten eng zusammen; die gleiche Leidenschaft, aber auch die gleichen Geheimnisse; die gleichen Nöte verbinden sie alle. Häufig sind nämlich in ihren Reihen die Verstösse gegen Sitte und Gesetz; aber einer wird zum Helfershelfer des anderen; sie schrecken selbst nicht vor Meineiden zurück, wenn es sich um die Entlastung eines Kokainfreundes handelt.

Kokainistin, 20er Jahre
(Zeichnung von Hans Baluschek)

Der deutsche Drogenpapst und Saubermann *Louis Lewin* beschreibt 1927 das Koksermilieu als «Vereinigung von Verkommenheit»:

Das Kokain allein begann ziemlich bald als Genussmittel gebraucht zu werden. Mit kleinen Mengen fing man an und stieg und steigt bis zu ganz ungeheuerlichen, bis 1 und 4 g und angeblich sogar 8 g täglich. Es ist ein Irrtum, dass der Krieg dies bewirkt habe, er hat nur Kreisen an diese Leidenschaft sich anzu-

schliessen geholfen, die früher an die Betätigung einer solchen nicht gedacht haben. Schon 1901 gab es in England kokainistische Männer und Frauen, Ärzte, Politiker und Schriftsteller. Jetzt freilich sehen diese Verhältnisse betrübsamer aus, ohne dass etwa dadurch der Morphinismus entthront ist. In Deutschland –

Koks-Gesellschaft in Berlin,
20er Jahre

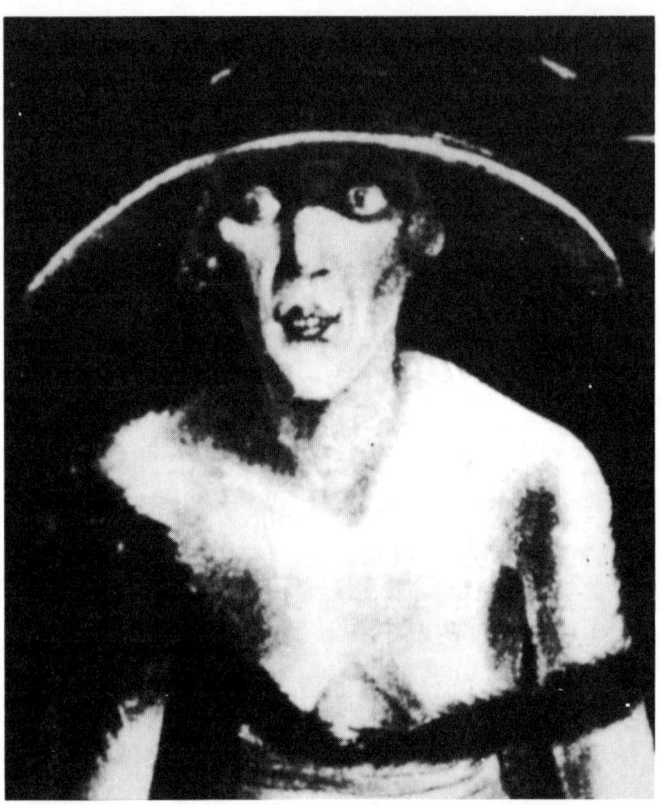

Die Koksgräfin (Gemälde von Otto Dix)

hauptsächlich natürlich in den grossen Städten – gibt es genusssüchtige Kokainverwender in vielen Berufsarten bis zu den Strassendirnen und Zuhältern herunter. In gewissen Likörstuben, Restaurants, auf der Strasse usw. wird Kokain diskret zum Verkauf angeboten – meist als gestohlene oder verfälschte Ware, für die Wucherpreise bis zu dreissig Mark gefordert und gezahlt werden. Es gibt Kokainhöhlen in Berlin, bessere oder schmutzstarrende Lokale, von denen erst im Beginne dieses Jahres eines mit gegen hundert Gästen von der Polizei aufgehoben wurde, in denen Männer und Frauen aus allen Gesellschaftskreisen, auch Akademiker, Schauspieler usw. Stunden erfüllter Begierde als wesenlose Le-

bewesen hindämmern, oft ohne tagelang irgendwelche Nahrung zu sich zu nehmen, weil das Kokain durch Lähmung der Magennerven ein Hungergefühl nicht aufkommen lässt. Sie geben, was sie besitzen, selbst notwendige Kleidungsstücke, hin, um das ersehnte narkotische Glück zu gewinnen. Die phantasievollste Schilderung der Nachtseiten des menschlichen Lebens, eine Hogarthsche Zeichnung der «Punschgesellschaft», und andere, die das Herabgesunkensein des Individuums auf ein Niveau, das noch unter dem des Tieres liegt, stellen, erreichen an Abstossendem nicht die Höhe des Eindrucks, den eine solche Vereinigung von Verkommenheit in den aktiven Stadien des Kokainismus darbietet.

Wer waren sie, die alle die gleiche «Kokainsprache» verstanden? Die von «Koks», «Mehl» und «Schnee» viel verstanden? Deren «geheime und gewissenlose Händler» das Kokain als «Leinwand», «Kragen» und dergleichen verkauften und verbreiteten?

Pitigrilli

*Kokser's Milieu –
Schwarzer Markt
für weisse Ware*

Waren es nur die Literaten, Künstler und Filmstatisten? Die Prostituierten, Zuhälter, Schieber, Schleichhändler und Gelegenheitsverbrecher? Die Kellner, Nachtportiers und Hotelpagen? Die Söldner, Gelegenheitsarbeiter und arbeitslosen Halbwüchsigen? Natürlich nicht! Professor *Lewin* kannte auch Nasen-und Kehlkopfärzte, selbstverständlich auch Hochschullehrer, die koksten. Und gekokst wurde in vielen Varianten:

- Einspritzung unter die Haut
- Schnupfen mit der Nase
- Rauchen von kokanisierten Zigaretten
- Trinken von Kokainwein und Kokainchampagner
- Einpinseln in die Nase
- Einreiben in das Zahnfleisch

Für jede dieser Formen gab es Liebhaber. Den Schwarzen Markt der weissen Ware, das Milieu der Kokser, beschrieben 1924 ausführlich die Drogenexperten *Joel* und *Fränkel*:

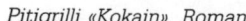

Pitigrilli «Kokain», Roman

Im allgemeinen ist der Cocainist, wie schon erwähnt, eine gesellige Persönlichkeit. Er nimmt seine Pulver im Kreise gleichgesinnter Kameraden, in dem Lokal, in dem er den übrigen Gästen, wie vor allem den Händlern, wohlbekannt ist. – Zuweilen veranstaltet er aber auch in seiner Häuslichkeit, sofern er sie besitzt, eine Cocain-Nacht, zu der die besten Freunde eingeladen werden und bei welcher es sein Ehrgeiz ist, alle möglichst «irre» zu machen. Von solchen Nächten unterhält man sich noch lange. – Die Händler, die sich in den Lokalen als Gäste oder als Angestellte des Wirtes (Kellner, Garderobenwächter, Portiers) unter dem Publikum bewegen, vermeiden es in der Regel, ihre Ware auszubieten, sie lassen sich im Gegenteil darum bitten und betrachten den Verkauf als eine Gefälligkeit, die sie dem anderen erweisen. Sie selbst beziehen ihr Cocain von dem sogenannten «Grosshändler», dessen Quellen ihnen selbst schon nicht mehr zugänglich sind, oder aber sie verschreiben es sich auf gestohlenen oder gefälschten Rezeptformularen oder auf einem gewöhnlichen Stück Papier, meist mit dem Vermerk «ad usum proprium». Unter freigiebiger Verwendung streckender Zusätze (bis zu 50%), vor allem von Borsäure, Salicylsäure, Milchzucker und dem fälschungstechnisch sicher am geschicktesten gewählten Novo-

Kokain, 20er Jahre (Bild von Paul Kamm)

Wasser werfen und seine Lösung und Schlierenbildung aufmerksam verfolgen – bei der ausserordentlichen Hygroskopie des salzsauren Cocains keine ganz schlechte Prüfung. Aber auch die Permanganatprobe ist vielen geläufig. Gerne lassen sie sich ihr Cocain chemisch untersuchen, und wir selbst sind auf diese Weise in den Besitz einer grossen Menge von meist verfälschten Präparaten gekommen, bei denen wir Schmelzpunktsbestimmungen und die chemischen Prüfungen des Deutschen Arzneibuches ausgeführt haben.

Meist nimmt der Cocainist am Tische sitzenbleibend seine Prise mittels einer Nagelfeile oder aus der tabatiére anatomique und vergisst fast nie, die geleerte Falze vorm Wegwerfen gründlich abzulecken.

Nach Schluss der Lokale beginnt die eigentliche Arbeit der Strassenhändler, die sich an bestimmten Ecken aufhalten und auch die Wartesäle der Fernbahnhöfe versorgen. Ihre Position ist gefährdeter als die der Lokalhändler, welche bei Polizeibesuchen ja eher einmal die Ware bei jemand anders oder im Rückenpolster eines Sofas verschwinden lassen können. Die fliegenden Händler tragen deshalb das Cocain oft nicht bei sich, sondern halten es in Mauernischen und dergleichen versteckt, aus welchen sie sich die jeweilig zum Verkauf benötigte Menge herausholen. Oder sie verabreden sich lediglich mit ihren Kunden und schliessen den Handel in einer benachbarten Wohnung ab. Manche vermeiden unter allen Umständen die direkte Übergabe des Cocainpäckchens an ihre Abnehmer, verabreden einen Ort, an dem sie das Pulver hinterlegen oder dergleichen. Eine Anzahl von Lokalen eröffnet bereits morgens um 6 Uhr wieder den Betrieb, wo sich die Nachtschwärmer bei Musik wieder

cain, teilen sie Apothekerfalzen zu etwa 0,05–0,07 g ab, die dann als ein «Päckchen» verkauft werden. Der Preis beträgt bei Berücksichtigung des fälschenden Zusatzes etwa das 5–10fache des regulären, so dass das Geschäft der Händler recht einträglich ist. Je nach ihren Bezugsquellen und je nach ihrer Ehrlichkeit besitzen die Cocainhändler einen sehr verschiedenen Ruf, und die wechselnde Qualität der «Ware» spielt als Gesprächsthema eines solchen Lokals eine oft geradezu beherrschende Rolle. («Fabelhafte Ware heute abend», «stark gemischt», «garantiert reine Mercksche Ware» usw.) Manche Cocainisten untersuchen an Ort und Stelle ihr Pulver, nicht nur indem sie die Intensität und Wirkungsgeschwindigkeit des anästhesierenden Effektes an der Zungenspitze erproben, sondern indem sie etwas Substanz in ein Glas

treffen, um sich erst gegen Mittag zu trennen.

Mit der Kennzeichnung des Cocainmissbrauches als eines heimlichen, aber geselligen Genusses ist bereits das Zunftmässige, das ihm innewohnt, angedeutet. Die Cocainisten einer Stadt bilden eine Art Gemeinde, sie kennen, helfen, beargwöhnen und befehden einander. Sie haben ihre eigenen Symbole und ihre besondere Sprache. In dieser Sprache erscheint das Cocain bei uns als «Koks», als «coco» in Italien und in Frankreich, wo es auch «idole universelle», «captivante coco», «poudre qui grise», «poudre folle», «poudrette», «respirette», «neige» oder «poison blanc» im Gegensatz zum Opium, dem «poison noir», genannt wird. In Amerika führt es den Namen «snow», oder man nennt es «Charlie», während Heroin «Harry» und Morphium «Mary» genannt wird. Das Cocainschnupfen wird als «koksen», «aufschütten», «hochziehen» bezeichnet, der Cocainrausch als «Kokolores» («snowstorm»). Ein Mensch in Cocainrausch ist «irre», durch sein aufgeregtes und aufdringliches Gebaren «tötet er einem den Nerv». Das dem Rausch folgende Depressionsstadium heisst unter den Berliner Cocainisten fast allgemein «die Reaktion». Diese Kreise haben sogar ihre eigene Poesie, ihre besonderen Lieder. Im Anhang bringen wir hiervon ein Beispiel.

Die Cocainhändler wiederum haben ihre chiffrierte Handelssprache, in welcher das Cocain unter den harmlosesten Bezeichnungen als Leinwand, Kragen, Mehl usw. auftritt.

Kokser-Gesellschaft, (Zeichnung von Conrad Felixmüller) 1918

Die beiden Narkotika-Forscher wussten die deutsche Kokainszene wohl zu differenzieren:
- Heilberufe (Ärzte usw.);
- Gruppen, die dem geregelten Erwerbsleben ferner stehen (Müssiggänger aus der literarischen und artistischen Boheme usw.);
- Kreise des begüterten Bürgertums.

So bunt das Kokser-Publikum, so bunt auch ihre «Cocainkneipen»:

Für alle diese Typen sind ihre Lokale, wo alle Gäste einander kennen, das Ganze oft genug einen fast klubmässigen Eindruck macht, Vergnügungs- und Arbeitsstätten zugleich. Diese über die ganze Stadt verteilten Lokale variieren den wirtschaftlichen Abstufungen ihrer Besucher entsprechend zwischen gesuchter Eleganz und ärmlichster Einfachheit, wobei man aber oft genug beobachten kann, dass gerade in den trübsten Spelunken und Kellern ein verhältnismässig wohlsituiertes Publikum verkehrt. So sahen wir z. B. einen Rechtsanwalt, der, ohne zu ruhen, von der Cocainkneipe in seine Kanzlei, einen Kaufmann in leitender Stellung, der von dort aus in sein Geschäft fuhr. Andere wieder suchen lieber jene eleganten Lokale des Westens auf, wo sich eine weit kostspieligere Halbwelt nicht nur mit ihresgleichen, sondern auch mit Kreisen des begüterten Bürgertums trifft. Es wurde uns mehrfach geschildert, dass dort, wo fast jeder seine Cocainbüchse bei sich trägt, das Schnupfen kaum mehr die Sensationen eines heimlichen und unerlaubten Genusses bereitet, dass man sich eine Prise kaum anders als ein Glas Kognak bestellt. Es sei hier bereits angemerkt, dass, wenigstens in Berlin, die erwähnten einfachen Lokale sehr häufig gleichzeitig Verkehrslokale der männlichen Prostitution und der Invertierten bilden.

Joël & Fränkel, 1924

Natürlich ging es den Koksern nicht gut. Des Schnupfers Tagesablauf beschreibt *Joël* 1928:

Durch den Verbrauch seines Vorrates oder seines Geldes, nach vergeblichem Herumbetteln bei anderen, oder durch die Reizerscheinungen in der Nase zum Aufhören gezwungen, ergibt sich nun, besonders nach grösseren Dosen, die Möglichkeit, dass dem euphorischen ein *depressives Stadium* mit quälenden Trugwahrnehmungen, Angsthalluzinationen folgt. Natürlich gibt es auch euphorische Halluzinationen, aber man hört von ihnen seltener. Tun sich wenige zu kleineren Zirkeln zusammen, so haben sie kraft ihrer grossen Suggestibilität gemeinsame Gesichte, verleben z. B., wie einer unserer Kranken berichtet, zu zweit bei Kerzenschein einige «fabelhafte Stunden».

Der eigentliche Ort der Angsthalluzinose ist der nächtliche Heimweg des Kokainisten und seine Schlafstube: Kleines Getier, verschwommene Gestalten, im Nähertreten unheimlich und bedrohend. – Akustische Halluzinationen sind selten, häufig dagegen wahnhafte Umdeutungen von Geräuschen, meist im Sinne einer Eigenbeziehung (vorwurfsvolles Rufen des Namens u. dgl.), Gehörsillusionen, für die die erwähnte Hyperakusie eine günstige Vorbedingung schafft.

Prinzipiell wichtig ist die Stellung des Kokainisten zu seinem Wahn. Wie er im euphorischen Stadium immer ein Bewusstsein der Abhängigkeit von seinem exzitierenden Gifte behält, so weiss er auch mitten in der grössten Angst vor seinen Verfolgern, Einbrechern, Gespenstern, wenn auch undeutlich, dass hinter all diesem das Kokain steht. Die Trugbilder sind aber trotzdem stark genug, um diese Leute auch zu bösartigen Handlungen fortzureissen.

Selbstverständlich war der Weg in die Kriminalität vorgezeichnet.

Kriminalität und Verbrechensbekämpfung

Die Bekämpfung dieser Alkaloidsuchten wurde zur vornehmlichen Aufgabe von Ärzten und Polizisten. Die einen gründeten 1921 in Berlin die Reichshauptstelle gegen den Alkoholismus (aus der nach dem 2. Weltkrieg die Deutsche Hauptstelle gegen die Suchtgefahren in Hamm hervorging). Die anderen gründeten in Wien 1923 eine internationale polizeiliche Kommission, die später als INTERPOL bekannt werden sollte.

Beide Gremien sollten sich noch lange mit der Frage des Kokainismus beschäftigen – müssen! Und die Kokainisten? Reichlich und verschiedenartig waren ihre Verstösse gegen Recht und Ordnung. War doch der Handel und Schmuggel mit Kokain unerlaubt. Die Abgabe sonst dazu Berechtigter an Kokser unrechtmässig. Der Erwerb des Mittels durch Schnupfer strafbar. Die Folgeerscheinung waren diverse Rechtsbrüche:

- Diebstahl und Einbruch;
- Betrug und Fälschung;
- Raubüberfall;
- Verbrecherische Handlungen gegen die Person, wie Sittlichkeitsverbrechen, Mord im Kokainrausch u. a. m.

Naja, und der Täter? Willensschwach war er natürlich als Kokser. *Louis Lewin* beschreibt 1927 den Kokser-Täter:

Die *Willensfreiheit* ist jedoch auszuschliessen, falls man annehmen muss, dass der Täter unter erheblichen Zwang gehandelt hat, dass von ihm frische Eindrücke nicht mehr richtig verarbeitet werden, sondern dass neue Vorstellungen mit ungeordnet auftauchenden Erinnerungsbildern ihn verwirrt haben, gleichgültig, ob man den Zustand als Störung des Bewusstseins oder als vorübergehende krankhafte Beschaffenheit der Geistestätigkeit bezeichnen will. Ergibt sich aus dem Zusammenhang bei ihm das Bild eines gesteigerten Rede- und Tatendranges mit gehobenem Selbstbewusstsein, so muss gleichfalls die Willensfreiheit verneint werden, wenn die Tat nicht zum Wesen des Täters und zu seiner jeweiligen äusseren Lage gepasst hat, wenn sie also etwas vorstellt, was seinem Charakter völlig fremd ist und auch durch äussere Umstände nicht erklärt werden kann. Andernfalls ist der Täter verantwortlich, aber dem Richter wäre dann mildere Bestrafung nahezulegen.

Viele wurden verurteilt und vielen ging es im Gefängnis schlecht. Geradezu tragisch verlief der Fall eines Morphio-Kokainisten, den *Joël* 1928 beschreibt:

Vor einiger Zeit wurde ein Morphio-Kokainist gemäss den Bestimmungen des Opiumgesetzes wegen unerlaubten Besitzes von Giften zu 3 Monaten Gefängnis verurteilt. Der Richter billigte ihm Bewährungsfrist zu unter der Bedingung, dass er sich einer Entziehungskur von 6 (!) Wochen unterwerfe, ferner den Besuch homosexueller Lokale (in denen vielfach Kokainhandel stattfindet) meide (der Betreffende war invertiert) und dass er sich, obwohl mündig, unter die Aufsicht des Jugendamtes stelle. So wohlgemeint welche Erziehungsversuche sein mögen, so unwirksam dürften sie sich in der Praxis erweisen. –

Der Betreffende hat sich inzwischen getötet.

Scheinbar waren die gesetzlichen Bestimmungen über den Handel mit Kokain (und ähnlichen Giften), die ärztliche Verordnung und die Abgabeordnung seitens der Apotheker doch nicht so ausgezeichnet. Das Kokain verschwand nicht.

Schleichhändler und Schieber brachten immer wieder grössere Mengen des verderblichen Giftes in den Verkehr.

1925 berichtet Dr. *Meggendorfer* von schlimmer Anmache amerikanischer Kokainhändler:

Der Handel muss sehr lohnend sein; denn es werden hier mit Geschäftigkeit und Ausdauer alle nur möglichen Verfahren und Kniffe angewandt. Mit grosser Dreistigkeit sollen in Amerika Kokainhändler selbst an Schüler und andere junge Leute Kokain kostenlos verteilt haben in der teuflischen Berechnung, dass sie, wenn sie einmal das Gift gekostet haben, es nicht wieder vermissen könnten.

Über den Grad der Ausbreitung des Kokains konnte er sich so kaum richtige Vorstellungen machen:

Über den Grad der Verbreitung des Kokainsmus und der anderen ähnlichen Suchten, des Morphinismus und des Heroinismus, können wir uns kaum eine richtige Vorstellung machen. Am verbreitetsten scheinen diese Vergiftungen in den Vereinigten Staaten von Amerika zu sein; dort wird die Zahl der Süchtigen auf etwa eine Million geschätzt. Wenn wir in Deutschland auch wohl noch hinter dieser Zahl und den entsprechenden Zahlen von Frankreich und der Schweiz zurückstehen, erscheint doch auch bei uns eine energische Abwehr dieser Gifte angezeigt zu sein.

Nun, diese energische Abwehr der Gifte wurde auch zu einer Aufgabe des nationalsozialistischen Deutschlands ab 1933. Eine harte «weisse» Nuss für die Nazis.

Die Nazis und das Kokain bis zum 2. Weltkrieg

Am 30. Januar 1933 wurde *Adolf Hitler* Reichskanzler. Er hatte mit seinen «Volksgenossen» schon vieles im Griff. Jedoch die Narkotika, insbesondere das Kokain, hatten sich dem nationalsozialistischen Griff entzogen.* Die offizielle Kokainproduktion im Jahr der Machtübernahme durch die Nazis ist noch durchaus sehenswert.

Die «inoffizielle, nicht kontrollierbare Kokainerzeugung» lag in dieser Zeit noch wesentlich höher. Nun, dagegen musste etwas unternommen werden. Der Präsident des Reichsge-

* Den kandischen Comix-Zeichner *Rand Holmes* beschäftigte das Thema. In seinem 1981/82 erschienenen Comix «Hitlers Kokain» sind seine Helden Harold Hedd und Egon hinter 60 Kilo Kokain her, die für den persönlichen Gebrauch des «Führers» bestimmt waren, ihn aber nicht erreichten.

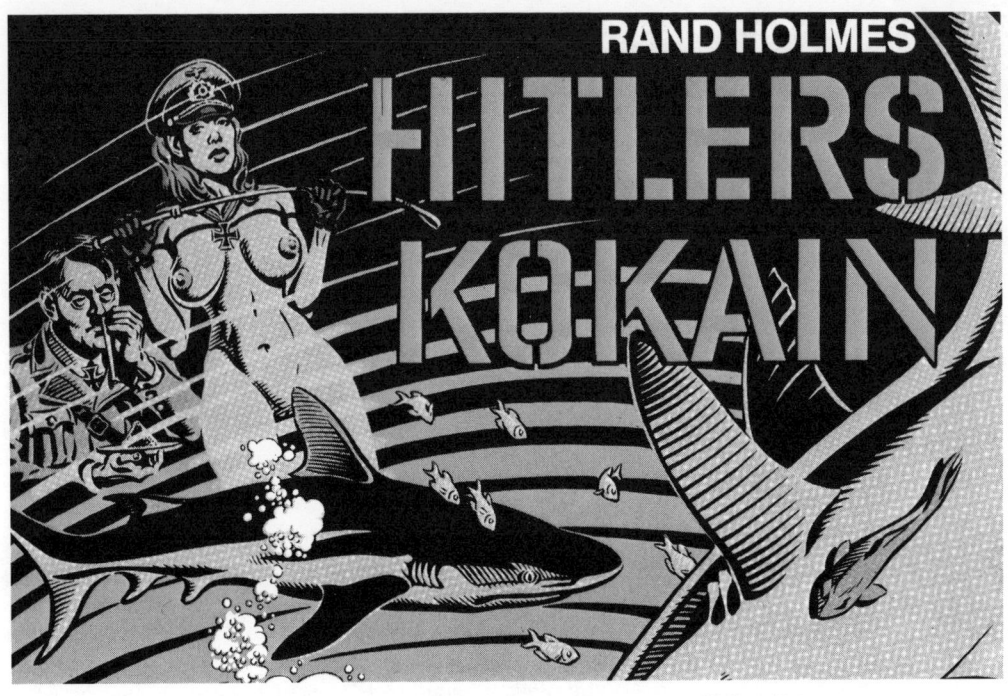

*Hitlers Kokain,
Holmes – Comix 1982*

Kokainproduktion 1933 nach der «Annuaire statistique de la Société des Nations» (in Kilogramm)	
Japan	920
USA	792
Deutschland	870
Frankreich	394
Schweiz	161
England	427
Belgien	103

nach Römpp, Stuttgart 1950

sundheitsamtes, Professor *Reiter* machte Mitte der 30er Jahre den Wunsch des «Führers» deutlich:

«Der Vorsprung in der Gesundheitsführung, den wir anderen Völkern gegenüber haben, wird verloren gehen, wenn wir uns nicht von den Rauschgiften abwenden. Der Führer will, dass das deutsche Volk an dem praktischen Beispiel seiner Arbeit ermessen kann, dass es gegenüber den anderen Völkern der Welt nicht zweitklassig ist.»

Erstklassig war die Sucht einiger prominenter Nazis. Und der preussische Ministerpräsident *Hermann Göring* wollte sich so gar nicht recht von den Rauschgiften abwenden. Das Koksen hatte der Jagdflieger *Göring* im 1. Weltkrieg gelernt. Und als Morphinist ging er in die Drogengeschichte ein.

Zwar nicht für einige Nazi-Grössen, wohl aber für die gefährdeten Reichsdeutschen wurde die Abwehr der Rauschgiftgefahren organisiert. Durch Verfügung des Reichsministers des Innern wurde im Rahmen des «Reichsausschusses für Volksgesundheitsdienst» die «Reichsarbeitsgemeinschaft für Rauschgiftbekämpfung (R. f. R.)» im Oktober 1934 gegründet.

Organisationsplan

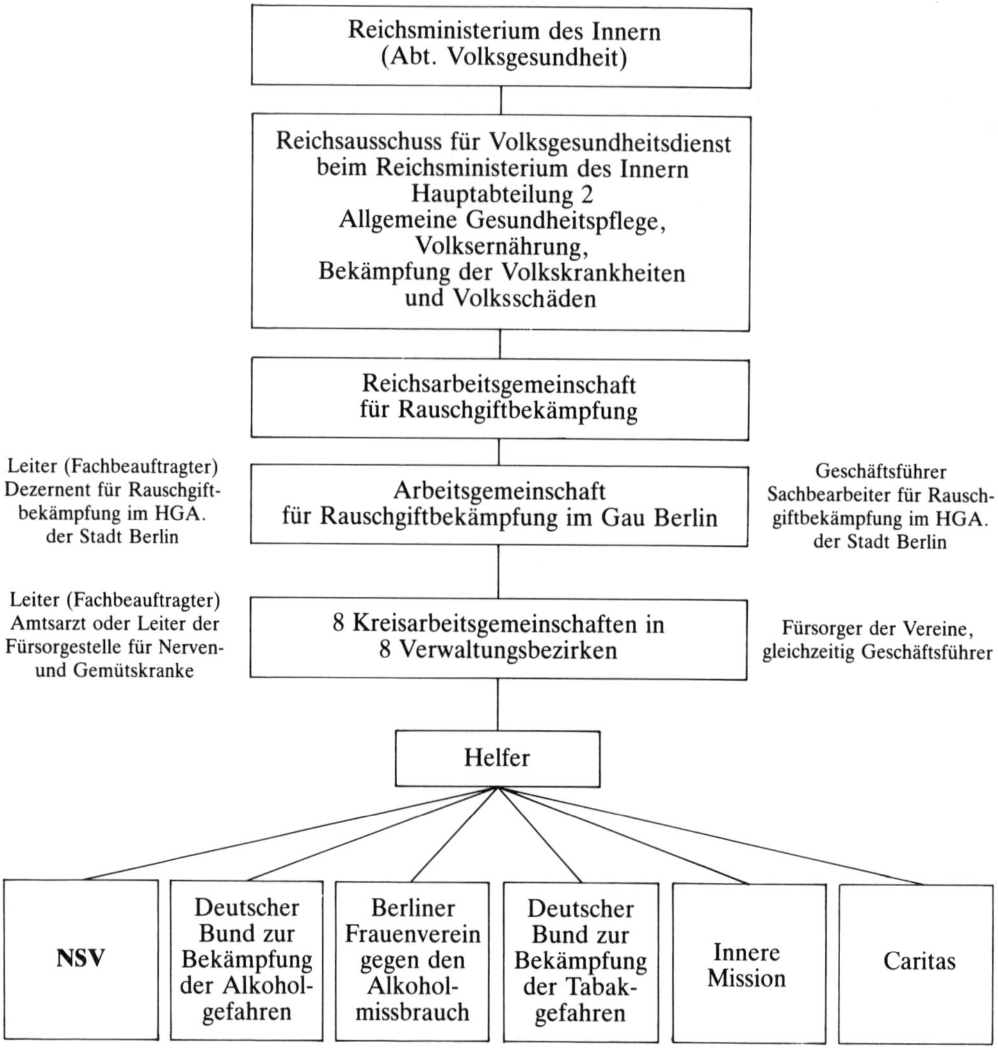

Reichsministerium des Innern
(Abt. Volksgesundheit)

Reichsausschuss für Volksgesundheitsdienst
beim Reichsministerium des Innern
Hauptabteilung 2
Allgemeine Gesundheitspflege,
Volksernährung,
Bekämpfung der Volkskrankheiten
und Volksschäden

Reichsarbeitsgemeinschaft
für Rauschgiftbekämpfung

Leiter (Fachbeauftragter) Dezernent für Rauschgiftbekämpfung im HGA. der Stadt Berlin — Arbeitsgemeinschaft für Rauschgiftbekämpfung im Gau Berlin — Geschäftsführer Sachbearbeiter für Rauschgiftbekämpfung im HGA. der Stadt Berlin

Leiter (Fachbeauftragter) Amtsarzt oder Leiter der Fürsorgestelle für Nerven- und Gemütskranke — 8 Kreisarbeitsgemeinschaften in 8 Verwaltungsbezirken — Fürsorger der Vereine, gleichzeitig Geschäftsführer

Helfer

| NSV | Deutscher Bund zur Bekämpfung der Alkoholgefahren | Berliner Frauenverein gegen den Alkoholmissbrauch | Deutscher Bund zur Bekämpfung der Tabakgefahren | Innere Mission | Caritas |

Der stellvertretende Leiter der «R.f.R.» und Diplom-Kaufmann *Gerhart Feuerstein* stellte 1938 fest:

«... Der nationalsozialistische Gesetzgeber hat in klarer Erkenntnis der Sachlage in verschiedenen Gesetzeswerken zum ‹Problem der Süchtigkeit› so eingehend Stellung genommen, dass, mit Ausnahme von zwei ganz speziellen Erfordernissen (...), die Rauschgiftbekämpfung in Verbindung mit nationalsozialistischer Lebenshaltung auf eine völlig neue, gesicherte und ausreichende Grundlage gestellt wurde...»

Hermann Göring als Jagdflieger, 1917

Die Rauschgiftbekämpfung

I. durch Vorbeugung gegen Süchte
    a) durch das Opiumgesetz mit Nebengesetzen,
    b) durch das Gaststättengesetz mit Nebengesetzen,
    c) durch das Gesetz über die Vereinheitlichung des Gesundheitswesens mit Durchführungsverordnungen.

II. durch Bekämpfung an sich
    α) nach BGB.
      a) bei Trunksucht:
        1. durch Entmündigung nach § 6 Ziff. 3 BGB.,
        2. durch Unterbringung in eine Heilanstalt,
        3. Fall der Gemeingefährlichkeit (§ 15 Pol. Verw. Ges.),
      b) bei sonstigen Rauschgiften:
        1. durch Entmündigung nach § 6 Ziff. 1 BGB.,
        2. durch Entmündigung nach § 6 Ziff. 2 BGB.,
        3. Fall der Gemeingefährlichkeit,
    β) nach Strafrecht:
      a) Gesetz gegen gefährliche Gewohnheitsverbrecher
        1. Strafbarkeit durch Rauschzustand,
        2. Unterbringung in eine Trinkerheilanstalt oder Entziehungsanstalt,
        3. Untersagung der Berufsausübung,
      b) Reichsärzteordnung und Bestellungsordnung für Apotheken,
      c) Strassenverkehrszulassungsordnung und Verordnung über Kraftfahrzeugverkehr.

III. durch Verhütung erbkranken Nachwuchses
    a) durch das Gesetz zur Verhütung erbkranken Nachwuchses.
    b) durch das Ehegesundheitsgesetz.

Hochburg der Rauschgiftsüchte, des Kokainismus, war die Reichshauptstadt Berlin. Hier wurde am 9. Dezember 1936 im historischen und festlichen Ratsherren-Sitzungssaal des Berliner Rathauses die «Arbeitsgemeinschaft für Rausch-

giftbekämpfung im Gau Berlin» gegründet. Fachbeauftragter dieser Reichsarbeitsgemeinschaft wurde der Direktor
der Abteilung für Erb- und Rassenpflege im Hauptgesund-
heitsamt der Reichshauptstadt, der Mediziner Dr. *Theo
Paulstich*. Um dem Problem auch wissenschaftlich auf den
Leib zu rücken, veranstaltete er vom März bis Mai 1938 den
«1. Wissenschaftlich-praktischen Lehrgang für Rauschgiftbekämpfung im Gau Berlin».

Auf diesem Lehrgang gab sein Vertreter, der ärztliche
Direktor der Heil- und Pflegeanstalt Buch, Dr. *Bender,* einen
Überblick über die «Schlaf- und Betäubungsmittel». In
Sachen Kokain wurde der Mediziner recht deutlich:

«... Ein chemischer Körper, der alle Kreise, die mit
solchen Stoffen beruflich zu tun haben, in Aufregung
versetzt hat und dessen nunmehriges Verschwinden in
der Versenkung die Heilpersonen aufatmen lassen
muss, ist das *Kokain*. ... Vielleicht war es diese der
Morphiumwirkung entgegengesetzte Feststellung, die
s. Zt. dazu verleitete, im Kokain einen Körper zu sehen,
mit welchem man den Morphinismus bekämpfen
könne. Jedenfalls wurde das Mittel als ‹Übergangsmit-
tel› bei der Entziehung Morphiumkranker empfohlen
und auch angewandt. Ein verhängnisvoller Irrtum! Es
stellte sich alsbald heraus, dass die Kokain-Euphorie,
die anregende Wirkung des Stoffes, mindestens ebenso
zum Missbrauch verführte, wie die ähnlichen Eigenschaften des Morphins. Ja, es ergab sich, dass das
Kokainschnupfen, weil mechanisch einfacher, sich viel
gefährlicher verbreitete, als das Einspritzen von Mor-
phiumlösungen. Sie alle wissen, welche Rolle der Kokainismus in den Inflationsjahren auch in Berlin gespielt
hat. Der Schleichhandel mit dem Alkaloid war eine der
übelsten Erscheinungen der Systemzeit, in gesund-
heitspolitischer Hinsicht. Es kam zu der sogen. ‹gepaarten Leidenschaft›, d. h., viele dieser Typen nahmen
nicht ein Alkaloid, sondern deren mehrere in Mischung,
darunter aber immer Kokain. Süchtige, die bereits stark
an Morphin gewöhnt waren, brauchten ganz erhebliche
Mengen von Kokain, wenn sie die ihnen genehme
Wirkung erzielen wollten. So wurden diese ‹Kokser› zu
einer wahren Plage für die Ärzteschaft – und leider muss
festgehalten werden, dass sich das Übel besonders bei
den Angehörigen der Heilberufe breit machte und vielfach von dort seinen zerstörenden Weg ins Volk nahm. –
Dieser Weg war in der Tat ein zerstörender. Wir können
erst jetzt das Schicksal dieser Typen richtig übersehen.

Hitlers Kokain,
Holmes – Comix 1982

Die meisten Fälle von schwerer Kokainsucht sind jetzt Wracks oder doch immer so stark rückfallgefährdet, dass man sie nicht aus den Augen verliert. Natürlich sind auch zahlreiche Fälle, vor allen der gepaarten Suchten, im völligen Marasmus geendet. – So kann man, wenn man diese Schicksale wieder an sich vorüberziehen lässt, von Glück sagen, dass das Kokain auf dem besten Wege ist, zu verschwinden...»

So gesagt und geschrieben fünfzehn Monate vor dem deutschen Angriff auf Polen am 1. September 1939. Fachbeauftragter *Paulstich* schloss seinen Lehrgang «mit einem 3-fachen Siegheil auf unseren Führer und unser grossdeutsches Vaterland».

Fast gleichzeitig war *Hitler* in Rom eingetroffen, um seinen Amtsbruder *Mussolini* zu besuchen. Der «Führer» und der «Duce» führten ernste Gespräche.

«Zwei starke Völker werden ihren unbedingten Friedenswillen für Europa bekunden; der Führer Grossdeutschlands wird Einblick nehmen durch die Vorführungen des italienischen Heeres, der Luftflotte, in den Stand der italienischen Rüstungen. Die beiden Garanten des Friedens, Deutschland und Italien, haben sich eine eigene Anschauung über ihren gegenseitigen Rüstungsstand gebildet, denn nur guter Rüstungsstand wiederum gibt die friedliche Sicherung.»

So die Begrüssungsworte Dr. *Paulstichs* zum «Teeabend», nach dem Abschluss des Lehrgangs. Im grossdeutschen Vaterland schienen sich zumindest die Nazi-Chemiker

Hitlers Kokain,
Holmes – Comix 1982

* Bei Kriegsschluss 1945 fanden die Amerikaner bei der Durchsuchung der Forschungsstätten in *Hoechst* auch das Versuchspräparat «Amidon» vor, das sie dann im Zuge der «Patent- und Vorschriften-Enteignung» der Deutschen Industrie zur wirtschaftlichen Ausnutzung der übrigen Welt zur Verfügung stellten. Schon 1945 kam es dann im Ausland in den Handel. So in den USA als «Methadone/Psychoptone/Dolophine». In England als «Miadone/Heptalgin». In Dänemark als «Butalgin». In Belgien als «Betalgin». In Österreich als «Heptadon» usw. Diese lawinenartige Ausbreitung nach dem 2. Weltkrieg führte Ende der 40er, Anfang der 50er Jahre zu einem – heute vergessenen – «Heer» von «Polamidonisten».

▶
Dope chronicles, 1850–1950

schon auf den Krieg vorzubereiten. Die Produktion der schmerzstillenden und betäubenden Mittel: Tropacocain, Anästhesin, Novocain und natürlich Morphin stand nicht still. *Hermann Göring*, Jahrgang 1893, sollte als Reichsmarschall der deutschen Luftwaffe als Chef erhalten bleiben. Wahrscheinlich blieb er auch dem Morphium treu. Und Kokain hatte schon über bald drei Jahrzehnte Geschichte als «Fliegerdroge» gemacht.

Damit im Laufe des Kriegsgeschehens der Betäubungsmittelnachschub gewährleistet blieb, schuf die Nazi-Forschung 1942 ein Ersatzmittel, ein Substitut, dem man den Namen «Polamidon» gab.* Lange nach dem Weltkrieg, 1963, wurde dieses Mittel in den USA als «Methadon» zur Behandlung von Heroinabhängigen eingeführt und löste damit den nunmehr zwei Jahrzehnte andauernden Streit um die «Substitutions-Therapie» aus. Ganz ähnlich dem Streit um das Substitut Kokain bei Morphiumabhängigen, der von *Sigmund Freud* und *Louis Lewin* vor bald 100 Jahren geführt wurde: Drogengeschichte.

Die K & K Monarchie:
Kokain & Kunst

Die Verbreitung des Kokains in Europa ab 1902 fand nach dem Krieg und der Nachkriegszeit seinen Höhepunkt in den 20er Jahren in den Metropolen: Paris, Berlin, Prag, Buda-

Spritzender Kokser, (Zeichnung von Conrad Felixmüller) 1918

pest, London und München. Als «Künstlerdroge» hatte Kokain schon Tradition.

Europäische Schriftsteller, Komponisten, Schauspieler, Sängerinnen und Tänzerinnen verstärkten Ende des 19. Jahrhunderts ihren künstlerischen Ausdruck mit Cocagetränken.

Selbst während des 1. Weltkrieges verzichteten einige Künstler, von Frankreich in die ruhige Schweiz emigriert, nicht auf die weisse Stimulanz. Nun, nach dem Krieg verzichtete die Koksergemeinde erst recht nicht auf das beliebte refreshment.

Viele alte und junge Künstler zog es wieder in die grossen Städte. Viele von ihnen zogen nach Berlin, die Stadt, die sich zur Kunst- & Kultur- & Kokain-Metropole der «Roaring Twenties» entwickeln sollte, einzigartig in Europa.

Unter den Schriftstellern war es der junge expressionistische Lyriker *Walter Rheiner* (1895–1925), der 23jährig 1917 von Köln nach Berlin ging. Die Kontakte zu Dichtern und Künstlern ergaben sich von selbst. Der Kollegenkreis verkehrte gerne und oft im «Romanischen Café». Im Juli 1918 entstand seine Novelle «Kokain». *Rheiners* Freund *Conrad Felixmüller* illustrierte das Bändchen mit Federzeichnungen.

Recht eindrucksvoll beschreibt er in seiner Novelle den Spritzkokainismus.

Nein! Niemand hörte diesen verzweifelten Menschen, *am wenigsten jener gütige Vater, dessen unerbittliche schwarze Stirn vor den grossen Atelierfenstern stand, starr, unberührt, unbeweglich!*

«Komm, leg dich hin und sei ruhig», sagte Marion, «ich möchte schlafen. Mach das Licht aus.»

Tobias entkleidete sich vollständig. Marion schaute krampfhaft weg. Auch der untere Rand seines Hemdes war voll Blut von den Injektionsstichen in beide Oberschenkel. Es war sein einziges Hemd, das er seit drei Wochen trug; alle andere Wäsche hielt seine Zimmerwirtin in Charlottenburg zurück, als Pfand für die schuldige Miete. Er stank, sich selbst ein Abscheu, widerlich, verhasst.

Er stellte die Medizinflasche auf den Stuhl, legte die Spritze zurecht, streckte sich unbedeckt auf das Lager aus uns löschte die Kerze.

Atemlos wartete er einige Minuten und starrte regungslos zur Decke empor, die auf dieser Zimmerseite bis zur Hälfte und halb zur Wand herab aus Glas war. Marion regte sich nicht. Durch das Zimmer schlich, träge, schleimig, die Nachtzeit. Es war, als zöge sie quer durch das Atelier, von einer Wand zur andern hin und her, dunkle klebrige Fäden, die einen Duft von geronnenem Blut ausströmten, vermischt mit dem süsslichen Parfüm des Kokains und dem lebhafteren des Äthers.

Es war totenstill. Marion schien zu schlafen. Nur der Nachtwind liess manchmal die Scheiben der Fenster leise klirren. Tobias mahlte laut mit den Zähnen, wie er immer tat, wenn die Kokainvergiftung in ein bestimmtes Stadium getreten war. Dabei verzerrte sich sein Gesicht, und die Schläfen spielten wie Wellen. War nicht neulich, auf dem Alexanderplatz, eine alte hinkende Frau schreiend vor ihm geflüchtet, als sie dieses fratzenschneidende Gesicht sah?

Das Denken stand ihm still. Er lag regungslos und stierte zur Glasdecke hinauf. Von Zeit zu Zeit gab er sich im Dunkeln und ohne näher hinzusehen, Kokain-Injektionen. Er fühlte an seinen misshandelten Oberschenkeln, an den Ober- und Unterarmen, das Blut rinnen. Gewiss tropfte es auch in die Bettlaken, die zu schonen Marion ihn gebeten hatte. Er kümmerte sich nicht mehr darum. Jetzt war er schon in einem Grade vergiftet, dass er, fast mechanisch, in immer kürzeren Zeitabständen Spritzen nehmen *musste, wie etwas Selbstverständliches, etwa wie Atmen oder Essen, nur um überhaupt weiterzuexistieren.*
Kokain, 1918

In seiner Geschichte «Die Erniedrigung – Ein Totentanz» nimmt er erzählenderweise sein Ende voraus:

Seine Hand in der Ulstertasche umschmeichelte die Medizinflasche. Ein tiefes Grauen vorn im Hirn, an der Peripherie des Schädels, im Auge, im Nacken; und ein makabrer Drang, ein unergründliches, unbegreifliches, unwiderstehliches Sehnen nach dem Gift im Rückgrat: – so sass er, verkrochen, in der Trambahn. Nicht konnte er es erwarten, nach Hause zu kommen.

Mutter und Schwester schliefen schon. Aber die Katze leuchtete in seinem Zimmer. Er entzündete das Gas und legte auf dem Bett-Stuhl Flasche, Spritze, Watte, Tuch und Kerze zurecht. Kaum den Überrock abgeworfen, gab er sich zwei starke Spritzen (Sol. hydro. Cocaine 0,06) in den Oberarm. Seine Füsse hoben sich vom Boden, das Haar schäumte, er schwebte an der Zimmerdecke und trank den Glanz des Gaslichts.

Eifrigst entkleidete er sich.

Noch war er nicht zu Bett, so fühlte er schon das dunkle Tuch von oben auf sich herniederschweben, das ihn fest einwickelte, Mund, Nase, Ohr und Lunge dick verhüllend und ihn in eine Ecke drückte. Dort schrumpfte er ganz klein zusammen. Die Augen rissen sich auf; die Pupillen weiteten sich zu zwei unabsehbaren schwarzen Schächten ... Ah!, den Druck vom Körper fort! – Hastig nahm er zwei weitere Spritzen. –

Sofort ward ihm wohler und unendlich ruhig. Die Augen schlossen sich. Doch dann gingen sie wieder wie zwei dunkle Monde auf: weit! weit! ... Die Hand zitterte ein wenig. Er floh ins Bett.

Die Kunst forderte ihren Tribut. Vereinsamt starb *Rheiner* am 12. Juni 1925 als Morphio-Kokainist. Im schäbigen Zimmer einer Charlottenburger Absteige wählte er den Freitod, seine Prosa wurde zur literarisch abgefassten Selbstanalyse.

Es war die Hohe Zeit des Expressionismus, der sich nach der Jahrhundertwende ausdrucksstark entwickelt hatte. Die expressionistischen Künstler hatten ein wohl ungestörtes Verhältnis zum Koks, aber einige neigten zum tödlichen Extrem. *Georg Trakl* überlebte seine letzte Kokaindosis nicht mehr. Sehr gut überlebten sie *Ernst Jünger* und *Gottfried Benn*. Recht angetan von dem Narkotikum, fand es auch ein Plätzchen in der Prosa *Jüngers:*

«Der ‹Schnee›, falls er auf eine intakte Physis trifft, entrückt den Geist in nüchterne Kälte und überlässt ihn, während er ihm die Wahrnehmung des Körpers abnimmt, einsamem Selbstgenuss.»

Und in der Prosa *Benns:*

«Weltallhafte Kälte, erhaben und eisig, entsteht im Gefüge, bei Glut in der Mittelachse ... Gleichzeitig Schwellenverfeinerung: Eindrucksansturm, Fremdanregbarkeit, gerichtet auf etwas Universales, ein Allgefühl –: ‹Gefühl des Mittags›.»

Recht zynisch mit dem Thema Kokain ging ein italienischer Journalist um, *Dino Serge* (1893–1975) aus Turin. Als Schriftsteller eröffnete er, unter dem Pseudonym *Pitigrilli*, 1920 mit seiner Prosa «Kokain – Luxusweibchen» die Reihe seiner Narkotika-Romane und Erzählungen. In seinem wohl bekanntesten Werk «Kokain» beschreibt er die Sittengeschichte des koksenden Journalisten Tito Arnaudi in Paris, der so seine Erfahrungen zwischen «Étoile und der Porte Maillot, zwischen dem Champs-Elysées und dem Bois, in jener mondänen Zone, die das aristokratische Kokainviertel bildet» macht:

Tanzbar in Baden-Baden (Beckmann), 1923

In der nächsten Nacht waren Tito Arnaudi und Pietro Nocera in die Villa der Frau Kalantan Ter-Gregorianz eingeladen, eine Villa, die weiss schimmerte zwischen Étoile und der Porte Maillot, zwischen dem Champs-Elysées und dem Bois, in jener mondänen Zone, die das aristokratische Kokainviertel bildet. In den luxuriösen Villen, in denen sich die verschiedenen «tout Paris» versammeln (das politische tout Paris, das mondäne tout Paris, das künstlerische tout Paris), finden regelmässige Zusammenkünfte statt, veranstaltet, um sich gemeinsam dem fröhlichen Rausch hinzugeben, den das Gift verursacht. Es sind Kollektivvergiftungen von Menschen, die der Wind hier zusammengeweht hat. Die jugendlichen Besucher des Turf und der Generalproben, die Unerwachsenen oder gerade eben mannbar gewordenen Kavaliere, die es für ihre Pflicht halten, auf ihrem Schreibtisch die letzte auf den Büchermarkt geworfene Dichtung und im Bett die jüngste in die Lebewelt lancierte Kokotte zu haben; die jugendlichen Pariser, die sich von den Künstlern der Vie Parisienne die Pyjamas zeichnen lassen und sich von tropischen Vögeln in Gelee nähren, lassen in die Konversation über kleine und grosse Argumente «qui pullulent autour de nos tasses de thé», wie Sully Proudhomme sagte, die Modegifte einfliessen, die phantastischen Überspanntheiten, die Äthersucht, die Chloralsucht und das weisse bolivianische Pulver, das zu den Halluzinationen führt. Und dann kommen sie zusammen überein, einen Versuch zu machen. So entsteht im Hause einer normalen Familie von einem Tag zum andern ein Brutnest von Kokainsüchtigen: Männer und Frauen laden sich gegenseitig zu «Kokaingesellschaften» ein, wie man sich zum Mittagessen einladet. In gewissen Familien breitet sich die Ansteckung von den fünfzehnjährigen Enkeln bis zum siebzigjährigen Grossvater aus: die Kokainomanie zu zweien, die Vergiftungsmanie unter Eheleuten findet sich oft; wenn sie nicht den männlichen Teil impotent und den weiblichen gebärunfähig machte, so glaube ich, dass das neugeborene Kind solcher Ehepaare sogleich nach dem weissen Pulver suchen würde, wie es bei dem Kind der Morphinisten geschieht, dem man als erstes eine Morphiuminjektion macht. Der Alkoholiker hat noch die Kraft sein Übel zu erkennen und dem, der noch frei davon ist, zu raten, sich des vergifteten Getränkes zu enthalten. Der Kokainist hingegen liebt es, Proselyten zu machen: jedes Opfer des Rauschgiftes bildet, anstatt eine sichtbare Warnung zu sein, einen Herd der Ansteckung.

Die reiche Geliebte des Helden, die reiche Armenierin Kalantan, hat keine Chance gegen die Geliebte «Coca», dargestellt von der Tänzerin Maud, genannt «Kokaina». Der giftigen Geliebten folgt Arnaudi durch die halbe Welt. Als sie ihn verlässt, begeht er Selbstmord. In der Beschreibung «Kokainas» zeigt ihr geistiger Vater *Pitigrilli* seinen sarkastischen Humor:

Die halbe Million, die den teuren Familienerinnerungen von Frau Kalantan Ter-Gregorianz entnommen war, war nahezu aufgebraucht. Mit Titos Gesundheit ging es bergab. Dieses Herumziehen von Hotel zu Hotel, von Stadt zu Stadt, mit dem Bewusstsein, dass allerorten auf Kokainas Wegen Verliebte und Liebhaber wie Pilze aus dem Boden sprossen, untergrub nach und nach seine Nerven und verdarb sein Blut. Er war nach Amerika gekommen mit der Hoffnung, dass die guten Engagements und das Geld, das er aus der Reinigung von Kalantans Vergangenheit gewonnen, ihm den alleinigen Besitz von Kokainas Körper sichern würden. Aber der rastaquero vom Schiff, dieses ölige Gesicht des gentilhomme campagnard, hatte ihn auf Schritt und Tritt verfolgt mit seinem unerschöpflichen Portefeuille und seiner Lüsternheit des kraftvoll zeugenden Mannes.

Kokaina verteilte ihre Gaben zu höchsten Preisen oder auch gratis. Da sie sich jetzt ihres rapiden Verfalls bewusst war, stürzte sie sich heisshungrig auf das Vergnügen, um keinen Tag zu versäumen, keine Gelegenheit ungenutzt vorübergehen zu lassen. Und sie hatte sich auch Männern hingegeben, die sich solcher Vergeudung ganz unwürdig gezeigt hatten.

«Du bietest ihnen Lust, und sie danken es dir nicht.»

«Und glaubst du vielleicht», lachte sie höhnisch, «dass ich jedesmal, wenn ich mich einem von ihnen hingebe, auf ihre Achtung oder ihre Dankbarkeit rechne? Dankbarkeit für was? Ich gebe mich ihm nicht zu seinem Vergnügen hin, sondern zu meinem, oder für das Geld, das er mir geben kann. Was kümmert es mich, was er sagen mag, wenn ich nur während der fünf Minuten, in denen ich das Gewicht seines Körpers sich mit dem meinen verschmelzen fühlte, die Spannung der Wollust empfunden habe. Achtung..., Dankbarkeit..., Wahn! Wenn du hoffst, mich mit solchen Argumenten einzufangen, kann ich dir nur raten, andere zu suchen.»

Und seine Schilderung des Koksermilieus im Paris der 20er Jahre, trifft auf einige Schnee-Metropolen Europas zu:

Es besteht eine Art Freimaurerei unter den Kokainisten. Sie erkennen sich untereinander an gewissen Anzeichen, die nur sie erfassen: sie haben ihre Logen, gleichviel, ob demokratischer oder aristokratischer Art, denn sie geleiten sich gegenseitig von einer Loge zur anderen, von den Kabaretts des Montmartre zu den Villen der Porte Maillot, von der boîtes à étudiants des Quartier latin zu den Tavernen des Montparnasse. In wenigen Monaten kannte Tito Arnaudi die fest mit der Geschichte und der Legende verbundenen Cafés, die kleinen Theater der Butte Sacrée, die Ausschänke von Likören, die unterirdischen Säle, die von fünf Uhr abends bis zur Morgendämmerung bei rhythmischer Blechmusik von lasziven Tänzen widerhallen; er verkehrte in all diesen halbgeduldeten und halbverborgenen Orten, Treffpunkte der Kokainisten, die fünfzig Prozent der habitués bilden. Er kannte jene kleine Welt, die rings um die Universität wimmelt.

Kokain blieb, aber der Expressionismus – mit Beginn der 20er Jahre war er out. Eine neue Sachlichkeit war gefragt. Kokain als Tradition übernahmen jedoch auch die Neoreali-

Leb' wohl Berlin (Mittelteil von
Dix' großen Triptychon «Groß-
stadt»), 1927/28

sten. Ausdrucksstark vom Maler *Otto Dix* (1891–1969) mit
seiner «Koksgräfin» verewigt.

Berlin war inzwischen zum mitteleuropäischen Mekka
der Kokser & Künstler geworden. So berichtete die New York
Times am 16. August 1925 über die Sorgen der Berliner
Polizei, dass auf

«Partys nach dem Theater der Schnee mit gleicher
Freiheit und Lässigkeit herumgereicht wird wie Zigaretten und dass es von den meisten Einwohnern des
modischen Westends benutzt wird. Es gibt auch Kokainisten in allen Berufen».

Und die mussten 1926 schon 5 Dollar für ein Gramm ihres
Vergnügens auf den Tisch legen.

Wohl nicht wegen des schnöden Kokainpreises fühlten
sich unter den Künstlern insbesondere die Tänzer und
Tänzerinnen dem Anregungsmittel verpflichtet, das schon
den Marathonläufern der alten Inkas gute Dienste geleistet
hatte.

So kam auch die 1899 in Dresden geborene junge *Anita
Berber* an den weissen Stoff. Jung an Jahren, nahm sie
schon während des Krieges Tanzunterricht und träumte
vom grossen Leben im Glanz der Bühnenlichter. In Berlin
konnte sie denn auch glänzen. Sie entwickelte sich zur
beliebten Skandalnudel der Stadt, war in Berlin schon in den
frühen 20er Jahren so populär, wie zehn Jahre später die

Marlene Dietrich. Nun, die Champagner-Droge lernte sie vielleicht durch ihren zweiten Mann *Sebastian Droste* kennen, der als Tänzer im Nacktballett der «Celly De Rheidt» schon damit zu tun hatte. *Droste* choreographierte jetzt die Tänze seiner Frau, makabere Tänze wie: «Tänze des Lasters, des Grauens und der Ektase.»

Nicht weniger makaber die Namen dieser getanzten Gedichte: «Selbstmord», «Morphium», «Haus der Irre». *Anita Berber* tanzte, tanzte «Kokain», nach der Musik von *Saint-Saëns*. Der Gatte entwarf die Konzeption in Gedichtform:

Sebastian Droste, 1920

Wände	Er martert dieser Schatten
Tisch	Er frisst mich dieser Schatten
Schatten und Katzen	Was will dieser Schatten
Grüne Augen	Kokain
Viele Augen	Aufschrei
Millionenfache Augen	Tiere
Das Weib	Blut
Nervöses zerflatterndes	Alkohol
Begehren	Schmerzen
Aufflackerndes Leben	Viele Schmerzen
Schwälende Lampe	Und die Augen
Tanzender Schatten	Die Tiere
Kleiner Schatten	Die Mäuse
Grosser Schatten	Das Licht
Der Schatten	Dieser Schatten
Oh – der Sprung über den	Dieser schreckliche grosse
Schatten	schwarze Schatten
Er quält dieser Schatten	

Joe Jencik, Tanzhistoriker, hielt die Vorführung des «Kokain-Tanzes» für die Nachwelt fest:

«Vorhang. Auf dem Boden ein unbekleideter Körper, in einem leeren Raum, erfüllt mit morgendlicher, graublauer Dämmerung. Überall die Majestät des Todes. Oben, unten, vorne, rückwärts, vielleicht auch in der unbeweglichen Gestalt. Selbst im Detail ganz so wie damals, als sie Hand in Hand mit ihrer zufällig wiedergefundenen alten Freundin in das Zimmer eindrang, wo sie über den in Agonie sich befindlichen Körper des Droste schreiten musste, der im Delirium nach genossenem Kokain lag. – Mit dieser Reminiszenz auf eine obszöne Episode, deren trauriger Held ihr zweiter Gemahl war, beginnt Anita Berber eine

ihrer ersten Schöpfungen – KOKAIN.

Also Totenstille und tiefe Ohnmacht! Offenbar der erste Anprall des furchtbaren Giftes, der den Leib lähmte. Die Seele arbeitet sich irgendwo anstrengend durch zur früheren Herrschaft über den Körper. Kaum sichtbare Zuckungen der einzelnen Teile des Körpers beweisen das Konvulsieren, bemächtigen sich der porzellanfarbenen Glieder, und die berauschte Unglückliche kommt unbewusst zu sich, denn die Liebe zum Leben ist unzerstörbar. Zumindest in dem Mass, dass die Muskeln folgen müssen, die Polschen Schwingungen eines länglichen Pendels

diesmal erinnernd an den süssen Schlaf einer aus der Hölle der Qualen Befreiten ...

Dies alles ist mit einer einfachen Technik natürlicher Schritte und ungesuchter Posen durchgeführt. Die Attitüden in diesem Tanz sind tragisch angebrochen, und die Arabesken dämonisch verlängert. Die Drehungen des Körpers um seine Achse unerhört langsam, wie bei einer Zeitlupenaufnahme gestampfte Aufsprünge – ein Peitschenschlag – endigen immer mit plastischem Port de bras, die vom Bildhauer erträumt. Unerwartete Gegenbewegungen des Kopfes, sozusagen unerträglich dem Gleichgewicht. Position der Füsse: hauptsächlich grosse Vierte, bei der die eigenartige Kunst dieser originellen Tänzerin hervorstach. Die ganze Technik richtete sich nach der Dynamik des Traumes, der, befreit von der Erdenschwere, die ganze Körperlichkeit der Tänzerin in die feinsten Nuancen der Leichtigkeit zerstäubte. Kokain und Morphium sind Anita Berbers wichtigste und persönlichste künstlerische Emanationen, stellenweise grenzend an pathologische Studien eines berühmten Mimen. Eines Mimen, welcher es aber verstand, sich im richtigen Augenblick der Form des Tanzes unterzuordnen, ohne sich ihr preiszugeben.»
Schriftsatz, Heft 1, 1931

ähneln, richtet sich der Körper auf, besser gesagt: bildet einen sonderbaren Knäuel Fleisch, mit zwei unbeschreiblichen Spalten als Augen und einer blutroten Öffnung als Mund. Der Knäuel entwirrt sich ungemein lässig, auf Befehl eines Etwas, das gerade jetzt zwischen Verstand und aufgequollener Gehirnrinde herrscht. Die Tänzerin stellt sich unpersönlich auf die Füsse. Sie ist sichtlich eine Marionette im grausamen Frieden zwischen Gift und Herzmuskel. Das Blut, gejagt vom Willen der Natur in die Venen, pulsiert im Körper von Ort zu Ort. Das Gift, eingegeben vom Willen des Menschen, hindert und hemmt hoffnungslos; es drängt sich mit roher Kraft in eine Angelegenheit, welche dem grossen Geheimnis des Lebens vorbehalten ist. Der Körper wirkt furchtbar lächerlich und peinlich aufgedunsen. Es kocht in ihm, obwohl er mit Reif bedeckt ist. Imaginäre Schreiversuche zerfliessen um den Mund herum, in Verwunderung über plötzliche Gesichte, die vage sind: diese zerfliessen wieder vor dem Aufschrei, und so verfolgt die Tänzerin sich und die Schöpfungen ihrer kranken Phantasie. Der gesunde Körper kämpft mit dem vergifteten, und dieser wütet wieder in dem gesunden. Der Herzmuskel muss doch endlich erlahmen, und das Untier der Kokainseuche erdrückt sein freiwilliges Opfer. Der Körper der Tänzerin wirft sich in einer ungeheuren Kaskade. Weitere Agonie –

Die K & K Beziehung der beiden Künstler sollte nicht lange halten. Kokaingestärkt stürzte sich die *Berber* wieder ins volle Berliner Leben, war gern gesehener Gast beim Sechstagerennen im Sportpalast. Und ein tanzender Amerikaner, *Henri Chatin-Hoffmann* aus Baltimore, eroberte ihr Herz. Die Liebe hielt bis zum Tode. Keine dreissig Jahre alt, von Cognac, Cocktails und Coca geschwächt, von Tournees durch den Nahen Osten, zwischen Alexandrien und Damaskus, geschwächt, ihre Schmerzen mit Morphium lindernd, starb sie am 10. November 1928 in Berlin-Kreuzberg. Gute Freunde, wie der Neorealist *Otto Dix*, bedauerten den frühen Tod. Berlin verlor ein Star, ein Opfer der «roaring Twenties».

Die Jazzband (Carl Hofer), 1927

1928, eine Zeit, in der die Weltwirtschaftskrise (1929 – 1933) ihre Schatten voraus warf. Die «goldenen 20er Jahre» waren in Berlin «weiss-gold» geworden. In der Stadt lebten bald 4,5 Millionen Menschen, unter ihnen so zwischen 10 und 20 Tausend Koksfans, die Coca schnupften und spritzten, rauchten und tranken. 1929 konnte man sich in 16 000 Kneipen, 550 Kaffeehäusern und 220 Bars und Tanzlokalen treffen. Reiche und Arme litten und labten sich an Koks. Einer dieser «geistigen Vagabunden», *Harry Domela,* schreibt über seinen Weg ins Obdachlosenasyl «Heute sind wir zu zweit, da wird es nicht so schlimm sein»:

«... Am Abend traf ich mit Wolf zusammen; er stand gegen eine Säule der Bahnhofshalle gelehnt und war andächtig mit der Politur seiner Nägel beschäftigt. Seine Augen leuchteten; offenbar hatte er gerade einige Prisen Kokain genommen; er war in gehobener Stimmung. ‹Tata, Alter›, begrüsste er mich, ‹na, wie schaut's?› ‹Belämmert›, erwidere ich. ‹Na, nimm eine Prise und vergiss den ganzen Schmerz.› Er hielt mir eine Prise Kokain hin; ich dankte. ‹Hast wohl noch nichts gegessen; hier hast du ein paar Mark, mein ganzes Vermögen...›

... Ich fror erbärmlich. Es war eine Hundekälte, und wir hatten beinahe zwei Stunden zu gehen. ... Nach einiger Zeit sah ich Wolf zufällig von der Seite an. Da bemerkte ich, dass er totenblass geworden war und kaum noch gehen konnte. ‹Was ist dir?› ‹Das verdammte Koksen! Solange man von dem verfluchten Zeug hat, ist alles gut. Aber einige Stunden hinterher kommt das Elend. Es ist unerträglich›. Mir kam auf einmal ein Gedanke. ‹Sag' mal, hast du heute überhaupt was gegessen?› – ‹Doch, gewiss›. Ich merkte, dass er log; ich habe mich selten so geschämt wie in diesem Augenblick. Statt sein Geld zu behalten und sich dafür Brot und Kokain zu kaufen, gab er alles seinem Freunde ab...»

So *Domelas,* Berlin 1927. Man hatte es halt nicht immer leicht in Berlin, in Deutschland, in Europa.

Zur gleichen Zeit hatten es die Narkotika-Freunde in Amerika jedoch noch schwerer. Narkotika, Alkohol oder Kokain war offiziell kein Thema. Dafür war es inoffiziell *das* Thema. Aber nur ganz leise, flüsternd konnte man es in noblen und heruntergekommenen Kneipen und Clubs, den «Speakeasys», bereden und geniessen.

Und man lauschte neuen Klängen, verwerflichen Klängen, denn sie waren schwarz und angeturnt – Jazz. Im legendären Cotton Club präsentierte «The Aristocrat of Harlem» die Musik *Duke Ellingtons* – und in ungezählten Köpfen hielten sich die Ohrwürmer der «Roaring Twenties»:

- I scream – you scream – we all secream for *Ice Cream* ...
- Good by hunter, so long Scotch, fare well Haig and Haig ...
- Five foot two, eyes of blue, has anybody seen my girl ...

Und bis in die 30er Jahre tanzte man nach heissen «weissen» Scheiben dem Ende der Prohibition entgegen. Die «Dance Music», die war schon was. Man bewegte sich zum «Wacky Dust» von *Chick Webb* und seinem Orchester (Decca), zum «Cocaine Blues» von *Luke Jordan* (Victor) oder zum «Cocaine» von *Dick Justice* (Brunswick). Man tanzte zum «Dope Head Blues» (Okel) und zum «Cocaine Habit Blues». Man turnte sich mit Jazz, Blues und natürlich Koks an. Und so konnten es auch dann die Einwohner in Portland/Oregon, am 12. Juni 1932, in ihrer «The Sunday Oregonian» nachlesen:

The Great American Narcotic – Opium? No! Cocaine? No! The Great American Brain-Killer ist Dance Music,
...

Jazz und Koks, eine Mischung, die auch gut in Europa ankam. Hier, in der «alten» Welt, verlangte gerade das jüngste Künstlerkind, der Tonfilm, nach Aufmerksamkeit. Und die Hochburg Berlin spielte wieder einmal eine wichtige Rolle. Tradition verpflichtet.

Immerhin hatte das 1888 eröffnete Winter-Garten-Theater Filmgeschichte gemacht. Hier hatte der Film am 1. November 1895 seine Welturaufführung. Wer kennt sie denn noch, die Gebrüder *Max* und *Emil Skladanowsky*, die damals mit ihrem «Bioscop» zum ersten Mal öffentlich lebende Photographien vorstellten. Nun, die Zeit des Stummfilms teilte sich ihre Blütezeit mit dem Koks, so bis Ende der 20er Jahre. Noch zweifelten die Kinobesitzer am Siegeszug des Tonfilms. Zu Beginn der 30er Jahre verloren sich die Zweifel. Das alte Kokain jedoch, es spielte im jungen Tonfilm nur ab und an kleine Nebenrollen. So in Deutschland in «Der weisse Dämon» mit *Peter Lorre* oder in «Tango Notturno» mit *Pola Negri*. In Amerika mühte sich 1936 *Charly Chaplin* in «Modern Times» mit dem weissen Pulver, aber – es blieben halt nur kleine Nebenrollen.

So wie der Stummfilm vom Tonfilm abgelöst wurde, so verdrängten die neuen Muntermacher der Pharmaindustrie, die Amphetamine, das «ausgediente» Kokain. *Pervitin* war im Kommen. Die Zeiten waren halt nicht rosig. Nicht für das Kokain, nicht für die Menschen. Die Zeiten waren national-sozialistisch geworden. Heerscharen von koksenden Künstlern muss in fünf Jahrzehnten der Berliner «Wintergarten» gesehen haben, als die Nazis 1938 seinen 50sten Geburtstag feierten. Aber wie der Meister *Paul Lincke* in seiner Gratulation feststellte, war der Wintergarten inzwischen ein «Denkmal der Unterhaltungskunst für Volksgenossen» geworden. Die Koksergemeinde im 1000jährigen Reich schrumpfte. Dieses Schicksal wurde auch in Australien und in Amerika geteilt. Der Weltfrieden sollte nicht mehr lange dauern, als *Cole Porter* schrieb:

I get no kick from Cocaine
I'm sure that if
I took even one sniff
It would bore me terrifically, too
But I get kick out of you.

Die weissen Kristalle passten nicht mehr so recht ins Zeitgeschehen. Weltweit hatten inzwischen die Narkotikaforscher warnend die Zeigefinger erhoben. Für die einen war Koks gesundheitsschädlich, für die anderen war es anti-nationalsozialistisch. Mit dem Viel-Völker-Eintritt in den 2. Weltkrieg trat Kokain wieder einmal von der Drogenbühne ab. Kaum einer sprach noch «Kokolores». Aus seinem Coca-Schlaf sollte Europa erst vier Jahrzehnte später aufwachen. Zweihundert Jahre zuvor war es schon einmal aufgeweckt worden, nach einem 200jährigen Schlaf. Damals, Mitte des 18. Jahrhunderts, hatte die Cocageschichte Europas ihren Anfang genommen.

6. Kapitel

DER VERLIEBTE ANALYTIKER
*Cocaforschung des 19. Jahrhunderts bis zum
1. Weltkrieg*

Coca-Spezies, nach Jussieu

Europa verschläft die
Coca-Botschaft

Pizarros Gebeine ruhten noch nicht lange in der peruanischen Erde, da veröffentlichte 1550, vielleicht auch 1553 *Pedro Cieza de Leon* die Chronik Perus, mehr oder weniger die Geschichte der Inkas, und damit auch eine erste Beschreibung des Coca-Strauchs. Der gottesfürchtige *Cieza* sah jedoch in der Wirkung der Cocablätter mehr das Resultat eines Pakts mit dem Teufel, den die Indios geschlossen hatten.

Seine ehrwürdigen Ausführungen blieben dem Europa des 16. Jahrhunderts nicht lange erspart. Dr. *Nicolas Monardes* brachte die Kunde nach Europa. Die wohl älteste Coca-Empfehlung erschien 1569 in Sevilla. Nach der englischen Übersetzung konnten 1596 die königlichen Briten mitlesen.

Aber – der Weg in die Neue Welt war lang und beschwerlich und die Handelsschiffe hatten besseres zu tun, als empfindliche Coca-Pflänzchen aus den spanischen Kolonien in die europäischen Heimathäfen zu bringen. Und die Gelehrten der damaligen Zeit gingen schlicht anderen Interessen nach. So wurde die Coca-Botschaft des *Monardes* verschlafen. Ganz Europa schlief, dauerhaft, durch das ganze 17. Jahrhundert. Erst in den 80er Jahren des 18. Jahrhunderts erwachte es aus seinem 200jährigen Schlaf.

Ein Franzose hatte sich die Mühe gemacht, Europa aufzuwecken. *Josef de Jussier*, ein naturfreundlicher Mensch, brachte ein bolivianisches Pflänzchen von seinen Reisen mit. 1749/50 erreichten beide das europäische Festland. *Jussier* machte sich Gedanken um seinen Schützling. Er beobachtete und begutachtete ihn. 1783 schliesslich bestimmte er ihn botanisch als «Erythroxylon». Aber noch war der südamerikanische Exot nicht gänzlich wissenschaftlich klassifiziert.

Seine endgültige Anerkennung fand Coca erst 1786, als der Papst der französischen Naturforscher, *Lamarck*, sie in seiner berühmten Encyclopédie Méthodique Botanique als Erythroxylon Coca aufnahm.

Was war das nun für eine Pflanze, der man so erstaunliche Wirkungen nachsagte?

Von den wunderbaren Wirkungen gegen Hunger und Ermüdungen berichteten schon lange Männer des Glaubens.

Angefangen hatte es wohl mit dem Jesuiten *Joseph De Acosta,* der 1590 in seiner «Naturgeschichte der Indianer» die sagenhaften Wirkungen durchaus als Wahrheit nahm. Zwei Jahrhunderte später berichtete der Jesuit Padre *Don*

Antonio Julian aus Lima von der Wunderwirkung und beklagte in seinem Werk «Perla de America», dass die Coca nicht statt des Kaffees oder Tees nach Europa eingeführt wird.

«Es ist traurig», sagt er, «daran zu denken, dass sich der Arme in Europa dieses Mittel gegen Hunger und Durst nicht verschaffen kann, und dass unsere Arbeiter bei ihren langdauernden Anstrengungen der Erquickung durch diese stärkende Pflanze entbehren müssen».

Zusammen mit dem Arzt *Don Pedro Rolasco Crespo* wurde 1793 in den «Memoria sobre la coca» der Coca-Gebrauch den Seeleuten der europäischen Marine empfohlen. Noch der schwedische Ethnograph *Erland Nordenskiöld* berichtete, dass ein Indio ein 15 bis 30 kg schweres Gepäck 17 Stunden lang im Dauerlauf an der Seite seines trabenden Esels durch das Bergland schleppte. Legenden rankten sich um die Wunderwirkungen.

Alexander von Humboldt, 1806

Aimé Bonpland

Die Globetrotter des 19. Jahrhunderts

Die Kunde von den Wunderwirkungen der Cocablätter fiel in die Zeit europäischer Entdeckerfreuden. Ausgelöst hatte diese der bekannte Naturforscher *Alexander von Humboldt,* der mit dem französischen Botaniker *Aimé Bonpland* fünf Jahre, 1799 bis 1804, Venezuela, das Orinokogebiet, Kolumbien, Ecuador und Peru bereiste.

1802 rühmte *von Humboldt* die «ungeheure Ausdauer, die seine einheimischen Führer aus dem Genusse der Coca schöpften». Südamerika wurde zum Geheimtip der Globetrotter des 19. Jahrhunderts.

Selbst vom Unabhängigkeitskampf der Andenstaaten gegen Spanien (1810 bis 1825) liessen sich Abenteurer, Forscher, Entdecker, Diplomaten und Künstler, ob blaublütig oder aus armen Verhältnissen kommend, nicht abhalten, das südliche Amerika zu bereisen, obwohl ihnen oft in dieser Zeit die spanisch sprechenden Länder verschlossen blieben.

Forscherdrang lässt sich nicht aufhalten. Über einhundert Jahre wurde nun Südamerika bereist und über einhundert Jahre erschienen ungezählte Reiseberichte.

1799	*Alexander von Humboldt* (1769 bis 1859) bricht gemeinsam mit dem französischen Botaniker *Aimé Bonpland* zu seiner 1804 beendeten Südamerikareise auf, die ihn vor allem nach Venezuela, dem Orinokogebiet, Kolumbien, Ecuador und Peru führt.	1805	In Paris beginnt, zum Teil von *Bonpland* bearbeitet, *Humboldts* grosses Reisewerk «Voyage aux régions équinoxiales du nouveau continent» zu erscheinen. Pittoreske Ansichten der Cordilleren und Monumente americanischer Völker. Tübingen 1810.
1811–14	Der Mineraloge *W. L. von Eschwege* (1777–1855), Berghauptmann, später Generaldirektor aller brasilianischen Goldbergwerke und Vorstand des Mineralienkabinetts in Rio de Janeiro, bereist verschiedene Provinzen Brasiliens.		*Wilhelm Ludwig von Eschwege* Journal von Brasilien, oder vermischte Nachrichten aus Brasilien, auf wissenschaftlichen Reisen gesammelt. 2 Bde., Weimar 1818.
1815–17	*Prinz Maximilian zu Wied-Neuwied* (1782–1867) macht auf seiner brasilianischen Reise die Küste zwischen Bahia und Rio und ihr Hinterland bekannt.		*Maximilian zu Wied* Reise nach Brasilien. 2 Bde. und Atlas. Frankfurt/Main 1820.
1817–20	Der Zoologe *Baptist von Spix* (1781–1826), seit 1811 Konservator der zootomischen Sammlung in München, und der Botaniker *Philipp von Martius* (1794–1868), Professor an der Universität und später Direktor des Botanischen Gartens in München, bereisen als Leiter einer bayerisch-österreichischen Expedition Brasilien.		Nach *Spix'* frühem Tod gibt *Martius* die Beschreibung ihrer gemeinsamen Reise weiter heraus und legt den Grund zu dem Monumentalwerk «Flora brasiliensis» (40 Bände, 1906 vollendet). *Martius verfasste* u. a. noch eine Reihe weiterer reich illustrierter botanischer Fachpublikationen.
1817–21	Der österreichische Botaniker *J. E. Pohl* (1782–1834) hält sich, von seinem Kaiserhaus entsandt, zu Studienzwecken mehrere Jahre in Brasilien auf.		*Johann Emanuel Pohl* Reise im Innern von Brasilien. 2 Bde., Wien 1832–37.

1821–22	*Johann Moritz Rugendas* (1802 bis 1858), Maler und Zeichner aus Augsburg, begleitet Graf Langsdorff auf dessen Reise nach Brasilien und reist später allein im Land weiter; in den Jahren 1831–1846 lernt er den ganzen Subkontinent kennen. Von seinen Reisen bringt er Tausende von Arbeiten mit nach Europa zurück.

Johann Moritz Rugenda
Malerische Reise in Brasilien. Paris und Mülhausen 1835.

1827–32	Der Naturforscher *Eduard Pöppig* (1798–1868) bereist, nachdem er vorher Kuba und Nordamerika besucht hat, Chile, Peru und Teile des Amazonasgebietes; lebt zwei Jahre in Indianerdörfern. Nach seiner Rückkehr Professor der Zoologie an der Universität Leipzig.

Eduard Pöppig
Reise in Chile, Peru und auf dem Amazonenstrome, während der Jahre 1827–1832. 2 Bde. und Atlas. Leipzig 1835/36. Neudruck Stuttgart 1960.

1838–42	*Johann Jakob von Tschudi* (1818 bis 1889), schweizerischer Naturforscher und Diplomat, Verfasser zahlreicher Werke zur Geschichte und Kulturgeschichte Südamerikas, bereist Peru; gibt 1851 zusammen mit *Mariano de Rivero* «Antiguedades peruanas» heraus.

Johann Jakob von Tschudi
Peru. Reiseskizzen aus den Jahren 1838–1842. 2 Bde., St. Gallen 1846.

1857–59	*von Tschudi* bereist Brasilien, die La-Plata-Staaten, Chile, Bolivien und nochmals Peru; 1859 bis 1861 Gesandter in Brasilien.

1842	*Prinz Adalbert von Preussen* (1811–1873), Marineoffizier und später Admiral, befährt den Xingú-Fluss von der Mündung aus bis zu den Stromschnellen unter 4° südlicher Breite.

Adalbert von Preussen
Aus meinem Tagebuch, 1842 bis 1843. Berlin 1847.

1850–52	Erste südamerikanische Forschungsreise des Zoologen *Hermann Burmeister* (1807–1892), Mitglied der Frankfurter Nationalversammlung von 1848, nach Rio de Janeiro und Minas Gerais.	*Hermann Burmeister* Reise durch die La-Plata-Staaten. 2 Bde., Halle 1861.
1858–59	Der seit 1837 in Rio de Janeiro ansässige Arzt *Robert Avé-Lallemant* (1812–1884) macht Reisen durch Nord- und Südbrasilien; später Arzt in Lübeck.	*Robert Avé-Lallemant* Reise durch Südbrasilien im Jahre 1858. 2 Bde., Leipzig 1859.
1868–76	Die Vulkanologen *Wilhelm Reiss* (1838–1908) und *A. Stübel* (1835–1904) unternehmen Forschungsreisen durch die andinen Gebiete von Kolumbien, Ecuador und Peru. *Reiss* besteigt dabei als erster Europäer den Cotopaxi. *Stübel* setzt später seine Forschungen in Chile und Bolivien allein fort; Zusammenarbeit mit dem Archäologen *Max Uhle* (1856–1944).	*Wilhelm Reiss* Reisebriefe aus Südamerika 1868–1876. Hrsg. von K. H. Dietzel. München und Leipzig 1921.
1880	Beginn des Peru-Aufenthalts von *E. W. Middendorf,* der die Eindrücke und Erfahrungen seines 25jährigen Aufenthalts im Lande in einer umfangreichen Landeskunde niederschreibt.	*E. W. Middendorf* Peru. Beobachtungen und Studien über das Land und seine Bewohner während eines 25jährigen Aufenthalts. 2 Bde., Berlin 1893/94.
1882–83	Der Geograph *Alfred Hettner* (1859–1941), später Professor an den Universitäten Leipzig, Tübingen und Heidelberg, als Hauslehrer in Bogotà; anschliessend Reise durch grosse Teile Kolumbiens.	*Alfred Hettner* Reisen in den columbianischen Anden. Leipzig 1888.
1886	*Wilhelm Sievers* (1860–1921), Professor der Geographie an der Universität Giessen, bereist nach vorangegangenem Vene-	*Wilhelm Sievers* Reise in der Sierra Nevada de Santa Marta. Leipzig 1887.

zuela-Aufenthalt Kolumbien; weitere Reisen führen ihn später erneut nach Venezuela sowie nach Peru und Ecuador.

1900–08	Der Zoologe *Otto Bürger* (1865–1945), 8 Jahre Konservator am Museum und Professor an der Universität von Santiago, bereist im Auftrag der chilenischen Regierung das Land; später auch in Venezuela, Kolumbien, Peru und Argentinien.	*Otto Bürger* Acht Lehr- und Wanderjahre in Chile, Leipzig 1909.
1903	Der Geograph und Reiseschriftsteller *Georg Wegener* (1863 bis 1938) besucht die Antillen, Kolumbien und Mittelamerika.	*Georg Wegener* Reisen im Westindischen Mittelmeer. Fahrten und Studien in den Antillen, Colombia, Panama und Costarica im Jahre 1903. Berlin 1904.
1907–08 und 1910–12	Der Botaniker *Theodor Herzog* (1880–1961) bereist Südamerika; besteigt erstmalig mehrere Fünftausender der Quimzacruz-Kordillere in Bolivien.	*Theodor Herzog* Vom Urwald zu den Gletschern der Kordillere. Zwei Forschungsreisen in Bolivia. Stuttgart 1913.

So schreibt Dr. *F. J. F. Meyen* 1835 in seiner «Reise um die Erde» von Indios, Coca und der Arbeit in den Minen:

«Es war lange nach Mitternacht, als wir diesen Ort passierten und die Temperatur der Luft war so niedrig, dass wir nicht länger zu Pferde bleiben konnten, doch mussten wir die Reise fortsetzen, denn es wäre gefährlich gewesen, in dieser Kälte hier zu schlafen, da alles Holz mangelte, um irgendein Feuer anzumachen. Unser Führer merkte sehr bald unseren Unmuth, und um uns zu trösten, bot er uns die Cocablätter zum Kauen an, welche er in einem Beutel bei sich trug. Schon auf der Bolivianischen Grenze, besonders aber am See von Titikaka, wie auch in der ganzen Provinz Arequipa, ist der Gebrauch dieser Pflanze allgemein.

Die Blätter dieser geschätzten Pflanze sind dem Peruaner, was dem Türken das Opium, was dem Bewohner von Ostindien der Betel und was anderen Nationen der Tabak ist. Sie tragen dieselben stets in kleinen Taschen bei sich, welche um die Schulter gehängt sind und aus Wollenzeugen, oder aus Häuten kleiner Säugethiere gemacht werden. Die Cocablätter sind beinahe von der Form unserer Kirschblätter, sie haben einen etwas zusammenziehenden, angenehm bitterlichen Geschmack, und einen feinen, ätherischen Geruch. Der Indianer kaut diese Blätter, wenn er es vermag, beinahe den ganzen Tag hindurch. Ihre Wirkung ist im Allgemeinen aufregend, später aber, wie es uns schien, etwas betäubend, nämlich dem Opium ähnlich. Sie gibt dem arbeitenden Indier eine fröhliche Stimmung und schützt vor Ermüdung; auf beschwerlichen Reisen erleichtert sie tagelang den Hunger und erwärmt gegen die nächtliche Kälte. Da der Gebrauch der Coca so allgemein ist, so werden ungeheure Massen dieses Artikels consumirt. *La Paz* treibt den Haupthandel mit demselben; in Ballen von 20 bis 30 spanischen Pfunden wird er verführt, welche man zu La Paz mit 7 Piastern (2 Gulden 30 Kreuzer) bezahlt. Auf den Märkten zu Chuquito, zu Puno, Arequipa und Islay sahen wir grosse Massen davon liegen; mit Wagschale und Gewicht sitzen die Weiber davor, und verkaufen diese kostbare Pflanze. *Ulloa* (1772) sagt schon, dass der Werth, den die Indier darauf setzen, ganz ausserordentlich und ausschweifend ist, und sie würden nicht gerne arbeiten, wenn ihnen die Coca fehlte.

Ehe sie zu arbeiten anfangen, setzt *Ulloa* hinzu, setzen sie sich erst nieder, um dieses Kraut zuzubereiten, welches sie *Aculli-car* nennen. Sie nehmen einen guten Theil davon, neben einem Stückchen *Tonra* (eine Art von Erde) in den Mund, um es zusammenzukauen und in die Form einer kleinen Kugel zu bringen; wenn sie dieses alles wohl getrocknet haben, thun sie diese Kugeln in einen Beutel oder in einen kleinen Sack, worin sie die Coca aufbewahren, und nehmen hierauf eine andere Portion, welche sie eben so wie die erste zubereiten, damit fahren sie dann fort, bis sie 5 oder 6 solche Kügelchen haben, denn so viel brauchen sie gewöhnlich wäh-

Bolivian Coca, Konservatorium Mariani

rend einer Arbeitszeit, die 2 oder 3 Stunden dauert. Sobald nun die Kugeln verbraucht sind, fangen sie wieder an, ihr voriges Aculli-car vorzunehmen, um hernach wiederum weiter zu arbeiten. Jedes Kügelchen behalten sie so lange im Munde, als sie den herben und starken Geschmack davon empfinden, wenn dieser aufgehört, werfen sie es weg und nehmen ein anderes.

In den Bergwerken der Provinz Puno bekommen, wie Herr *Rivero* berichtet, die Mineros unter dem ihnen in Naturalien zu liefernden Lohn auch die Coca.

Dass das Vaterland der Cocapflanze in der östlichen Cordilleren-Kette von Peru, besonders auf ihrem östlichen Abhange, ist, ist bekannt, aber auch nur wenig mehr. Dagegen hat uns Herr *v. Martius* über diesen Gegenstand sehr interessante Nachrichten mitgetheilt, er fand die Pflanze in den Ebenen des Amazonen-Stromes, wo sie, z. B. bei Ego, in grossen Plantagen von den Indi-

ern gebaut wird. Die Pflanzenstämmchen waren 3 Fuss hoch und reihenweise 3 Fuss von einander gepflanzt. Daselbst werden die Blätter der Pflanze im Ofen getrocknet, darauf in Mörsern gepulvert, mit der Asche aus den Blättern der Cecropia palmata vermischt und in Grasschaften aufbewahrt. Auch hier gebrauchen es die Indianer gegen Ermüdung und nennen es Ypadu. Hr. *v. Martius* vermuthet zugleich sehr richtig, dass diese Pflanze daselbst eingeführt ist, indem diese Völker den Tabak haben, der bei ihnen zum Rauchen sowohl als zum Kauen viel häufiger im Gebrauch ist.»

Sein Landsmann, der Tierforscher *Eduard Pöppig,* wurde in Sachen Coca schon wesentlich deutlicher. Er war ein weit- und vielgereister Mann. Er hatte schon Cuba und Nordamerika gesehen, als ihn 1827 sein Weg nach Südamerika führte, für fünf lange Jahre.

Zwei Jahre lebte er allein in Indiodörfern. Der Professor für Zoologie an der Universität Leipzig starb 1861 im Alter von 70 Jahren. Sein Wirken und vor allem seine zweibändige «Reise in Chile, Peru und auf dem Amazonenstrome während der Jahre 1827–1832» überlebten ihn um viele Jahre.

Der deutsche Professor hielt nicht viel von Coca. Jahrzehnte später bescheinigte ihm der österreichische Arzt *Sigmund Freud*, dass von *Pöppig* «viel üble Nachrede über die Coca herrührt».

1835/36 war *Pöppigs* Reisebericht in Leipzig erschienen. Da heisst es:

«Die eingeernteten und mit vieler Sorgfalt getrockneten Blätter der Coca sind der Gegenstand eines lebhaften Handels, und ihr Gebrauch ist so alt, wie die erste Kunde der peruanischen Geschichte. Wohin die Inkas später auch vordrangen, da brachten sie den Besiegten die Wohlthat der Coca zu.

Indessen ist der Anblick eines im Genusse Begriffenen weit entfernt, die Sage des *göttli-*

chen Ursprungs dieser Sitte zu rechtfertigen, und die Beobachtungen ihrer Wirkung stellt sie mit manchen Ähnlichkeiten auf eine gleiche Stufe, die nur die Erfindung roher Menschen sein konnten, und nur mit der Fortdauer dieser Rohheit verträglich sind.»

Ungesellig liegt ein Indianer im Schatten ausgestreckt und nimmt abwechselnd einige Blätter oder feingepulverten Kalk als

Würze in den Mund. Lautlos, vielleicht unwillig über den durch Anrede Störenden, treibt jener den Genuss wohl eine halbe Stunde, indem er den Speichel verschlingt, und die ausgekauten Blätter von Zeit zu Zeit durch neue ersetzt. Die grösste Eile des Reisenden, seine laute Ungeduld und selbst ein herbeiziehendes Unwetter vermögen alsdann nicht, den Indier aus seinem unerträglichen Phlegma aufzuscheuchen. Der Diener würde den Weissen verlassen, der ihn in dieser Art zu beschränken unternähme, und eher darf man erwarten, dass der Indier Entziehung von Nahrungsmitteln erträgt, als das Verbot, die freigewordenen Augenblicke zum Gebrauche der Coca zu missbrauchen. Hat sich solche Gelegenheit endlich nach verhindernden Beschäftigungen einmal ergeben, so zügelt jenen Nichts, da seine Sehnsucht nach dem Genusse von ihm selbst mit dem Heisshunger verglichen

Coca zum Verschiffen verpackt

wird. Nur in ruhiger Abgeschiedenheit ist das Vergnügen rein; durch Reiten und Gehen verliert es, und will der Reisende seine Begleiter im Kahne oder auf dem Maulthiere bei Laune erhalten, so muss er wohl viermal am Tage solche zeitraubende Pausen vergönnen, da selbst der Landbesitzer ein ähnliches Opfer bringt.

Die «Rache der Coca an der Gesundheit» findet für den Gelehrten ihren Höhepunkt im «Siechtum der Coqueros», die sich in die einsame Dunkelheit oder in die Wildnis zurückziehen.

Ein Blick auf einen Coquero gibt die gewünschte Erklärung. Für alle ernsteren Lebenszwecke unbrauchbar, ist derselbe der Sclave seiner Leidenschaft, mehr noch als der Trinker, und setzt sich des Genusses wegen noch grösseren Gefahren aus als dieser. Da die Zauberkraft des Krautes nur dann in vollem Masse empfunden werden kann, wenn die gewöhnlichen Anforderungen des täglichen Lebens oder die Zerstreuung des Umganges, die Geisteskräfte zu beschäftigen aufhören, so zieht der ächte Coquero sich in das einsame Dunkel oder in die Wildnis zurück, so wie die Sehnsucht nach dem Rausche unwiderstehlich wird.

Sinkt auch die im düstern Urwalde doppelt unheimliche Nacht herab, so bleibt jener doch unter dem Baume, den er sich erwählt, ausgestreckt. Ohne ein schützendes Feuer neben sich zu sehen, hört er gleichgültig das nahe Schnauben der Unze, und achtet es nicht, wenn unter krachendem Donner die Wolken in Regenfluthen sich ergiessen, oder der gleichzeitig furchtbar sausende Sturm die alten Bäume entwurzelt. Nach zwei oder drei Tagen kehrt er gewöhnlich zurück, bleich, zitternd, mit eingefallenen Augen, das Bild eines unnatürlichen Genusses.

Wer den Coquero in solcher Lage zufällig antreffend, durch Anrede, trotz des scheuen Verbergens, stört, unterbricht den

159

Gang der Wirkungen, und erlangt gar leicht den Hass der Halbbegeisterten. Wer einmal von dieser Leidenschaft ergriffen wurde, und in Verhältnisse geräth, die ihre Ausbildung begünstigen, ist verloren. Man hört in Peru wahrhaft traurige Geschichten von jungen Menschen der besten Familien, die bei einem zufällen Besuche der Wälder die Coca aus Langeweile zu gebrauchen anfingen, ihr bald Geschmack abgewannen, und von diesem Zeitpunkte an für das civilisirte Leben verloren, wie von einem bösartigen Zauber ergriffen, sich weigerten, nach den Städten zurückzukehren. Man erzählt, wie endlich die Angehörigen den Flüchtling in einem abgelegenen Indianerdorfe entdeckten, und ihn trotz seiner Thränen nach der gesitteten Heimath entführten. Allein stets war solchen Unglücklichen das Leben in der Wildnis eben so lieb, als die mehr geordneten Verhältnisse in Städten verhasst geworden, indem die Meinung den weissen Coquero so verdammt, wie unter uns den zügellosen Trinker. Daher entweichen sie von Neuem bei erster Gelegenheit, um, entadelt der weissen Farbe, des Stempels natürlich höherer Stellung unwürdig und zu Halbwilden hinabgesunken, durch den ausschweifenden Genuss des aufregenden Blattes frühzeitig dem Tode zu verfallen.

Der Gebrauch der Coca rächt sich stets an der Gesundheit und selbst das Volk hat den erst spät klar werdenden moralischen Nachtheil bemerkt, und traut dem Coquero wenig Gutes zu. Lange Zeit mag der Missbrauch ungestraft getrieben werden, und wenn die Gelegenheit zur Hingebung nicht allwöchentlich vorkommt, mag ein Coquero mit verhältnismässig wenig Beschwerden ein Alter von 50 Jahren erreichen; je häufiger die Orgie aber gefeiert wird, je wärmer und feuchter, je erschlaffender also das Klima ist, um so zeitiger wird auch die verderbliche Wirkung sichtbar werden. Deshalb sind auch mehr die Indier den trockenen, kalten Andengegenden der Coca ergeben, als die Bewohner der heissen Wälder, wo freilich andere Reizmittel im Gebrauche sind.

Nun, nicht alle Reisenden teilten die Meinung des deutschen Zoologen.

1838 brach ein zwanzigjähriger junger Schweizer nach Südamerika auf. Vier Jahre blieb *Johann Jakob von Tschudi* zum Studium von Land und Leuten. Er ist von diesem Kontinent begeistert. Zu Hause schreibt er seine Eindrücke nieder und veröffentlicht sie 1846 in St. Gallen: «Peru, Reiseskizzen aus den Jahren 1838–1842».

Als Forscher und neugieriger Mensch hatte sich *von Tschudi* nicht nur auf die Beobachtung des Cocaessens beschränkt, er versuchte die Blätter selbst.

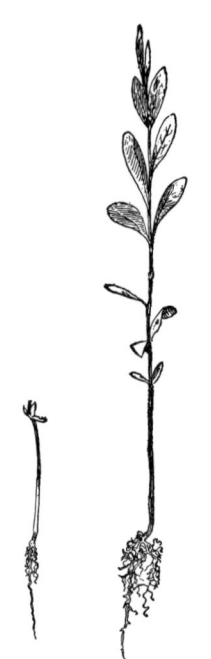

Junge Coca-Pflanzen, Konservatorium Mariani

«Als ich mich im Puna an 14 000 Fuss hoch über der Meeresfläche befand, trank ich jederzeit, bevor ich auf die Jagd ging, einen starkan Absud von Cocablättern. Ich konnte den ganzen Tag auf den Anhöhen herumklettern und das leichtfüssige Wild verfolgen, ohne grössere Athmungsbeschwerde zu haben, als ich bei gleich schnellen Bewegungen an der Küste gefühlt haben würde. Ja auch von den Zufällen von Gehirnaufregungen, welche andere

Reisende befallen, hatte ich Nichts zu leiden. Vielleicht kam dies daher, dass ich immer das Decoct auf dem kalten Puna trank, wo das Nervensystem weit weniger empfindlich ist, als in dem tieferen Waldklima. Indess hatte ich jederzeit nach genommenem Cocatranke ein Gefühl von voller Sättigung, und ich verspürte kein Verlangen nach einem weiteren Mahl, bis meine gewöhnliche Essenszeit lange vorüber war.»

Mit aller Kraft zog es *von Tschudi* nach Südamerika zurück. Ende der 50er Jahre war es soweit – Brasilien, die La-Plata-Staaten, Chile, Bolivien und wieder Peru. Einen so erfahrenen und sachkundigen Bürger konnte die Schweizer Diplomatie gut gebrauchen. So fand sich *von Tschudi* schon 1859 als Gesandter in Brasilien wieder, wo er für zwei Jahre als Diplomat sein Land vertrat. Dieser Kontinent hatte es ihm angetan. Zum Dank dafür schrieb er viele Werke zur Geschichte und Kulturgeschichte Südamerikas.

In die Fussstapfen der Schweizer Neugier stieg auch der Chilereisende Dr. *Ernst Freiherr von Bibra,* der bereits in Europa Selbstversuche mit Opium angestellt hatte und die Wirkungen des Schwefeläthers und des Chloroforms an sich ausprobierte. Seine Drogenerfahrungen bereicherte er um die Wirkung des Cocablattes:

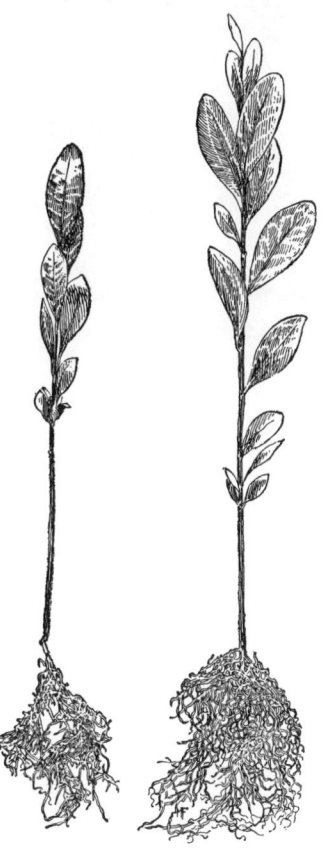

Ich selbst endlich, obgleich ich nicht in den eigentlichen Cocadistrikten der Anden war, da man in Chili die Coca nicht gebraucht, habe sie dennoch von Bergleuten in den Kupferwerken der Algodenbai anwenden sehen, sowie von einem alten Indianer in Chili, und habe dort sowohl als auch in neuerer Zeit an mir selbst die Wirkung des Krautes zu erproben gesucht.

Aber durch das Kauen einer Coca wurde auch nicht der mindeste Eindruck auf mich hervorgebracht, der irgendwie auf eine Nervenaufregung gedeutet hätte. Was indessen die hungerstillende Eigenschaft des Cocagenusses betrifft, so fand ich dieselbe theilweise begründet. Ich hielt, obgleich nüchtern, ganz gut bis fast zum Abend aus, und hatte durchaus nicht das Bedürfnis nach Speise, auch dann noch nicht, als ich nach Hause gekommen war und mich zu Tische setzte. Dann aber, nachdem ich angefangen hatte zu essen, ass ich wie gewöhnlich. Ich glaube, dass ich auch draussen zu jeder Zeit hätte essen können, hätte sich mir Speise geboten, aber das Gefühl des Hungers war durch die Coca ohne Zweifel maskirt.

Nun, die eigentliche Einführung der Coca in den europäischen Arzneischatz hatte zwar noch nicht stattgefunden, aber das Interesse der Mediziner war geweckt, zumal die Amerikareisenden eine «Pro- und Contra-Coca-Diskussion» ausgelöst hatten.

Coca sollte nicht nur gut gegen Hunger, Kälte und Müdigkeit sein. Viele Reisende berichteten davon, dass Indios Coca-Tee gegen Verdauungsbeschwerden und Hautausschläge tranken und pulverisierte Cocablätter auf schwer heilende Wunden legten.

Auch der italienische Neurologe Dr. *Paolo Mantegazza* hatte eine ganze Reihe von Jahren in den Cocaländern Südamerikas gelebt. Begeistert von der therapeutischen Verwendung der Coca schlägt er deren Gebrauch auch für die Kranken Europas vor. Seine 1859 erschienenen «Mitteilungen über die physiologische und therapeutische Wirkung der Cocablätter», die viel Aufmerksamkeit im Kollegenkreis brachte, löste wohl die wissenschaftliche Erforschung der Coca aus.

Es sollte sich nur noch um Monate handeln, bis der Hauptwirkstoff aus dem Cocablatt isoliert wurde, aber – was wusste man eigentlich bis dahin von der Chemie der Coca?

Paolo Mantegazza

Chemie der Coca vor der Kokain-Isolierung 1860

Die Cocaforscher Mitte des 19. Jahrhunderts bedauerten einmütig, dass «hinsichtlich der Chemie des Cocablattes die Kenntnisse noch sehr lückenhaft sind».

In seiner «Chemistry of common life» beschreibt der Engländer *Johnston* 1855 den Stand der Cocaforschung.

Drei «Bestandtheile» des Cocablattes waren ihm bekannt:

Ein wohlriechender harzartiger Stoff, ein Bitterstoff und eine Art Gerbsäure.

In der deutschen Übersetzung seines zweibändigen Werkes von *Th. O. G. Wolff* werden diese beschrieben:

162

a. *Das wohlriechende Harz.* – Die Cocablätter, welche nach Europa gebracht wurden, hatten einen glatten harz- oder wachsartigen Überzug, der sich nur wenig in Wasser, aber leicht in Äther auflöst. Wenn man sie, um diesen Stoff auszuziehen, mit Äther erwärmt, so erhält man eine schön dunkelgrüne Lösung, welche beim Abdampfen an offener Luft ein bräunliches Harz hinterlässt, das einen sehr starken eigenthümlichen und durchdringenden Geruch hat. Lange der Luft ausgesetzt vermindert sich dieses Harz und verliert es zugleich mehr und mehr seinen Geruch, indem nur eine fast ganz geruchlose schmelzbare Masse zurückbleibt. Äther zieht also mindestens zwei Stoffe aus dem Blatte aus, von denen der eine sehr flüchtig und atark riechend ist. Wahrscheinlich rühren die narkotischen Eigenschaften des Cocablatts von diesem Stoffe her; dafür spricht sowohl die Thatsache, dass die Blätter allmälig mit ihrem Geruch ihre Kraft einbüssen, so dass sie nach zwölf Monaten in der Regel für werthlos gelten, als auch die Behauptung der Bewohner der eigentlichen Cocagegenden, dass man nur bei ihnen die wahre und volle Kraft des Blatts kennen lernen könne. Man packt die Blätter häufig in feste Ballen, die man mit frischen Häuten überzieht; diese ziehen sich beim Trocknen zusammen, so dass der Inhalt stark zusammengepresst wird. Trotz dieser dichten Verpackung, welche der des Hopfens ähnlich ist, entweichen wie bei diesem die flüchtigen Bestandtheile mehr und mehr, und die Coca verliert so durch Transport und Aufbewahrung allmälig ihren Werth. Der flüchtige Harzstoff, welchen der Äther auszieht, ist also wahrscheinlich einer der wichtigsten Bestandtheile des Cocablatts.

b. *Der Bitterstoff.* – Wir haben in einem früheren Kapitel

Peruvian Coca, Konservatorium Mariani

(Bd. I. Seite 218.) gesehen, dass der Thee und der Kaffee ausser ihren flüchtigen Bestandtheilen, denen sie ihr Aroma verdanken, einen weissen, bitteren, krystallisirbaren Stoff, das Kaffein oder Thein, enthalten, und dass die merkwürdigen Eigenschaften dieser Getränke grossentheils diesem Stoffe zuzuschreiben sind. Auch die Coca enthält einen bitteren Stoff, welcher von Alkohol aus den Blättern ausgezogen werden kann (Fremy), der aber nicht krystallisirt und bis jetzt noch nicht in reinem Zustande dargestellt und genau untersucht worden ist. Es ist kaum zu bezweifeln, dass die Wirkung des Cocablatts zum Theil von der Anwesenheit dieses Bitterstoffs abhängt; worin aber seine genaue Wirkung auf den Körper besteht, ist bis jetzt noch durch keine physiologischen Versuche festgestellt.

c. Ausser diesen beiden Substanzen enthält das Cocablatt auch eine *Gerbsäure*, welche wie die des Thees, Eisenoxydsalze schwarz färbt (Wakkenroder).

Das Verhältnis, in welchem diese verschiedenen bekannten Bestandtheile in dem Blatte vorkommen, ist ebenfalls noch nicht ermittelt.

Drogenkenner *Freiherr von Bibra* hatte seine Erfahrungen in dem Standardwerk «Die narkotischen Genussmittel und der Mensch» zusammengefasst, die 1855 in Nürnberg erschienen. Recht detailliert beschrieb er hier schon die Zusammensetzung der Pflanzenasche, die für die Indios für den Cocagenuss unentbehrlich war:

Die *chemische Beschaffenheit* der Cocablätter ist leider noch wenig gekannt. Trotz des häufigen Verbrauches in den oben genannten Ländern, ist das Cocablattkauen bei uns kaum gekannt, und eine grössere Menge desselben in Europa gewissermassen eine Seltenheit. Hierzu kommt noch, dass, wie bereits erwähnt, schon nach einem Jahre die Coca ihre eigenthümlichen Wirkungen verloren hat. Es ist also bloss Vermuthung, wenn wir ein ähnliches, flüchtiges Öl, wie im Kaffee und Thee, in demselben annehmen, welches auf den Organismus jene eigenthümliche Wirkung ausübt. Durch die Analyse wurde ein solches nicht nachgewiesen.

Die Behandlung der mit Weingeist ausgezogenen Blätter mit kochendem Wasser ergab den gewöhnlichen Extractivstoff.

Dies ist die einzige Untersuchung des Cocablattes, welche mir bekannt ist, und ich glaube auch nicht, dass eine andere vorhanden.

Die *Tonra*, oder die Aschenmasse, welche zusammen mit dem Blatte getheilt wird, habe ich früher einmal untersucht. Offenbar ist diese Substanz

eine Pflanzenasche, was indessen nicht ausschliesst, dass ihr noch andere derartige Bestandtheile nebenher können zugesetzt worden sein.

Die *Tonra*, welche ich jenesmal von *Martius* erhalten hatte, enthielt:

Kohlensauren Kalk . .	2,00
Kohlensaure Magnesia.	0,94
Thonerde, Eisen . . .	0,31
In Säure unlösliche Verbindung von Kieselerde, Thonerde und Eisen	1,70
Kohle	0,54
Wasser	1,09
Salzsaures, phosphorsaures, schwefelsaures, kohlensaures Alkali	3,42
durch Äther ausziehbare Substanz	Spur.
	10,00

Das Alkali bestand zum grössten Theile aus Kali. Die in Säuren unlösliche Verbindung bestand aus etwa einem Procent Thonerde und Eisen mit beigemischtem Sand. Die Kohle ist in kleinen Stückchen mechanisch eingemengt.

Von Coca zu Kokain – die Alkaloidforscher

Die Reisen der Naturforscher wurden in der ersten Hälfte des 19. Jahrhunderts von den daheimgebliebenen Gelehrten mit ungebremstem Entdeckerdrang begleitet. Bis 1840 waren fast alle medizinisch wichtigen Alkaloide chemisch isoliert worden: 1817 das Strychnin, 1820 das Coffein, 1828 das Nicotin und 1833 das Atropin. Die Isolation der Wirkstoffe des Cocablattes war nur noch eine Frage der Zeit.

Die Pro- und Contra-Diskussion um die Wirkungen der Coca spitzte sich 1859 durch die Coca-Mitteilungen *Mantegazzas* zu.

Im selben Jahr schon brachte Dr. *Scherzer* von der Expedition der österreichischen Fregatte «Novara» einen Ballen Cocablätter mit nach Wien. Einen Teil davon schickte er nach Deutschland zu Prof. *Wöhler*. An die chemische Arbeit machte sich schliesslich der begabte Schüler *Wöhlers*, der junge *Albert Niemann*. 1859/60 isolierte er aus den Blättern ein Alkaloid, dem er den Namen «Kokain» gab.

Einige Historiker schreiben *Gaedecke* diese chemische Grosstat zu, die er zwischen 1844 und 1855 begangen haben soll. Wie dem auch sei, die Geburtsstunde des «Kokain» fand im Jahre 1860 statt. In seiner Schrift «Über Coca» fasste *Sigmund Freud* 1884 die Ergebnisse *Niemanns* zusammen:

Das Cocain (Niemanns) kristallisiert in grossen farblosen, 4–6seitigen Prismen des klinorrhombischen Systems. Es schmeckt bitterlich, ruft an Schleimhäuten Anästhesie hervor. Es schmilzt bei 98°, ist schwer löslich in Wasser, leicht löslich in Alkohol und Äther und verdünnten Säuren. Es gibt Doppelsalze mit Platinchlorid und Goldchlorid. Beim Erhitzen mit Salzsäure zerfällt es in Benzoesäure, Methylalkohol und eine wenig studierte Base, das Ecgonin. *Lossen* stellte für das Cocain die Formel auf: $C_{17}H_{24}NO_4$. Das salzsaure und das essigsaure Salz eignen sich wegen ihrer leichten Löslichkeit in Wasser besonders gut zur physiologischen und therapeutischen Anwendung.

1860 ist auch das Geburtsjahr der wissenschaftlichen Kokainforschung. Die chemische Struktur des neuen Stoffes sollte 38 Jahre später durch den späteren Nobelpreisträger *Willstaedter* geklärt werden. Die Synthese des Kokains gelang im Jahre 1902. Ab 1861 wurde in Europa, in Russland und in Nordamerika an Tieren und Menschen damit experimentiert. *Sigmund Freud* stellte in seiner bekannten Schrift über Coca einen fast vollständigen Literaturnachweis seiner Zeit zusammen. Da er die eigenen öffentlichen Bibliotheken für unzulänglich hielt, griff er für diese Zusammenstellung auf den Artikel «Erythroxylon coca» im Index catalogue of

Albert Niemann

Cocablatt-Inhaltsstoffe

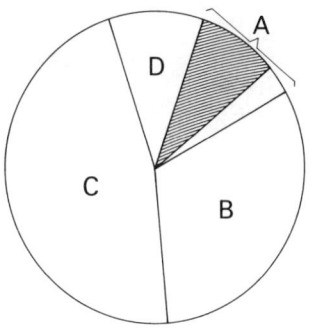

▨ Hauptalkaloid Kokain

A   Alkaloide

B   Tropin- oder
    Pseudotropinderivate
    Nicotin
    Cocagerbsäure
    Cocatin

C   Nebenalkaloide:
    Benzoylecgonin
    Cinnamylocain
    Truxilline
    Hygrin
    Kuskhygrin

D   ätherisches Öl
    Säuren
    Wachs

nach H. A. Hoppe: Taschenbuch der Drogenkunde, Berlin–New York 1981, S. 114

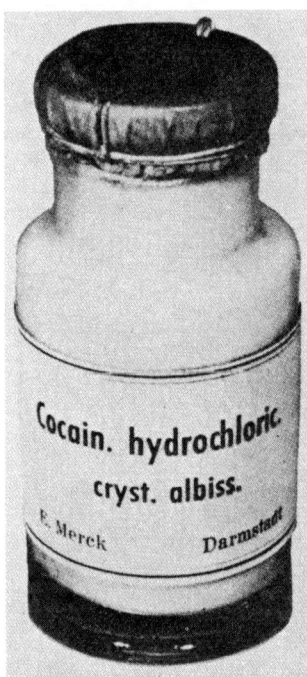

Kokain, Originalverpackung der Firma Merck, ca. 1880

Rezept Freud's, Kokain-Verschreibung, 1893

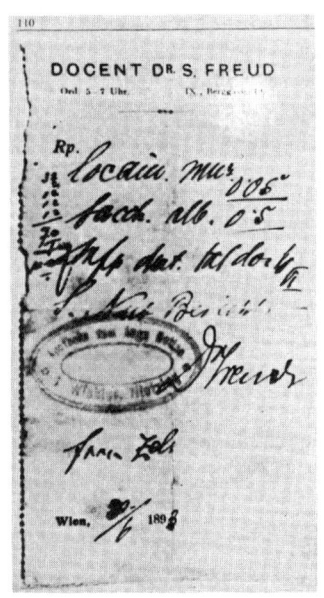

the Library of the Surgeon-General's Office, vol. IV., 1883, zurück: *Freud* in seiner Übersichtsarbeit:

In *Österreich* hat Schroff senior die ersten Tierversuche angestellt (1862); andere Mitteilungen über die Coca rühren von Frankl (1860), Fronmüller (1863) und Neudörfer (1870) her. In *Deutschland* sind zu verzeichnen die therapeutische Empfehlung von Clemens (1867), die Tierversuche von v. Anrep (1880) und die Versuche von Aschenbrandt an erschöpften Soldaten 1883.

In *England* stellte die ersten Tierversuche A. Bennett 1874 an; Aufsehen erregten 1876 die Mitteilungen des greisen Präsidenten der British Medical Association Sir Robert Christison, und als ein Korrespondent des British Medical Journal die Behauptung aufstellte, Mr. Weston, der durch seine Leistungen als Fussgänger die wissenschaftliche Welt Londons in Erstaunen setzte, kaue Cocablätter, war die Coca eine Zeitlang ein Gegenstand des allgemeinsten Interesses geworden. In demselben Jahre (1876) veröffentlichte Dowdeswell eine im physiologischen Laboratorium University College ausge-

führte, durchaus ergebnislose Experimentaluntersuchung, seit welcher die Coca in England keinen Untersucher gefunden zu haben scheint.

Aus der *französischen* Literatur sind zu erwähnen: Rossier (1861), Demarle (1862), Gosses Monographie über Erythroxylon Coca (1862), Reiss (1866), Lippmann, Etude sur la coca du Pérou (1868), Moréno y Maïz (1868), der eine neue Darstellung des Cocains angab, Gazeau (1870), Collin (1877) und Marvaud in dem Buche «Les aliments d'épargne» (1874), welches mir allein von den erwähnten Schriften zur Verfügung stand.

In *Russland* haben Nikolsky, Danini (1873), Tarchanoff (1872) insbesondere die Wirkung des Cocains auf Tiere studiert; aus *Nordamerika* kamen in den letzten Jahren zahlreiche Berichte über glückliche therapeutische Verwendung der Coca-Präparate, welche alle in der Detroit Therapeutic Gazette referiert worden sind.

Kokain contra Morphin

Im März 1881 bestand der junge Österreicher *Sigmund Freud* sein medizinisches Doktorexamen. Am Physiologischen Institut in Wien arbeitete er dann als wissenschaftliche Hilfskraft (Demonstrator). Die Aussichten auf eine Karriere am Institut waren trübe, da die beiden einzigen Assistentenstellen besetzt waren, eine von *Freuds* späterem Patienten, *von Fleischl*. Materiell konnte sich der junge Arzt nur verbessern. So verliess er 1882 das Institut, um am Allgemeinen Krankenhaus in Wien als Aspirant zu arbeiten, in der Hoffnung, sich schnell wissenschaftlich profilieren zu können, um so endlich die erstrebte Privatpraxis eröffnen zu können. Im Titel den Privatdozenten führen zu können, sah er als Chance, sich rasch selbständig machen zu können.

Sigmund Freud & Verlobte
Martha, 1885

In dieser Zeit lag die wissenschaftliche Beschäftigung mit dem Thema Coca und Kokain nahe. Und die erstrebte nationale und internationale Bekanntheit ergab sich dann auch sehr schnell, als er im *Centralblatt für die gesamte Therapie* seinen Aufsatz «Über Coca» 1884 veröffentlichte. Er trug bereits bekanntes, aber über Europa verstreutes Material der letzten 50 Jahre zusammen, gab aber in seiner Schrift der therapeutischen Anwendung der Coca breiten Raum: Coca als Stimulans, in Störungen der Magenverdauung, in Kachexien, in der Morphin- und Alkoholentwöhnung, gegen Asthma, als Aphrodisiakum und in der örtlichen Anwendung.

In der *Detroit Therapeutic Gazette* hatte 1878 der US-Forscher *W. H. Bentley* und 1880 *Palmer* in den *Louisville Medical News* über die Bekämpfung des Morphinismus durch Kokain berichtet. In Nordamerika wurde die «wichtige Wahrnehmung gemacht, dass die Cocapräparate die Kraft besitzen, den Morphinhunger bei gewohnheitsmässigen Morphinisten zu unterdrücken und die bei der Morphinentwöhnung auftretenden schweren Kollapserscheinungen auf ein geringes Mass zurückzuführen».

Über zwei Jahre bildete das Thema «Erythroxylon coca in the opium habit» eine stehende Rubrik in den Berichten der *Therapeutic Gazette*, danach nahmen die Nachrichten ab.

Freud in seiner Schrift zum Thema «Coca in der Morphin- und Alkoholentwöhnung»:

Es sind etwa 16 Mitteilungen, die von gelungenen Entziehungen berichten, und nur einmal tritt die Nachricht auf, dass Coca bei einem Morphinisten im Stich gelassen habe, woran sich die Anfrage des Arztes knüpft, was es für Bewandtnis mit den vielen warmen Empfehlungen der Coca bei Morphinismus habe. Die glücklichen Fälle sind von verschieden grosser Beweiskraft, in einigen handelt es sich um sehr grosse Dosen Opium oder Morphin und langjährige Gewöhnung. Von Rezidiven wird wenig berichtet, da die Fälle zumeist sehr bald nach der Heilung mitgeteilt wurden. Die Erscheinungen während der Abstinenz werden nicht immer ausführlich mitgeteilt; besonderen Wert haben jene Mitteilungen, denen die Bemerkung beigefügt ist, dass die Patienten nach einigen Wochen das Cocapräparat wegliessen, ohne die Wiederkehr des Morphinhungers zu verspüren. Dass die Morphinkachexie der blühendsten Gesundheit wich, so dass die Kranken kaum zu erkennen waren, wird mehrmals hervorgehoben. Die Art und Weise der Entziehung betreffend, ist anzugeben, dass in der Mehrzahl der Fälle die allmähliche Verringerung der habituellen Dosis bei steigender Cocadosis gewählt wurde, doch sind auch plötzliche Entziehungen vorgenommen worden. Für die letzteren gibt Palmer die Vorschrift, eine gewisse Dosis Coca so oft im Tage zu wiederholen, als das Morphingelüste wiederkehrt. Der tägliche Cocagebrauch verringert sich dabei allmählich, bis man das Antidot gänzlich entbehren kann. Die Zufälle während der Abstinenz waren von Anfang an gering oder milderten sich nach wenigen Tagen. Fast alle Entwöhnungen wurden von den Kranken selbst durchgeführt, während die Morphinentziehung ohne Hilfe der Coca, wie sie in Europa durchgeführt wird, die Überwachung des Kranken in einer Heilanstalt zur notwendigen Voraussetzung hat.

Die Unterdrückung des Alkoholgelüstes durch Coca erwies sich im allgemeinen schwieriger als die der Morphiumsucht; in einem Falle, teilt Bentley mit, wurde aus dem Potator ein Coquero. Zu welcher ungeheuren nationalökonomischen Bedeutung als «Sparmittel» in anderem Sinne die Coca gelangen würde, wenn deren Wirksamkeit zur Entwöhnung der Trinker sich bestätigte, braucht nur angedeutet zu werden.

Freud beschäftigte sich mit dem Thema «Narkotika», und mit dieser Beschäftigung erwuchs wohl der Gedanke, Kokain in einem Therapie-Projekt zu verwenden.

Am 21. April 1884 schrieb er seiner Braut *Martha Bernays* dazu:

«...Mit einem Projekt und mit einer Hoffnung trage ich mich jetzt auch, die ich Dir mitteilen will: vielleicht wird's ja auch nichts weiter. Es ist ein therapeutischer Versuch. Ich lese vom Cocain, dem wirksamen Bestandteil der Cocablätter, welche manche Indianerstämme kauen, um sich kräftig für Entbehrungen und Strapazen zu machen. Ein Deutscher hat nun dieses Mittel bei Soldaten versucht und wirklich angegeben, dass es wunderbar kräftig und leistungsfähig mache. Ich will mir nun dieses Mittel kommen lassen und auf Grund naheliegender Erwägungen es bei Herzkrankheiten, ferner bei nervösen Schwächezuständen, insbesondere bei dem elenden Zustande bei der Morphiumentziehung (wie bei Dr. Fleischl) versuchen. Vielleicht arbeiten schon viele andere damit, vielleicht taugt es nichts. Aber das Versuchen will ich nicht unterlassen und Du weisst, was man oft versucht und immer will, das gelingt dann einmal. Mehr als einen solchen glücklichen Wurf brauchen wir nicht, um an unsere Hauseinrichtung denken zu dürfen . . .»

Nun, Kokain war in der damaligen Zeit einfach zu bekommen. *Freud* bestellte es bei der deutschen Firma Merck in Darmstadt. Die Firmengründer *E. Merck & Co.* hatten sich schon frühzeitig auf die Drogenproduktion spezialisiert. Seit 1827 stellten sie schon kommerziell Morphium her, produzierten es auf breiter Basis.

Nachdem *Freud* das Merck-Kokain erhalten hatte, trat er sogleich in die Fussstapfen seines italienischen Arzt-Kollegen *Paolo Mantegazza,* der sehr von der Coca-Wirkung angetan war, im Kollegenkreis jedoch ob seiner Coca-Euphorie umstritten war. Wie *Mantegazza* testete *Freud* selber:

«Ich nahm das erstemal 0,05 Gramm Cocain murat, in 1%iger wässeriger Lösung, während einer leichten, durch Ermüdung hervorgerufenen Verstimmung.

Wenige Minuten nach der Einnahme stellt sich eine plötzliche Aufheiterung und ein Gefühl von Leichtigkeit her. Man fühlt dabei ein Pelzigsein an den Lippen und am Gaumen, dann ein Wärmegefühl an denselben Stellen, und wenn man jetzt kaltes Wasser trinkt, empfindet man es an den Lippen als warm, im Schlunde als kalt. Andere Male herrscht eine angenehme Kühle im Munde und Rachen vor.

Bei diesem ersten Versuch trat ein kurzes Stadium toxischer Wirkungen auf, die ich später vermisste. Die Atemzüge wurden verlangsamt und vertieft, ich fühlte mich matt und schläfrig, musste häufig gähnen und fand mich etwas eingenommen. Nach wenigen Minuten begann die eigentliche Cocaineuphorie, eingeleitet durch wiederholtes, kühlendes Aufstossen. An meinem Puls beobachtete ich unmittelbar nach der Cocaineinnahme eine geringe Verlangsamung, später eine mässige Zunahme der Völle.»

Ernst v. Fleischl-Marxow

Nach ausgesprochen positiven Erfahrungen, die *Freud* mit Kokain machte, lag es auf der Hand, dass er im Mai 1884 seinem morphiumsüchtigen Freund, dem Arzt *Ernst von Fleischl-Marxow* diese Droge verschrieb. *Fleischl* spritzte Morphium, wie viele Morphinisten seiner Zeit, subkutan. So alt war der Spritz-Morphinismus noch nicht. Erst um 1850 war die «subkutane Spritze» entwickelt worden, hatte dann aber schnell Eingang in die Süchtigenkreise gefunden. Kokain folgte rasch auf diesem Wege.

Freuds Hilfe war gut gemeint, doch *Fleischl* entwickelte sich in kürzester Zeit zu einem Morphio-Kokainisten. Bereits 1885 brauchte er ein Gramm Kokain täglich. Während *Freud* noch am «Entzugspharmakon» Kokain festhielt, verurteilte der deutsche Psychiater *Erlenmeyer* 1886 Kokain als «dritte Geissel der Menschheit», gleich nach Alkohol und Morphium.

Und sein Kollege, der international geschätzte *Louis Lewin*, erinnerte sich noch viel später, im Jahre 1927:

Mit einer solchen Kenntnis der Kokawirkungen begann um die Mitte der achtziger Jahre der arzneiliche Gebrauch des *Kokain*, des wesentlichsten Kokabestandteils. Die unglückselige Idee sprach ein morphinistischer Arzt damals aus, dass man den Morphinismus durch Kokain vertreiben könne. Ich erhob sofort dagegen Einspruch und sagte voraus, es würde dadurch erreicht werden, dass ein solcher Mensch dann beide Stoffe gebrauchen, dass er dann einer «gepaarten Leidenschaft» sich hingeben würde. So ist es gekommen. Und mehr noch!

Die «Kokain-Episode» *Freuds* dauerte über vier Jahre, bis 1887. Wievielen Kollegen, Ärzten und Wissenschaftlern er in dieser Zeit Kokain empfahl, auch zur Behandlung von Morphinisten, wird sich möglicherweise nicht mehr genau klären lassen. Im Laufe der Jahre änderte *Freud* jedoch seine Einstellung. 1891 verstarb *Fleischl*, der bis zum Tode Kokain spritzte. Drei Jahre später, 1894, gab *Freud* das Rauchen auf. Sein Freund und Kollege *Wilhelm Fliess*, der ihn schon zweimal operiert und ihm auch fortwährend Kokain verschrieben hatte, diagnostizierte beim «Vater der Psychoanalyse» eine Nikotinvergiftung.

Das Leiden der Urgrossväter – der Morphio-Kokainismus

Freud hatte zur Jahrhundertwende mit Drogen wohl nichts mehr im Sinn, wohl aber die Morphio-Kokainisten. Der «kombinierte Giftkonsum» hatte sich ausgebreitet und war wie der reine Spritz-Kokainismus nur schwer zu behandeln. Zum Entzug schreibt *Louis Lewin* 1927:

Trotzdem muss die Entziehung, wo sie vorgenommen werden kann, durchgeführt werden. Ausnahmsweise geht sie nur mit Unbehagen, Ziehen in den Gliedern, Übelkeit, nächtlichen Schweissen oder Atmungsstörungen einher. In der Regel kommen Herzklopfen, Herzschwäche mit Kollaps mit oder ohne Bewusstlosigkeit, Erbrechen und seltner Durchfälle. Angstzustände, Wahnvorstellungen gehören zum eisernen Bestande dieses Zustandes. Eine junge Frau, Morphio-Kokainistin, litt bald nach dem Fortlassen des Kokains an Verfolgungsideen und Gehörs- und Geruchshalluzinationen in denkbar schlimmster Form. Sie zeigt z. B. an ihren Armen «Totenflecke» (Injektionsnarben), die ihr auf geheimnisvolle Weise beigebracht worden seien, glaubt durch den Geruch ihrer Toilettengegenstände erkennen zu können, dass sie gequält werde, glaubt, dass man sie zwingen wolle, sich das Leben zu nehmen, sieht ihren Gatten auf einem Baume sitzen – kurz, äussert über vierzehn Tage lang alles das, was eine in dieser Richtung gestörte Gehirntätigkeit an Unsinnigstem zutage fördern kann. Dazwischen gab es Tage, an denen die Stimmung bei normaler weiblicher Beschäftigung eine heitere war. Als erneut auf Drängen der Kranken und Verwandten, um über die Entziehung des letzten Morphinrestes hinwegzukommen, wieder 0,2 g Kokain gegeben worden waren, erschien der alte Zustand wieder. Die Kranke erging sich in obszönen Redensarten, glaubte sich verfolgt, und dieser Zustand, hauptsächlich erotischer Erregtheit, in der sie ihren Mann unnatürlicher Laster beschuldigte und noch schlimmeres aussprach, hielt wieder einige Tage an. Allmählich erfolgte Besserung.

Mag man immerhin während der Entziehungszeit auch die Psychotherapie in den Dienst der ärztlichen Arbeit stellen, so erhoffe man nur nicht viel davon, gleichgültig, in welcher Form man dieselbe zu einer Wirkung kommen lassen will.

Es gibt leider keine festen Erinnerungs- und Empfindungsnarben für die Lustempfindungen, die das Individuum zum Dauerverbraucher haben werden, und es schliesslich in den Kokainsumpf des Verderbens haben kommen lassen. Ein kleiner Prozentsatz von Kokainisten gelangt zur Dauerheilung, die übrigen werden rückfällig.

Nachdem sich Kokain bei der Behandlung von Morphinisten als Versager erwiesen hatte, suchten die Wissenschaftler nach einem neuen Entzugspharmakon. Man erinnerte sich an eine englische Forscherarbeit aus dem Jahre 1874. Morphium war mit Essigsäure verbunden worden. War dieses neue «Diacetyl-Morphium» nun ein brauchbares Mittel? Die deutsche Firma Bayer in Elberfeld war wohl dieser Meinung und begann 1898 mit der Massenproduktion des neuen Entzugsmittels, das unter seinem Handelsnamen Heroin rasch weltweit bekannt werden sollte.

Die Gelehrten des 19. Jahrhunderts nahmen viel Wissen um die Drogen, die Drogensüchtigen zum Ende des 19. Jahrhunderts ihre Drogen Alkohol, Morphium, Kokain und Heroin mit in das 20. Jahrhundert.

Und alle Drogen erfreuten sich grosser Beliebtheit. Kokain schien unter den Soldaten besonders beliebt zu sein. Schon Ende des 18. Jahrhunderts hatte der Arzt *Crespo* den Cocagebrauch der europäischen Marine angeraten. Sein später Kollege, der amerikanische Militärarzt *W. B. Meister*, deckte noch vor dem 1. Weltkrieg in der nordamerikanischen Armee eine «Coca-Endemie» auf.

Und ab 1914 war Kokain gaschätzter Heeresbestand der Soldaten des deutschen Kaisers. Diese konnten die gewaltigen Koksmengen während des vierjährigen Krieges scheinbar gar nicht aufbrauchen. Ab 1918 mussten die restlichen Heeresbestände wieder abgegeben werden. Abnehmer war der sich entwickelnde europäische Kokain-Schwarzmarkt.

7. Kapitel

SÜCHTIG NACH DEM THEMA KOKAINISMUS
*Von den Cocaversuchen an Mensch und Tier in den
20er und 30er Jahren*

Die Giftforschung – Domäne deutscher All-Round-Genies

Das umfangreiche Sammelwerk zum Thema «Die Narkotischen Genussmittel und der Mensch» von Dr. *Ernst Freiherr von Bibra* war 1855 in Nürnberg erschienen. Unstrittig. Strittig sollte es vier Jahre später werden, als 1859 *Paolo Mantegazza* in Mailand seine Cocabefürwortung «Sulte virtú ingienicho e medicinal della coca» (Über die hygienischen und medizinischen Vorzüge der Koka) veröffentlichte. Dem italienischen Mediziner nahmen die europäischen Kollegen wohl seine Cocaeuphorie:

«Von zwei Coca-Blättern als Flügel getragen, flog ich durch 77 348 Welten, eine immer prächtiger als die andere»,

übel. Nun, die Alkaloidforschung sollte nüchterner werden, aber immer noch strittig bleiben.

Nachdem der junge Österreicher *Sigmund Freud* durch seine Veröffentlichungen «Über Coca» (1884), «Beitrag zur Kenntnis der Cocawirkung» (1885) und «Über die Allgemeinwirkung des Cocains» (1885) ins internationale Gerede gekommen war, liess die deutsche Antwort nicht lange auf sich warten. Mit seinen Schriften «Über die Wirkungen des Kokains bei der Morphiumentziehung» (1885) und «Über Cocainsucht» (1886) nahm der Psychiater Dr. *Erlenmeyer* eine klare Gegenposition ein, unterstützt vom Kollegen *Louis Lewin*. Dieser hatte sich 1886 mit der exotischen Droge «Kawa» beschäftigt und entwickelte sich über die Jahrhundertwende und dem 1. Weltkrieg zum profiliertesten Drogen- und Giftforscher seiner Zeit. Seine Akribie und seine Liebe zum Detail teilte wohl nur sein amerikanischer Kollege *W. Golden Mortimer*, dessen «Geschichte der Coca – Die göttliche Pflanze der Inkas», 1901 veröffentlicht und dem Cocawein-Hersteller *Angelo Mariani* gewidmet – bis heute unerreicht blieb.

Nach jahrzehntelanger Forschung brachte auch *Louis Lewin* ein paar Jahrhundertwerke auf den deutschen Büchermarkt.

Aus seinem an Erfahrungen, Forschungen und Lehren reichen Leben heraus entstand 1920 sein Werk «Die Gifte in der Weltgeschichte», in welchem er einen nicht unwichtigen und bisher noch nicht behandelten Teil der Menschheitsgeschichte anhand «toxikologischer allgemeinverständlicher Untersuchungen der historischen Quellen» beschreibt. Schon drei Jahre später veröffentlicht Prof. Dr. *Lewin* die Ergebnisse seiner fast dreissigjährigen experi-

History of Coca – «The Devine Plant» of the Incas

mentellen Forschungen. Sein umfassendes Stück Giftkunde, nach «eigenen toxikologischen und ethnologischen Untersuchungen» mit dem Titel «Die Pfeilgifte», erschien 1923 in Leipzig. Ein Jahr später erregt sein Buch «Phantastica» Aufsehen. *Lewin* schreibt 1924 in seinem Vorwort:

«... Dieses Werk, das erste seiner Art, soll nicht nur die Ergebnisse meiner pharmakologischen Auffassungen widerspiegeln ... sondern auch belehrend und aufklärend für jene Hunderttausende wirken, die in dem wogenden Kampfe der Meinungen über betäubende und erregende Genussmittel sich einen klaren Blick über die Bedeutung derselben verschaffen wollen ...»

Schon 1927 wird eine zweite, natürlich erweiterte Auflage notwendig. Hier schreibt *Lewin* über die Wirkungen und Gefahren des Koksens:

Die verheerenden Wirkungen in den Gehirnfunktionen werden immer offenkundiger. Die bei Morphinismus so häufig erscheinende und dem Individuum zeitweilig auch subjektiv helfende Gemütserstarrung fehlt hier. Dem Kokainisten wird es auch, im Gegensatz zum Morphinisten, schwer, sein jetziges Wesen in das von Sitte und Gewohnheit gewobene Gewand von äusseren Manieren zu zwängen. Seine innere Wesensgebrochenheit gibt sich ohne Beherrschungsmöglichkeit kund. Wie bei allen Narkomanen besteht auch beim Kokainisten lange Zeit hindurch eine Erkenntnismyopie, eine Einschränkung des geistigen Gesichtsfeldes für sein Schicksal. Er lebt nur in und für die Geniessensstunde. Sie ist ihm, dem Unfreien, beste Gegenwart und Zukunft, selbst dann noch, wenn das Bewusstsein ungetrübt ist, aber doch schon fühlbar die Giftgewalt roh an ihm rüttelt. Geistige Schwäche, Schwermut, neben psychischer Überreizung, Argwohn und Verbitterung gegen die Umgebung, Trugschlüsse und falsche Auffassung der Dinge, auch Eifersuchtswahn u. a. m. leiten den auch schlaflos

Gewordenen zu Sinnestäuschungen evtl. bei noch klarem Bewusstsein. Halluzinationen des Gesichts, des Gehörs, des Geruchs, Geschmacks, Störungen in der sexuellen Sphäre und des Allgemeingefühls, auch Illusionen beherrschen den schwer krank Gewordenen. Zeitlich nahe gerückt ist dann bei manchem der Kokainisten die halluzinatorische Verrücktheit, nachdem Verwirrtheit, Ideenflucht wie bei dem Delirium tremens, Angstgefühle durch Wahnvorstellungen vorangegangen sind. Ein Kokainist, der 3,25 g Kokain geschnupft hatte, griff zum Schutze gegen vermeintliche Feinde zu Waffen, ein anderer, von akuter Manie ergriffen, ging über Bord ins Wasser, und noch ein anderer zerschlug Möbel und Geschirre und schlug einen Freund.

Abnorme Empfindungen in den peripherischen Nerven geben die Veranlassung, zu glauben, dass sich Tiere unter der Haut aufhalten, und dadurch auch wohl zu Selbstverstümmelungen oder durch wahnhafte falsche Projektion zur Verstümmelung von Familienmitgliedern, um das Fremde aus der Haut zu entfernen. Eine Frau verwundete

sich mit Nadeln, um die «Kokainwanzen» zu töten. Ziehen und Reissen in den Gliedern führte ein Kokainist darauf zurück, dass er zwangsweis elektrisiert würde. Er glaubte auch die Leitungsdrähte, die aus der Nachbarschaft zu ihm geleitet worden waren, zu sehen. Tobsuchtsanfälle und Krämpfe geben der Erkrankung gewöhnlich den Abschluss.

Bei Kokainschnupfern kommen als Besonderheit vor: Ekzem und Schwellung an der Nase, auch besonders an deren Spitze, Geschwürsbildung an der Nasenscheidewand, eventuell mit Durchbohrung derselben, Veränderungen an den Muscheln, dazu alle Arten von Geruchsstörungen und nicht selten gerade bei ihnen auch eine Veränderung der Mimik, unmotiviertes Lachen und Starrheit des Blicks.

Das Ende ist vorgeschrieben. Glücklich der Kokainist, dem geistige Umnachtung die schicksaltraurige Tragik derselben nicht zum Bewusstsein kommen lässt. Schon lange vorher keimt die Erkenntnis bei vielen solcher, auf welcher Bahn sie sich unaufhaltsam, willensgebunden, von der Leidenschaft allein getrieben, bewegen. Sie verhalten sich in dieser Beziehung wie der Morphinist, nur mit dem Unterschiede, dass die Verwüstungen, die das Kokain in den Hirnfunktionen veranlasst, roher sind und dadurch das Herausgerücktwerden des Individuums aus der moralischen und gesellschaftlichen Ordnung sich viel schneller und brutaler vollzieht.

Louis Lewin (1850–1929)

In die Fusstapfen des Altmeisters der Drogenkunde traten Mitte der 20er Jahre die Berliner Ärzte Dr. *Ernst Joël* und Dr. *F. Fränkel*, Narkotikaforscher von Rang und Kokainspezialisten. Ihr Beitrag zur Geschichte und Psychopathologie der Rauschgifte «Der Cocainismus», 1924 in Berlin veröffentlicht, gehört noch heute zu den Coca-Klassikern.

Im *Zentralblatt für die gesamte Neurologie und Psychiatrie* kommentierten sie ungezählte Artikel der Drogenforschung in den 20er Jahren. Dr. *Joel* war auch das Bedürfnis seiner Medizinkollegen nach einer «praktisch brauchbaren Darstellung» bekannt, die er dann auch schliesslich 1928 als Reader «Die Behandlung der Giftsuchten» herausgab. Der vom Koka Berauschte schneidet bei *Joel* nicht gut ab:

Der *Berauschte* bietet etwa folgenden Anblick: Gesicht blass, schweissbedeckt, Zunge trocken und belegt, Lippen borkig, weite Lidspalten, weite, meist noch reaktionsfähige Pupillen, Glanzauge, unsteter, zuweilen stierer Blick. Lebhafter Tremor der Hände, hastige, abgehackte Bewegungen. Tachykardie. Subjektiv: Palpitationen. Wärme- und Kälteschauer, die zuweilen in thermische Halluzinosen übergehen. Hinzu kommt die grosse Zahl der bereits erörterten psychischen Kennzeichen.

Ein besonderes Symptom, welches unter den Kokainisten selbst als so charakteristisch gilt, dass sie es zur Symbolisierung des «Koksens» willkürlich nachahmen, ist ein Grimassieren im Sinne schneller Kau- bzw. Mahlbewegungen des Unterkiefers, das im Stadium der lebhaften motorischen Erregung auftritt. Natürlich werden diese Züge nicht immer vollständig vorhanden sein und zuweilen kann ein starker Alkoholgenuss die Symptome modifizieren und von der Diagnose ablenken.

Recht nüchtern hatte sich drei Jahre zuvor auch schon der Privatdozent Dr. *Meggendorfer* mit den Wirkungen des Kokains auseinandergesetzt:

Bei grösseren Mengen, wie sie bei dem reinen Kokain meist zur Anwendung kommen, entsteht leicht ein zu starker Bewegungsantrieb, der sich in Zittern, Gesichterschneiden, Kaubewegungen, Lachen und Grinsen, in allerlei mehr oder minder begründeten Bewegungen der Gliedmassen, hastigen, fahrigen Bewegungen, selbst in epilepsieartigen Anfällen äussert. Bringt man Kokainlösung auf eine Schleimhaut, so wird sie unempfindlich, worauf ja die Hauptanwendung des Kokains in der Medizin beruht. Bei Schnupfen tritt bald eine Rötung der Nasenflügel auf; ferner gibt es nicht selten eine Zerstörung der Nasenschleimhaut, ja sogar der Nasenscheidewand, wodurch, ähnlich wie zuweilen bei der Syphilis, die Nase einsinkt; die Kokainisten sprechen dann von «Koksnase». Im ganzen tritt ein starkes Sinken des Ernährungszustandes bis zur äussersten Abmagerung und überhaupt ein schwerer körperlicher Verfall ein.

Auf geistigem Gebiete kann man besonders bei den Kokainschnupfern mehrere Grade der Vergiftung unterscheiden, die sich aber nicht scharf voneinander abgrenzen lassen. Einmaliges oder auch wiederholtes Schnupfen löst meist keine besonders angenehmen Empfindungen aus. Immerhin ist es dann meist so, dass dem Betreffenden hernach etwas fehlt, dass er etwas vermisst; und das ist es dann, was ihn zu weiterer Wiederholung des Schnupfens veranlasst. Ganz ohne dass der Vergiftete es als eine Veränderung bemerkt, wird nun seine Stimmung gehoben; er gerät insbesondere in eine über die gemeine Wirklichkeit erhabene Gemütsverfassung. Es ist aber in der Folge nicht nur das stille Wohlbehagen der Morphinisten, die am liebsten ungestört gewissen Träumereien nachhängen, sondern vielmehr ein überströmendes Glücksgefühl, das sich in gesteigertem Äusserungsdrang, namentlich im Reden, Luft machen will. Allerdings ist der Wert dieser gesteigerten Leistung nicht entsprechend der eigenen Meinung des Vergifteten erhöht, wenn auch zunächst nicht gerade so vermindert, wie das bekanntlich unter Alkoholeinfluss der Fall ist.

Bei Fortsetzung der Giftzufuhr steigert sich diese Erregung allmählich zu einem deutlichen Rausch oder vielmehr schon eher zu einem Delirium. Die vorherige Ausgeglichenheit der Stimmung macht einer eigentümlichen Gereiztheit und ängstlichen Ruhelo-

sigkeit Platz. Es fällt dem Vergifteten allerlei ein, was er vergessen oder versäumt oder sonst falsch gemacht hat. Er verkennt kleine Geräusche, er erschrickt, glaubt, es komme die Polizei, es werde eingebrochen oder dergleichen. Überhaupt ist er jetzt sehr beeinflussbar, lässt sich alles einreden und sich in seinen Wahrnehmungen täuschen. Jetzt ist er aber auch in einem Zustande, wo er sich unter Umständen zu Verbrechen und unsittlichen Handlungen missbrauchen lässt. In diesem Zustande treten auch die eigentümlichen Sinnestäuschungen der Kokainisten auf; sie sehen kleine, selbst winzige, aber auch grössere Gestalten und Szenen, haben körperliche Missempfindungen, vermuten allerlei Getier, wie Läuse, Milben, Würmer auf und unter der Haut und haben andere Verfälschungen der Sinneswahrnehmungen. Besonders auffällig ist dabei, dass die Vergifteten ihre Erlebnisse, die eigentlich unerfreulich und peinlich für sie sein müssten, mit einem gewissen Lustgefühl verknüpfen; besonders bei öftern Wiederholungen ist dies der Fall; die aufregenden Szenen werden dann schon erwartet und als spannende und aufregende Abenteuer verarbeitet.

Aber schliesslich setzt doch eine gewisse Lähmung ein, und es macht sich der Zustand bemerkbar, den die Kokainisten selbst als «die Reaktion» bezeichnen. Sie fühlen sich gelähmt, müde, schläfrig und klagen über allerlei Missempfindungen. Sie machen auch einen etwas benommenen, zerfahrenen Eindruck. Zuweilen kommen aus dieser Verstimmung heraus Selbstmorde vor. Selten macht sich in diesem Stadium ein Ekel vor dem Kokain bemerkbar und setzt sich in dem Entschluss zur Enthaltsamkeit durch, die dann auch vielleicht einige Zeit gehalten wird; in weitaus den meisten

Fällen aber ist dieser Zustand nur der Anlass zu einer neuen Anwendung des Giftes.

Zu diesem dauernden Wechsel von Aufstiegen, traumhaften Rauschzuständen und Ernüchterungen gesellt sich bald ein fortschreitendes Siechtum, das sich in Abmagerung, raschem Altern, in Nachlässigkeit und Stumpfheit gegenüber allem, was nicht Kokain ist, äussert. Hinsichtlich ihres Lasters sind die Kokainisten gewöhnlich durchaus einsichtslos; selbst kluge und gebildete Giftschnupfer geben sich über den Grad, in dem sie der Leidenschaft verfallen sind, den gröbsten Täuschungen hin; sie glauben immer, sie hätten sich noch vollkommen in der Gewalt und beschuldigen wegen der Rückfälle immer andere; namentlich sprechen sie in grosser Gereiztheit und Verbitterung von dem Mangel an Verständnis seitens ihrer Frauen. Es kommt zu ehelichen Zerwürfnissen und Zerrüttungen. Selbst vorher moralisch hochstehende Menschen verfallen in eine tiefe Verkommenheit und schrecken weder vor Schwindeleien und Fälschungen, noch selbst vor Gewalttaten zurück, besonders wenn es sich um die Beschaffung des Giftes handelt. So nehmen die Kokainisten ein kümmerliches und schmähliches Ende.

Das Kokain gehört nun nicht zu den Giften, bei denen wie beim Morphium eine Gewöhnung des Organismus an das Gift eintritt, so dass immer höhere Dosen angewendet werden müssen. Deshalb haben wir auch nach dem Weglassen des Giftes keine wesentlichen Entziehungserscheinungen; es kann ebenso wie der Alkohol sofort ohne Gefahr entzogen werden. Aber trotzdem sind die Aussichten auf Dauerheilung nicht günstig. Eine solche ist nur bei von Haus aus rüstig und gesund veranlagten Menschen und bei günstigen äusseren Umständen zu erwarten.

Vor allem muss der Gene-sende seine bisherigen Beziehungen, die ihn zum Kokainismus gebracht haben, aufgeben.

Schon recht frühzeitig, 1920, stellte Dr. *W. Mayer-Gross* fest, dass «die deutsche Literatur ausserordentlich arm an genaueren Berichten über die subjektiven Wirkungen des Gifts und seine Psychosen» ist. Das sollte nicht so bleiben. In der Zeitschrift für die gesamte Neurologie und Psychiatrie teilte er die «Selbstschilderung eines Cocainisten» mit.

Nun, die deutsche Cocaforschung sollte bald, in den «Roaring Twenties», ihren Höhepunkt haben. Geforscht wurde im württembergischen medizinischen Landesuntersuchungsamt in Stuttgart, in der Prov.-Heil- und Pflegeanstalt in Göttingen, im Bezirksgesundheitsamt Tiergarten in Berlin, in kleinen und grossen Kliniken, Anstalten und Fürsorgestellen.

Otto Graf schreibt 1926 «Über die Beeinflussung einfacher psychischer Vorgänge durch Cocain und Psicain»:

In Fortsetzung der Arbeiten von *Lange* über die experimentell-psychologische Prüfung der Wirkungsweise des Morphins, Scopolamins und Cocains unternimmt es der Verf., das Psicain, jenes von *Willstaetter* synthetisch hergestellte Cocainpräparat, nach ähnlichen Gesichtspunkten zu untersuchen. An leider nur einer Versuchsperson vermag er festzustellen, dass durch 0,01 Psicain die Auffassung wie überhaupt die sensorischen Vorgänge beeinträchtigt werden, dass eventuelle quantitative Verbesserungen der Leistungen, wie etwa beim Maschinenschreiben, auf Kosten der Qualität zustande kommen. Zum Unterschied vom Cocain wird das Psicain schneller aufgesaugt und abgebaut, scheint auch im Hinblick auf die weitere Wirkung und die Störungen des Allgemeinbefindens Vorteile zu bieten. Über Gewöhnung an dieses Cocainersatzpräparat vermag der Verf. in diesem Zusammenhang nichts zu sagen.
Hanns Schwarz

Der Stuttgarter Kollege *von Scheurlen* ergänzt 1927 mit seinen Ausführungen «Morphinismus, Cocainismus und Opiumgesetz»:

Anlässlich eines Falles von Morphinismus, in welchem ein Arzt anscheinend · unentgeltlich einem befreundeten Kaufmann regelmässig grössere Mengen von Morphin und Heroin in Substanz verschrieben hatte, äussert sich *Scheurlen* zu der Frage, ob der Patient durch den Erwerb, der Apotheker durch die Abga-ben, der Arzt durch die Verschreibung sich strafbar gemacht hätten im Sinne des Opiumgesetzes. Er kommt zu dem Urteil, dass es sich um einen so schweren Morphinisten gehandelt hat, dass Aussichten auf Heilung nicht mehr bestanden haben. Infolgedessen sei für die Beteiligten Straffreiheit anzuneh-

men. S. betont den Unterschied in der Beurteilung der Sachlage beim Morphinismus und beim Cocainismus. Das bekannte Reichsgerichtsurteil über die Abgabe von Cocain sei nicht ohne weiteres auf die von Morphin zu übertragen. (Ref. möchte betonen, dass die Frage der psychischen Gewöhnung in der Beurteilung der Giftsuchten durch den Autor nicht hinreichend berücksichtigt worden ist.)
F. Fränkel

In Göttingen schreibt *August Jacobi* über die «Psychische Wirkung des Cocains in ihrer Bedeutung für die Psychopathologie»:

Verf. berichtet über Untersuchungen der Cocainwirkung bei 24 Geisteskranken und 2 Gesunden, darunter Verf. selbst. Es wurde, wie von anderen Autoren bei verschiedenartigen Stuporzuständen, vorübergehende Lösung erreicht, die in die seelischen Vorgänge der Stuporösen mehrfach Einblick gestattete. Unterstrichen wird die Bedeutung der Persönlichkeit und der Krankheitszustand für die Verschiedenartigkeit der Cocainwirkung. *Eugen Kahn*

P. Wolff fragte 1928 «Ist die Abgabe von Morphin, Cocain usw. ohne Rezept nach dem Opiumgesetz strafbar?»:

Die Frage, ob die Abgabe von Stoffen des Opiumgesetzes durch den Apotheker ohne Rezept nach dem Opiumgesetz oder nach den Vorschriften über die Abgabe stark wirkender Arzneimittel bestraft werden muss, wird verschieden beantwortet. *Wolff* kommt nach Diskussion der differenten Auffassungen zu dem Ergebnis, dass die Abgabe von Opiaten und Cocain in Apotheken ohne Rezept auf Grund des Opiumgesetzes zu bestrafen ist, eine Auffassung, welche auch von dem zuständigen Vertreter des Reichsgesundheitsamtes geäussert wird. *F. Fränkel*

Für Kokain in der Nasenheilkunde sprach sich *Franz Bruck* 1928 mit seinem Artikel «Über die Unentbehrlichkeit des Cocains in der Rhinologie im Hinblick auf den Cocainismus» aus:

Gegenüber allen Ersatzmitteln des Cocain (einschliesslich Tutokain und Psikain) besitzt das Cocain nicht nur die anästhetische Wirkung, sondern auch die anämisierende, die jenen fehlt. Es ist deshalb für den Rhinologen unentbehrlich. Durch geeignete Dosierung und dadurch, dass man das Mittel niemals den Pat. verschreibt, beugt man der Süchtigkeit vor. «Ohne Cocain möchte ich nicht Nasenarzt sein.» *F. Fränkel*

Ernst Joël macht 1928 auf die «Kombinierten Giftsuchten» aufmerksam:

Verf. führt statistische Belege für die bekannte klinische Erfahrung an, dass ein kombinierter gewohnheitsmässiger Missbrauch des Alkohols mit anderen Rauschgiften, besonders mit Morphin, selten ist. Unter 491 Giftsüchtigen (385 Alkoholisten, 82 Morphinisten, 24 Cocainisten und anderen Giftsüchtigen), die in den letzten 2¼ Jahren in einer Berliner Fürsorgestelle für Giftsüchtige beraten wurden, fanden sich nur 7, die gleichzeitig oder nacheinander Missbrauch von 2 oder mehreren Rauschgiften betrieben. Die Fälle werden einzeln aufgeführt. Die Statistik bestätigt also die über diese Frage in den Kriegs- und Nachkriegsjahren gewonnenen Allgemeinerfahrungen. Die zeitweise Abnahme des Alkoholismus hat die früheren Trinker nicht zum Morphinismus gebracht; es waren vielmehr konstitutionell anders Geartete, die dem Morphinismus und im allgemeinen auch dem Cocainismus verfielen. Jedenfalls besteht keine ernstliche Gefahr, dass durch Einschränken oder Beseitigen des Alkoholkonsums giftsüchtig Veranlagte als Ersatz zu anderen Rauschgiften greifen. Darauf hinzuweisen, ist die Hauptaufgabe des Verf. Er bestätigt also die von Bonhoeffer schon während des Krieges gemachten Erfahrungen. Auf diese und auf entsprechende Publikationen anderer Autoren wird nicht eingegangen.

Pohlisch

Bis weit in die 30er Jahre hielt der deutsche Forscherdrang zum Thema Kokain an. Aber auch in anderen europäischen Ländern war man dem Coca-Thema zugeneigt. Und verständlicherweise wurde auch in den wichtigen kokainproduzierenden Staaten Amerika und Japan über die erregende Droge wissenschaftlich diskutiert, geforscht und geschrieben.

Koksforschung weltweit – Ergebnisse aus den wissenschaftlichen Instituten Europas, Amerikas und Japans

Bekannte Institute bekannter Universitäten nahmen sich des giftigen Themas an.

In Europa forschte man unter anderen an der Psychiatrischen Klinik der Universität Wien, im Gerichtlich-Medizinischen Institut der Universität Zürich, im Pharmakologischen Institut der Universität Upsala und im Allgemeinen Physiologischen Institut der Universität Paris. Die italienischen Wissenschaftler arbeiteten an den Universitäten von Cagliari und Bologna, die königlichen Briten arbeiteten in Edinburgh.

Die japanischen Koks-Experten bevorzugten das Pharmakologische Institut der Universität Okayama und die Medizinische Akademie in Kanazana.

In Amerika profilierten sich die Pharmakologischen Institute der Universitäten in Iowa City und Chicago.

Gründlich beschäftigten sich die Wissenschaftler Europas, Japans und der USA mit den Wirkungen des Kokains. Ihre russischen Kollegen arbeiteten mehr über die Themen «Narkomanie bei Kindern» und «Cocainismus bei Jugendlichen».

Ob Tierexperiment oder Menschenversuch – Coca war immer dabei.

Kokain im Menschen- und Tierversuch

Nach der frühen Arbeit des Österreichers *Karl Koller*, der in Wien 1884 «Über die Verwendung des Kokains zur Anästhesierung am Auge» geschrieben hatte, liessen Mediziner und Pharmakologen kaum eine Nervenendigung oder eine Muskelfaser aus, cocabetäubt selbstverständlich.

Schon 1894 anästhesierte der bekannte Arzt *Carl Ludwig Schleich* grössere Operationsflächen mit fein versprühter Kokainlösung. 1899 wagte der berühmte Berliner Chirurg *August Bier* erstmals schwache Kokainlösungen direkt in den Rückenmarkkanal einzuspritzen, um damit alle Körperteile unterhalb des Nabels für die Operation unempfindlich zu machen. Diese Methode wurde später als «Lumbal-Anästhesie» bekannt.

In Paris mühte sich 1926 das Team *A. Rizzolo, A. Chauchard* und *B. Chauchard* um die «Wirkung von Cocain auf die Grosshirnrinde»:

Die Autoren hatten früher gezeigt, dass Cocain auf die Augenbindehaut gebracht, die Chronaxie der Hirnrinde für die Lidbewegung verringert. Erst grössere Dosen von Cocain vergrösserten die Chronaxie. Hirnrindenreizung für die vordere Extremität liess nur bei grösseren Cocaindosen die Vergrösserung der Chronaxie erkennen. Die Autoren gingen bei ihren Versuchen davon aus, dass der Cocaineffekt – Cocain auf die Bindehaut gebracht – durch den lokalen Cocaineinfluss zu erklären sei. Spritzten sie Cocain in die Brusthöhle, so nahm die Chronaxie bei Reizung beider Zentren ab.
Schilf

Und im gleichen Jahr publizierte das Wissenschaftlertrio die «Messung von Veränderungen der Erregbarkeit der Hirnrinde unter dem Einfluss von Cocainisierungen des Auges»:

In Fortführung der Untersuchungen von *Rizzolo* über den Einfluss peripherer Reize auf die Erregbarkeit der Hirnrinde beim Hund hatten *Amantea* und *Rizzolo* in 2 Fällen festgestellt, dass die Cocainisierung der Conjunctiva eine Herabsetzung der Schwelle der faradischen Erregbarkeit des corticalen Zentrums des Orbicularis palpebrarum zur Folge hat. In der vorliegenden Arbeit wird die Chronaxie unter gleichen Umständen bestimmt; zu diesem Zweck wird beim Hund die linke Hemisphäre eröffnet und so einerseits das Zentrum des gekreuzten Orbicularis palpebrarum, anderseits jenes der Extension der gekreuzten Vorderpfote mit einer unpolarisierbaren Elektrode von *d'Arsonval-Lapicque* als Kathode in Intervallen von 10 Min. gereizt, während die Anode sich am Musculus temporalis befindet. Die Temperatur des Zimmers muss dabei konstant bleiben (25–30°); die freiliegende Hirnrinde wird mit einer Kompresse von physiologischer Kochsalzlösung von 40° bedeckt. Die Chronaxie wird mit dem Chronaximeter 5–6mal für jedes Zentrum bestimmt. Nach einer Reihe von Bestimmungen werden in den Bindehautsack 5 Tropfen einer 5proz. Lösung Cocainum hydrochloricum instilliert (und alle 10–15 Min. von neuem eingeträufelt); nach 3–4 Min. ist die Anästhesie der Cornea vollständig, worauf die Rheobase und die Chronaxie der beiden genannten corticalen Zentren alle 5 Min. wieder neu bestimmt werden. Aus diesen Messungen (die bis zu 9 St. fortgesetzt wurden), ergibt sich, dass während der ersten Stunden die Chronaxie des Orbiculariszentrums unter dem Einfluss des Cocains immer mehr abnimmt, während jene des Zentrums der vorderen Extremität unverändert bleibt. Wird die Einträufelung von Cocain auf die Bindehaut mit steigenden Dosen fortgesetzt, so nimmt die Chronaxie des Orbiculariszentrums noch weiter ab, und auch jene des Zentrums der Vorderpfote beginnt nun zu weichen. Man beobachtet eine allmähliche Steigerung der Chronaxie der beiden Zentren, die ihre ursprüngliche Höhe später sogar überschreitet. *M. Minkowski*

In Bologna berichtete *Pietro Tullio* 1926 «Über die lähmende Wirkung des Cocains auf verschiedene Teile des akustischen Labyrinthes»:

Untersuchungen an Tauben, Meerschweinchen, Katzen und Hunden. Durch den Einfluss des Cocains werden alle jene Bewegungen abgeschwächt, welche normalerweise durch den Klangreiz ausgelöst werden. Durch leichte Dosen vorübergehend, während nach starken Dosen eine dauernde Störung der nervösen Endorgane auftritt. Die den subcutanen Injektionen folgenden Erscheinungen des gestörten Gleichgewichtes sind durch direkte Einwirkung des Cocains auf die nervösen Zentren bedingt. Das Bild nach Einträufelung des Cocains in die Paukenhöhle kommt zum kleinen Teile durch direkte Einwirkung auf das Labyrinth zustande. Die Haupterscheinungen, wie die Retraktion des Kopfes, die Roll- und Manegebewegungen sind durch die Einwirkungen des Cocains auf die nervösen Zentren bedingt. Die spiralförmigen Bewegungen des ganzen Körpers sind Folge des gleichzeitigen Einflusses auf ein Labyrinth und die nervösen Zentren. *Zingerle (Graz)*

In der State University von Iowa City forschte 1926 *G. H. Miller* über «Die Wirkung des Cocains auf die Iris im Vergleich zu seinen Wirkungen auf gewisse andere Organe mit glatten Muskelfasern»:

Bei Kaninchen ruft eine Instillation von Cocain in gewöhnlicher Konzentration in den Conjunctivalsack keine Schwächung des Sphinctermuskels hervor. Als Massstab diente die Wirkung von nachfolgenden Einträufelungen von Physostigmin. Ebensowenig hat Cocain (1 : 10 000) einen Einfluss auf den isolierten überlebenden, in Ringerscher Lösung ausgespannten Sphinctermuskel bei Ochsen und Hunden, während Epinephrin (1 : 1 000 000) eine ausgesprochene Erschlaffung auslöst. An dem isolierten Uterus von Kaninchen ruft Cocain (1 : 10 000) eine Verstärkung der Kontraktionen und des Tonus hervor in gleicher Weise wie Epinephrin (1 : 1 000 000). Am nichtschwangeren Uterus der Katze, bei dem der Sympathicus hemmende Funktionen besitzt, verursacht Cocain eine Verminderung der Kontraktionen und einen vorübergehenden Anstieg des Tonus, der von einem lange anhaltenden Absinken gefolgt ist. Epinephrin ruft Hemmung der Kontraktionen und ein unmittelbares Absinken des Tonus hervor. Auf den isolierten Dünndarm wirkt Cocain tonusherabsetzend und kontraktionsvermindernd, Epinephrin tonusaufhebend und kontraktionshemmend.

Behr

G. H. Miller beschrieb weiter «Die Pupillenwirkung des Cocains verglichen mit der Wirkung auf andere glattmuskelige Organe»:

Um zu entscheiden, ob es sich um eine Sphinctererschlaffung oder Dilatorerregung handelt, wurde Albinokaninchen erst 4 proz. Cocain in ein Auge, dann in beide Physostigmin eingetropft. Die Tiere waren teils normal, teils war das oberste Cervicalganglion ein- oder beiderseitig exstirpiert worden. Es ergaben sich keine Anhaltspunkte für eine erschlaffende Wirkung des Cocains auf den Sphincter. Auf den isolierten, in Locke-Ringer suspendierten Sphincter von grossen Hunden und Stieren war Cocain 1 : 10 000 unwirksam (während Physostigmin Kontraktion, Adrenalin und Atropin Erschlaffung bewirkte). Cocain 1 : 1000 bewirkte eine gewisse Erschlaffung. Diese Konzentration ist sicher höher als die, welche beim Eintropfen in den Bindehautsack die Iris erreicht, denn sie bewirkt Anästhesie, während nach Eintropfen in den Bindehautsack die Iris schmerzempfindlich bleibt. Cocain 1 : 10 000 wirkt auf den Uterus sehr ähnlich wie Adrenalin 1 : 1 000 000 (trächtige und nichtträchtige Kaninchen, trächtige Meerschweinchen, nichtträchtige Katzen; an letzteren geht der hier länger als die Adrenalinwirkung dauernden Erschlaffung eine Tonussteigerung voraus). Der isolierte Dünndarm zeigt eine Hemmung der Bewegungen und des Tonus mit nachfolgender Tonussteigerung. Alle diese Versuche sprechen für eine Erregung des Sympathicus durch das Cocain.

W. Stross (Prag)

In Österreich beschäftigten sich 1928 *Rudolf Allers* und *Otto Hochstädt* an der Universität Wien «Über die Angriffsorte des Cocains im Zentralnervensystem»:

Es kann als erwiesen angesehen werden, dass das Cocain cortical angreift. Aus verschiedenen klinischen Erscheinungen (Unterbrechung des katatoren Stupor, bei Schizophrenen, besonderer Cocainempfindlichkeit bei Encephalitis) schliessen die Autoren, dass das Cocain auch auf andere Gehirnpartien, vor allem die subcorticalen, einwirkt und sie studierten daher die Wirkung des Cocains auf den Hirnstamm. Zu diesem Zwecke stellten sie Versuche teils an Thalamuskatzen, d. h. Tieren, denen die Hemisphären und das Corpus striatum entfernt, dessen Thalamus aber sorgfältig geschont war, teils an solchen Tieren, welche nach typischer Durchtrennung des Mesencephalons in Enthirnungsstarre getreten waren. Die Verf. fanden: dass bei «Thalamuskatzen» die subcutane Injektion von Cocain nach einer kurzen Periode der Steigerung der Spontanunruhe das Auftreten starker tonischer Streckkrämpfe, welcher Zustand sich aber durch das Fehlen der typischen Reflexe von der Enthirnungsstarre unterscheidet, bewirkt. Dass bei decerebrierten Tieren Cocain ein sehr rasch eintretendes und anscheinend mehrere Stunden anhaltendes völliges Verschwinden der Enthirnungsstarre, Auftreten von Spontanbewegungen und der Spontanatmung in solchen Fällen, wo sich diese nicht hergestellt hatte, bewirkt, endlich, dass die erheblich gesteigerte Toleranz grosshirnloser Tiere für Cocain bestätigt werden konnte und dass dem Psicain die beschriebene Wirkung auf die Enthirnungsstarre nicht zuzukommen scheint.

de Crinis (Graz)

W. Russel Brain legte 1926 seine Arbeit: «Die nervösen Erscheinungen bei der Insulinhypoglykämie des Kaninchens verglichen mit Kokainkrämpfen» vor:

Fragestellung: Insulin- und Kokainkrämpfe bei Kaninchen sollten miteinander verglichen werden, nachdem dem Verf. aufgefallen war, dass die hypoglykämischen Krämpfe bei den Tieren nicht immer mit Bewusstseinsverlust einhergingen. – Insulin wurde subkutan oder intravenös gegeben, 10 Einheiten pro Kilogramm. Nach einer 1–2stündigen ruhigen Latenzperiode stellt sich ein Stadium der Muskelschwäche ein, dann ein Stadium motorischer Unruhe mit Umherlaufen, z. T. mit Manegebewegungen oder mit Laufbewegungen bei Seitenlage. Am charakteristischsten sind Verdrehungen des Körpers um die eigene Achse bzw. Rollbewegungen. Dabei ist die kalorische Reaktion auf einer oder beiden Seiten vermindert oder erloschen. Das Bild ähnelt dem, das nach einseitiger Labyrinthexstirpation oder nach einseitiger Oktavusdurchschneidung entsteht. Epileptiforme Krämpfe wurden nur einmal beobachtet und erscheinen dem Verf. für das hypoglykämische Syndrom nicht charakteristisch.

– Nach Kokain kommt es zunächst zu einem Stadium präkonvulsiver Erregung, bei dem die Tiere einen aggressiven Charakter haben. Dann beobachtet man mehr oder minder scharf voneinander geschieden eine tonische und eine klonische Krampfphase. Während der tonischen Phase Opisthotonus; die klonische klingt meist mit Laufbewegungen ab. Während der Krämpfe fehlt der Cornealreflex und es kommt gelegentlich zu Harn- und Kotabgang.
F. Fränkel (Berlin)

Und an der Psychiatrischen Klinik der Universität Wien beschäftigte sich 1928 *Heinz Hartmann* mit «Cocainismus und Homosexualität»:

An 2 Fällen wird Umkehr der Triebrichtung unter dem Einfluss von Cocain und Rückkehr zu heterosexuellem Verkehr nach Aussetzen des Cocaingenusses beschrieben und die Frage des kausalen Zusammenhanges zwischen Cocaingenuss und Änderung des Triebobjektes erörtert. Im Gegensatz zu *Joël-Fränkel* kommt *Hartmann* zu dem Schluss, dass durch das vorliegende Tatsachenmaterial die These von der spezifischen qualitativen Beeinflussung der Libidostruktur durch chronischen Cocaingenuss, und zwar der Beeinflussung in der Richtung auf die Inversion, gesichert sei. Die Stellungnahme des Ich als Kriterium für die «echte» Homosexualität, wie es *Joël-Fränkel* aufgestellt haben, will Verf. nicht gelten lassen. *Fränkel*

In vielen Krankenhäusern, rund um die Welt, mussten vergiftete Patienten behandelt werden. Die Cocainvergiftung wurde zum Forschungsschwerpunkt der Mediziner.

Von Kokainvergiftungen
und Behandlungen

Kokainkrämpfe, Kokainvergiftungen, tödliche Koksdosierungen bei Hunden, Kaninchen, Affen und Mäusen – die Narkotikaforscher waren auf der Suche nach geeigneten chemischen Gegenmitteln.

A. L. Tatum und *K. H. Collins* verwendeten im Pharmakologischen Laboratorium der Universität Chicago viel Zeit für diese Aufgaben. Sie berichteten 1926 über «Die Behandlung der akuten Cocainvergiftung beim Affen (Macacus rhesus)»:

In Übereinstimmung mit Untersuchungen von *Hofvendahl* hatten die Verff. früher mitgeteilt, dass Kaninchen und Hunde, die gleichzeitig mit Veronalnatrium und Paraldehyd behandelt wurden, weit mehr Cocain vertragen als unbehandelte Tiere.

Es wurden jetzt die Versuche an Affen nachgeprüft und bestätigt. Die Darreichung der Schlafmittel geschah intravenös.

Cocainkrämpfe konnten coupiert werden. Da die tödliche Dosis beim Affen noch mehr als bei Kaninchen und Hunden überschritten werden kann, falls die Schlafmitteltherapie angewandt wird, so glauben die Verf., dass sich die menschliche Cocainvergiftung ganz besonders für die Behandlung mit Veronal und Paraldehyd eignet. *F. Fränkel*

Hiroaki Utsunomiya leistete 1928 seinen «Beitrag zur Erforschung der Gewöhnung an und Entwöhnung von Giften» am Pharmakologischen Institut der Universität Okayama:

Bei chronischen Gaben von *Cocain* (Art der Applikation ist in dem deutschen Autoreferat der japanisch geschriebenen Arbeit nicht angegeben) in $\frac{1}{2}$ bis $\frac{1}{3}$ der Dosis letalis minima gingen Mäuse stets ein; bei Gaben von $\frac{1}{4}$ bis $\frac{1}{6}$ der Dosis letalis minima jeden zweiten Tag sind nach 60tägiger so durchgeführter Vorbehandlung 140% der Dosis letalis minima zum Töten erforderlich. Mit

zweitägig gegebenen Mengen von $\frac{1}{3}$ der Dosis letalis minima von Pavinal lässt sich nach 60tägiger Vorbehandlung die Dosis letalis minima auf 160% erhöhen. Nach Aussetzen der chronischen Gaben bleibt diese Steigerung der tödlichen Gabe noch lange bestehen. Die verwandten absoluten Mengen sind nicht angegeben.
Ruickoldt (Rostock)

Sein Kollege *Goro Narasaki* beschäftigte sich an der Medizinischen Akademie von Kanazana mit dem Kokainkonsum seiner japanischen Landsleute. 1928 berichtete er «Über einen hysterischen Anfall, der unter der Maske einer akuten Cocainvergiftung auftrat»:

Bei einer 44jährigen Bäuerin, bei der der Verf. nach der Diagnose von Sängerknötchen am linken Stimmbande mit dem Kehlkopfwatteträger lokal eine 20proz. Cocainlösung (angeblich nicht über 0,04 g Cocain) knapp aufgeträufelt hatte, traten sofort Erscheinungen einer akuten Cocainvergiftung auf, d. h. es trat Erregung des Atmungs- und Gefässnervenzentrums und der Acceleran-

sendigungen ein. Dazu traten Übelkeit, Atemnot ohne Cyanose und tetanische Krämpfe der Gesichts- und Extremitätenmuskeln. Dagegen konnte der Verf. keine Mydriasis, Lichtreflexverzögerung der Pupillen und Trokkenheit des Mundes feststellen. Verf. konnte den Anfall einwandfrei als einen durch die Kehlkopfbepinselung verursachten hysterischen Anfall feststellen. Die wichtigsten Anhaltspunkte für die Differentialdiagnose sind die Mydriasis, Verzögerung des Lichtreflexes der Pupillen und Trockenheit in der Mundhöhle, hysterischer Charakter des Patienten und Wirksamkeit der Suggestion. *Autoreferat*

In Amerika forschte man nach geeigneten Gegenmittel. So arbeitete 1928 *M. Reese Guttman* mit Luminal:

Gestützt auf bereits bekannte pharmakologische Tatsachen empfiehlt Verf. Barbitursäurepräparate und zwar prophylaktisch vor Cocaininjektionen als auch therapeutisch bei bereits eingetretener Vergiftung.

Empfehlenswert sei Kombination von Luminal und Paraldehyd. Um Verwechslungen von Cocain und Novokain vorzubeugen, wird auf die zuweilen schon übliche künstliche Färbung der Cocainlösung hingewiesen. *F. Fränkel* (Berlin)

Sein Kollege *John Leshure* sah im selben Jahr «Veronal als Verhütungsmittel gegen Cocainvergiftung» an:

Verf., der früher bei Lokalanästhesie (offenbar mittels Cocains) als unterstützende Mittel Morphin, Atropin oder Scopolamin gab, beobachtete trotzdem häufig Intoxikationssymptome. Diese schwanden, seitdem er an Stelle der erwähnten Mittel Veronal bzw. Veronalnatrium verwendete. Diese Tatsache befindet sich in guter Übereinstimmung mit den Tierexperimenten von *Tatum* und anderen Autoren, bei welchen sich Veronal als Antidot von Cocain erwies. *F. Fränkel* (Berlin)

In Edinburgh beschäftigte sich *David M. Greig* mit «Cocainrausch und -vergiftung bei Lokalanästhesie»:

Verf., der Cocain (10%) zur Anästhesie vor dem Katetherisieren benutzt, erlebte mehrere sehr ernste Zwischenfälle der bekannten cerebralen Erscheinung und warnt deshalb eindringlich vor der Anwendung dieses Mittels. *Strauss* (Mannheim)

Und in Upsala sahen 1926 *E.-Louis Backman* und *Hakan Rydin* die «Experimentelle Verstärkung der Giftwirkung des Cocains» bestätigt:

Bei der grossen Affinität des Cocains zum gesamten autonomen Nervensystem muss seine pharmako-dynamische Wirkung von der Erregbarkeit des sympathischen und parasympathischen Systems abhängen. Verff. gehen von der Arbeitshypothese aus, dass durch experimentelle Ausschaltung des Sympathicustonus die Toxizität des Cocains gesteigert werden könne. Versuchstiere Katzen. Es können 2,5–5 ccm 0,25–0,5proz. Cocain-HCl im Abstand von 15–20 Minuten mehrmals injiziert werden, ohne dass die Tiere eingehen. Sind jedoch durch eine Dosis von 1,0–3,33 mg Ergotamin die Sympathicusendigungen gelähmt, so genügt eine einzige Injektion von Cocain, um den Tod des Tieres herbeizuführen. *F. Hildebrandt*

Gerichtsmedizinische Institute haben in der Regel mit Toten zu tun. So konnten denn 1928 *Luisa Kohberg* und *Gottfried Beck*, Universität Zürich, nur «Einen Fall tödlich verlaufender Heroinvergiftung» darstellen, den Fall eines Koksers:

31jähriger Mann, seit 5 Jahren Cocainist, schnupft mehrfach von einem Pulver, verfällt in längeren Schlaf, der in Coma und Exitus endet. Von klinischen Symptomen bemerkenswert: punktförmige, reaktionslose Pupillen, Bradypnoe, Areflexie. Das Pulver wurde spektrographisch und chemisch als fast reines Heroin erkannt, das mit etwas Cocain versetzt war. Der Patient dürfte sich etwa 0,1–02 g Heroin beigebracht haben. Als letale Dosis gilt 0,07 bis 0,2 g.
F. Fränkel (Berlin)

Unmöglich, alle Arbeiten aufzuführen. Während man 1928 in den europäischen Metropolen in unglaublichen Mengen das weisse Pulver genoss, schienen die Wissenschaftler süchtig nach dem Forschungsgegenstand Kokain zu sein.

Zum Auslauf dieser 20er Jahre war Kokain wohl nicht nur die bekannteste, sondern auch die am intensivsten erforschte Droge seiner Zeit. Unberührt von der Weltwirtschaftskrise hielt das Interesse der Gelehrten am Kokain bis in die 30er Jahre an.

Vom Ende der hohen Zeit der Cocaforschung in den 30er Jahren

Auch die Cocawissenschaftler hatten unter Zeitgeschehen und Zeitgeist der 30er Jahre zu leiden.

Mit der Weltwirtschaftskrise 1929 änderten sich weltweit Bedürfnisse und Lebenssituationen vieler Menschen.

Im Winter 1928/29 steigt in Deutschland die Zahl der Arbeitslosen auf über zwei Millionen, 1932 sind es schon über sechs Millionen.

Zum Auslauf der 20er Jahre erreicht die Auslandsverschuldung schon die 25-Milliarden-Reichsmark-Grenze.

Ab 1930 kommt es immer häufiger zu schweren Auseinandersetzungen zwischen Kommunisten und den, in den späten 20er Jahren noch bedeutungslosen, Nationalsozialisten. Die Reichshauptstadt Berlin, städtischer Mittelpunkt der Roaring Twenties, ist von der Zeitwende hart betroffen. Hier leben 1931 schon 450 000 Arbeitslose, 1932 sind es schon rund 600 000.

Es wird immer noch gekokst, inzwischen auch in den Asylen der Stadt. Kokain als Droge der Armen und Unterprivilegierten.

Aber immer weniger Wissenschaftler waren am «Forschungsgegenstand Kokain» interessiert. Das Giftthema wurde zunehmend verdrängt. Nicht wenige Forscher, Ärzte und Lehrer, darunter viele gelehrte Juden, verliessen das Deutsche Reich, das sich immer stärker zum Nazi-Deutschland entwickelte.

Das wissenschaftliche Interesse an Coca beschränkte sich bald nur noch auf die Pharmakologie des weissen Stoffes. Interessant für Jungmediziner, die dem Kokain ihre Doktorarbeiten widmen. Beispielsweise die Inaugural-Dissertation des Rheinländers *Hans Krolls,* der 1931 mit der Arbeit «Zur Pharmakologie des Cocains» die Doktorwürde erlangte. Oder die Doktorarbeit von *Kurt Thassler* aus Leipzig, der 1935 seine Arbeit «Über die Beeinflussung der Wirkung des Cocains durch vorherige Darreichung von Hypnotika und Analgetika» vorlegte.

Die Kokainforschung entwickelte sich zur Elfenbeinturm-Forschung. Wie wirkt Kokain auf was? *R. Allers* und *O. Hochstädt* arbeiten 1930 «Über die Wirkung des Cocains auf das Zentrale Nervensystem». Im Nachdruck liest man:

«1. Die an enthirnungsstarren Katzen beobachtete Cocainwirkung, bestehend in dem Auftreten von Streckkrämpfen und nachfolgender völliger Lösung der Hirnatarre, wird durch Exstirpation des Kleinhirns nicht beeinflusst. Ob das in diesem Versuchen beobachtete Ausbleiben der Spontanbewegungen nur ein zufälliges Resultat sei, oder mit der Kleinhirnexstirpation zusammenhänge, ist noch zu untersuchen...»

Zur «Pharmakologie des Cocains» gibt *H. A. Oelkers* 1933 die «III. Mitteilung: Wirkungen des Cocains auf den Organismus» heraus:

«Unsere Kenntnisse über die pharmakologischen Wirkungen des Cocains sprechen dafür, dass dieses Alkaloid bei chronischer Zufuhr den Stoffwechsel des Organismus beeinflusst. Da wir über das Wesen dieser Schädigung nur wenig wissen, wurde in Anbetracht der Bedeutung der Fermente für den Stoffwechsel der Einfluss von Cocain auf eine grössere Zahl von Fermenten geprüft...»

Andere Gelehrte interessierte (wieder einmal) die Geschichte des Andenschnees. So auch *C. Jacobi,* der sich 1931 mit den «Peripheren Wirkungen des Kokains und ihre Bedeutung für die Erklärung des Kokakauens der Indianer» beschäftigte:

«Seit der Entdeckung Amerikas ist es bekannt, dass durch das Kauen der Blätter des in den Anden einheimischen Kokastrauches die Eingeborenen imstande sind, die gewaltigsten körperlichen Anstrengungen ohne Beschwerden zu ertragen und tagelange Märsche ohne Ermüdung zu leisten ... Im Tierversuch wie am Menschen haben sich nach grösseren Gaben Kokain (50–150 mg) ähnlich wie beim Morphin und Alkohol zentrale Erregungs- und Lähmungserscheinungen nachweisen lassen, und es tritt ein der Morphineuphorie ähnlicher Rauschzustand auf ...»

Nun, die Roaring Twenties der Cocawissenschaftler fanden mit der Machtübernahme der Nazis 1933 mehr oder weniger ihr Ende.

Die okkulte Drogenforschung der 20er Jahre – die Cocaversuche des Aleister Crowley

Natürlich hatten in all diesen Jahren neben den Naturwissenschaftlern und Medizinern auch die Geheimwissenschaftler, Privatgelehrten und Magier über Narkotika geforscht.

Der bekannteste unter ihnen war *Aleister Crowley*, der 1933, dem 1. Jahr eines «1000jährigen Reiches», seinen 58sten Geburtstag feierte.

Was in der jüngeren Therapiegeschichte *Sigmund Freud* für die Psychoanalyse war, das war *Crowley* für die jüngere Geschichte der Magie.

Wer war dieser Mann, der 1875 das Licht der Welt erblickte? Ein Magier, ein Meister der Sexual-Magie. Ein Dichter und Maler. Ein Mensch, dessen Spuren bis in die heutige Zeit nachgegangen wird. *Aleister Crowley* beschäftigte sich mit vielen Dingen, führte okkulte, sexuelle und natürlich auch Drogenexperimente durch. Der Gründer der «Abbey of Theleme», einer Abtei in Cafalù auf Sizilien, war Anfang der 20er Jahre so etwas wie der Altmeister der drogenforschenden Magier. Bekannt sein Leitspruch, der auf der Tür seines Klosters stand: Do What Thou Wilt.

Und *Crowley* tat, was er wollte. Schon früh, noch vor dem 1. Weltkrieg, hatte er als Betroffener das Gedicht «Morphia, by a Victim» geschrieben. Für *Crowley* war es selbstverständlich, für einen freien Drogenmarkt einzutreten. Nachzulesen in seinen Artikeln «The Great Drug Delu-

Aleister Crowley, ca. 1910

sion» und «The Drug Panic», die 1922 in The English Review veröffentlicht wurden.

Wie viele andere auch, hatte *Crowley* mit den Drogen seiner Zeit experimentiert: Morphium und Heroin, Äther und Meskalin, und natürlich auch Kokain. In seinem persönlichen Drogentagebuch, seiner Narkotika-Bilanz, als «Diary of a Drug Fiend» 1922/23 erschienen, widmet er der Coca das 4. Kapitel «Au pays de Cocaine».

Dem magischen Drogenforscher war Kokain natürlich als Narkotikum bekannt:

«... Aber mit Kokain sind die Dinge absolut anders. Ich möchte die Tatsache betonen, dass Kokain in Wirklichkeit ein Lokalanästhetikum ist. Das ist die Erklärung für seine Wirkung. Man kann seinen Körper nicht fühlen (Wie jeder weiss, ist das der Zweck, wofür es in der Chirurgie und Zahnheilkunde gebraucht wird) ...»

In einem Kokain-Lobgesang lässt er *Gwendolen Otter* zu Wort kommen:

«Herz meines Herzens, im blassen Mondlicht,
warum sollen wir bis morgen nacht warten? ...
Herz meines Herzens, komm' aus dem Regen,
lass' uns noch einmal Kokain nehmen...

Geh immer weiter, bis Du anhalten musst,
lass'uns noch einen Zug nehmen, old top...
Mach' weiter, über den Höhepunkt hinaus...»

Und der Kollege *Lamus* ergänzt:
«Steck Dein dämonisches Lächeln in mein Gehirn, weiche mich ein, durchtränke mich mit Cognac, Küssen, Kokain.»

Crowley zum Kokain:
«... Anstatt leidenschaftlich den Himmel zu stürmen mit flammenden Herzen, schwebten wir hoch droben im unbegrenzten Äther. Wir nahmen ab und zu neue Dosen von dem trägen weissen Pulver. Wir taten es ohne Gier, Eile oder Sehnsucht danach. Die Sinneswahrnehmung der unendlichen Kraft gewährte Bedächtigkeit, Behutsamkeit. Der Wille selbst schien ausser Kraft gesetzt. Wir gingen nirgendwo besonders hin, einfach, weil es unsere Natur war, so zu handeln. Unsere Glückseligkeit wurde mit jedem Moment vollkommener. Mit Kokain ist man in der Tat Herr über alles, aber alles geschieht intensiv...»

Bis in die 40er Jahre praktizierte *Crowley* als Magier und Drogenkenner. Bis in die 80er Jahre feierten und feiern ihn seine Anhänger als Meister der Schwarzen Magie.

Als der Meister am 1. 12. 1947 in England starb, blickte Europa nach einem fünfjährigen Weltkrieg auf zerstörtes Land. Unzerstört (wieder einmal) ging Kokain in die Nachkriegszeit.

8. Kapitel

SIE HABEN DIE NASE NOCH IMMER NICHT VOLL
*Von der Kokain-Renaissance nach dem 2. Weltkrieg
bis Mitte der 80er Jahre*

Koks nach dem 2. Weltkrieg – Narkotika in den 40er Jahren

Der Krieg war zu Ende. Die Reichshauptstadt Berlin war zerstört. Die Reichshauptstelle gegen den Alkoholismus existierte nicht mehr. Nach diesem 2. Weltkrieg hatte die Deutsche Hauptstelle gegen die Suchtgefahren im westfälischen Hamm die Nachfolge angetreten.

Nicht ohne Grund. Im Nachkriegsdeutschland der 40er Jahre gab es wieder Drogen. Zwar waren, insbesondere in den Grossstädten, viele Krankenhäuser, Apotheken und Arztpraxen zerstört oder beschädigt worden, aber grosse Teile der dort gelagerten Narkotika waren erhalten geblieben. Durch den Krieg war auch der Bedarf, die Nachfrage nach den Stoffen, nicht zerstört worden, im Gegenteil. In kurzer Zeit entstand ein Schwarzmarkt, die Polizei hatte wieder einmal mit der Giftbekämpfung zu tun.

Im April 1948 wird die Situation beschrieben:

Rauschgift wird zur Gefahr

Nach dem Kriege zeigten die Statistiken der Polizei, dass ausser den auch sonst mehr oder weniger häufigen Verbrechen eine neue Gefahr für die Bevölkerung drohte: aus unbewachten Lagern der ehemaligen Wehrmacht, aus beschädigten Krankenhäusern und Apotheken waren grosse Mengen von Rauschgift entwendet worden, die nun nach und nach unter der Hand an Süchtige verkauft werden.

Rauschgiftsüchtige gab es in Berlin schon vor dem Kriege, aber diese wenigen deckten ihren Bedarf durch erschwindelte oder gefälschte Rezepte in Apotheken. Genaue Kontrollen machten es jedoch möglich, jeden Süchtigen nach kurzer Zeit zu fassen und einer Heilanstalt zuzuführen. Werden die Rauschgifte jedoch heimlich auf dem schwarzen Markt verkauft, so besteht diese Überwachungsmöglichkeit nicht mehr. Wenn es auch noch keine gutorganisierten Rauschgiftbanden gibt, so nimmt die Zahl der heimlichen Verbreiter dieser Gifte doch ständig zu. Das seit vielen Jahren bei der Berliner Polizei bestehende Rauschgiftdezernat kann sich zur Zeit kaum noch mit der Verfolgung der Süchtigen befassen, da die Jagd nach den Händlern alle Kräfte beansprucht. Bisher konnte bereits über 15 Kilo der verschiedensten Gifte sowie etwa 30 000 Ampullen sichergestellt werden. Über 550 Rauschgifthändler und -süchtige wurden seit dem Kriegsende verhaftet. Es zeigte sich dabei, dass dieses Laster nun auch Kreise ergriffen hat, die sich früher fast immun dagegen zeigten.

Ausser den Ärzten, Krankenschwestern, die sonst den grössten Teil der Süchtigen stellten, sowie Menschen, die nach schmerzhafter Krankheit sich an das Gift der gefährlichen Drogen gewöhnt hatten, verfallen nun auch Leute seiner zerstörerischen Wirkung, die früher niemals daran gedacht hatten.

(Informationsdienst der Deutschen Hauptstelle gegen die Suchtgefahren, April 1948)

In den Rauschgiftdezernaten der Polizei werden die ersten Süchtigen-Karteien geführt. So heisst es im Informationsdienst der Deutschen Hauptstelle gegen die Suchtgefahren im November 1948:

Dem weissen Gift verfallen...

Bei den Landeskriminalpolizeiämtern wird in einer besonderen Abteilung eine – man möchte fast sagen – unheimliche Kartei geführt. Jeder Rauschgiftsüchtige, jeder Arzt und Apotheker, der die für ihn geltenden Bestimmungen übertreten hat, jeder, der unbefugt Betäubungsmittel verkauft, jeder Schmuggler, Hehler oder Dieb, der sie besorgt hat, ist hier registriert.

Seit dem Kriege ist die Zahl der Rauschgiftsüchtigen beträchtlich gewachsen. Wie aus den kriminalpolizeilichen Akten hervorgeht, sind etwa 80 Prozent der Süchtigen der letzten Jahre durch Krankheit und Verwundung dem Rauschgift verfallen, die übrigen durch ihren Beruf (Ärzte, Pflegepersonal!!), durch geistige Überarbeitung, durch Sensationslust und Verführung. Auch Pervitin, das während des Krieges häufig an Soldaten zur Aufpulverung ausgegeben wurde, hat vor allem manchen Geistesarbeiter süchtig werden lassen.

Was früher in grossen Mengen schwarz verkauft und von der Polizei oft kofferweise beschlagnahmt wurde, wird heute nur noch vereinzelt und zu Phantasiepreisen angeboten.

Kokain war teuer, noch teurer geworden. Im April 1949 mussten für 1 Kilo Kokainhydrochlorid im amtlichen Handel schon 900 Mark, im Schleichhandel natürlich ein Mehrfaches gezahlt werden.

Nun, Koks sollte in Europa für die nächsten drei Jahrzehnte nur kleine, finanzkräftige, beziehungsreiche Insider-Zirkel erfreuen. Anders die Situation in den amerikanischen Staaten. Hier fiel der Neuschnee schon früher.

Neuschnee in den Staaten – Entwicklung der US-Kokainszene

Seit den 30er Jahren war es ruhig um Kokain geworden. «Charleys» Enklaven über die Jahrzehnte waren die Jazzkeller und wenige elitäre Zirkel der Reichen.

Mit den 60er Jahren brach in den Staaten das neue Drogen-Zeitalter an. Nach dem Motto: turn on – tune in – drop out, vom Altmeister der «psychedelic power» *Timothy Leary* vorgegeben, handelten und lebten ungezählte Anhänger der neuen Drogenkultur über viele Jahre. Marihuana, Haschisch und Halluzinogene, LSD als «Wunder- oder Teufels- oder Wahnsinnsdroge», traten als «Campus-Drogen» ihren Siegeszug von Amerika nach Europa, Asien und Australien an. Auf dieser neuen Welle des geschichtlichen Drogenmeeres schwammen auch die Aufputschmittel, von Kennern als «speed» geschätzt, und – im Zuge der Muntermacher – auch das Kokain.

Coca mit seiner traditionsreichen Geschichte, seinem Flair von Luxus und Reichtum, seinem elitären Preis, avancierte Ende der 60er bis Anfang der 70er Jahre zur «Königin» unter den Drogen. Das Beat- und Undergroundblatt *The Rolling Stone* erkor das weisse Pulver 1971 zur «Droge des Jahres». Der kleine Kokain-Löffel am Halse wurde zum Requisit der Eingeweihten, so seinerzeit von der Gruppe *Greatful Dead* getragen. Die angekokste und zahlungskräftige Klientel reichte vom Pop-Establishment bis zu den Multi-Mittelständlern. Das südamerikanische Koks-Marketing zielte von Bogotá aus vornehmlich auf Intellektuelle und Künstler ab, jedoch nicht auf die «Ausgeflippten». Den armen Ghettobewohnern blieb das Heroin, den «Freaks» die psychedelischen Drogen. Kokain – das war und ist etwas anderes, koksen war wieder schick.

Der Spiegel in Deutschland meldete 1972:

«Amerikas Schickeria berauscht sich wieder am Kokain».

Und *Newsweek* in den Staaten stellte fest:

«... Nun gilt das Aufputschpulver wieder als Statussymbol der amerikanischen Middle-class-Drogenköpfe...»

Junge und alte Verbraucher priesen die Vorzüge, besonders gegenüber den injizierten Weckaminen: «Speed tötet, aber Coke schärft die Sinne» – und natürlich brachte Koks «bessere Orgasmen».

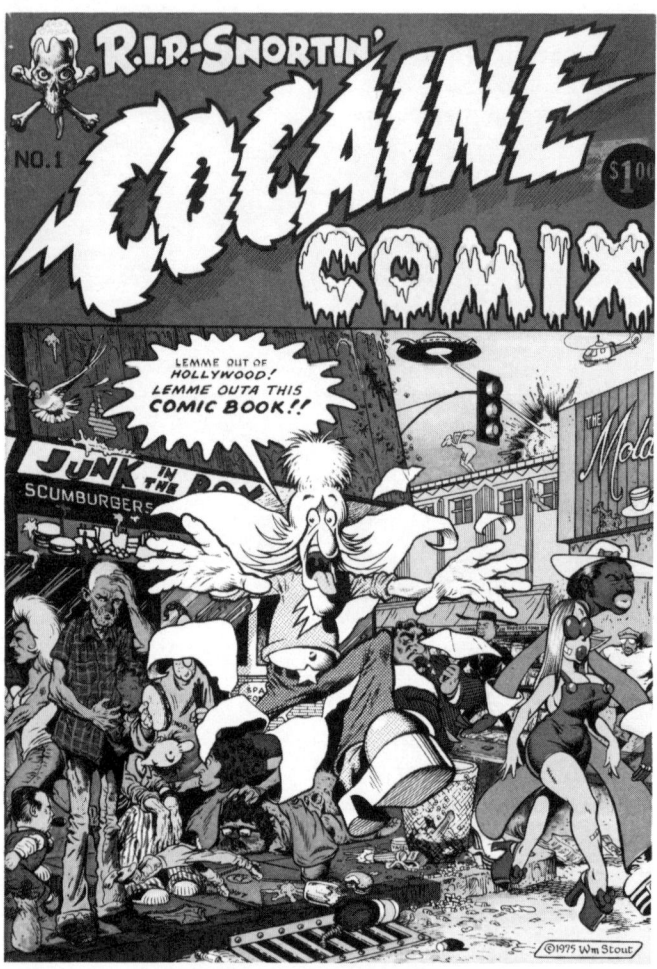

US-Cocaine-Comix, 1975

Folksänger *Hoyt Axton* hob in seinem Koks-Klagegesang ab: «...Er sagte, er wollte den Himmel, aber das Beten ging zu langsam... Deshalb kaufte er ein One-way-Ticket bei einer Fluglinie aus Schnee...»

Kein anderes Geschäft war so profitabel. Schon 1972 kostete ein Kilo Koks auf dem New Yorker Bar- und Strassenmarkt 23 000 Dollar. Die, die es sich leisten konnten, lebten nicht nur in den grossen Städten, ob Chicago, New York oder San Francisco. Sie verbrachten oft und gerne in den exklusiven, in den modänen Kurorten, Sportzentren und Badeorten ihre Zeit, ohne auf ihr Refreshment zu verzichten. So zog sich beispielsweise 1976 Aspen, Amerikas «St. Moritz», den Ruf zu, Kokainhauptstadt der Vereinigten Staaten zu sein. Das teure Schnupfmittel wurde direkt von

Bogotá über Dallas nach Aspen eingeflogen, wo das Gramm dann 75 Dollar kostete. Ironisch stellte *John Ray Enright*, Regionaldirektor der Bundesbehörde für Drogenbekämpfung, fest: «Die Hauptattraktion von Aspen ist statt des Schnees an Himmel der Schnee aus Lateinamerika geworden.» Die Nachfrage war gewaltig, nicht nur in Aspen. Wer es sich erlauben konnte, stieg in das lukrative Geschäft ein. Zum Thema Kokainhandel recherchierte *Robert Sabbag* von 1974 bis 1976.

Dann veröffentlichte er «Die authentische Insider-Geschichte des Kokainhandels im grossen Stil: Mexiko, die Luxushotels von New York, die Strassen von Harlem, die Niederungen von Bogota». Natürlich wurde sein Report «Schneeblind» erst acht Jahre später, 1984, ins Deutsche übersetzt. *Sabbag* zur US-Szene Mitte der 70er Jahre:

Kokain ist der Kaviar des Drogenmarktes. Während der Süchtige für eine Unze Marihuana (28,35 g) mit 40 bis 80 Dollar, je nach Qualität, auskommt, muss er für die gleiche Gewichtsmenge Kokain über 1000 Dollar hinlegen. Auch in anderen Aspekten entspricht Kokain dem Kaviar. Die Avantgarde nimmt Kokain. Die reichen Nichtstuer. Die Leute, die im *Who's Who* stehen. In New York sind es die Schauspielerinnen und Schauspieler, die Modelle der grossen Modehäuser, die Titelmädchen der ersten Wahl, Sportler, Künstler, Musiker, fortschrittlich gesinnte Geschäftsleute, Diplomaten und deren verzogener Anhang. Die gute Gesellschaft also. Berühmtheiten, die nicht mehr zu arbeiten brauchen. Es gibt einen gemeinsamen Nenner, durch den sich alle Kokainkonsumenten teilen lassen. Der Nenner heisst Geld. So kommt es, dass man Kokain auch in gewissen gutverdienenden Kreisen von Harlem findet. Bei den Zuhältern, den Dirnen, den Drogenhändlern, die Zuhälter und Dirnen mit anderen Drogen versorgen. Kokain verschafft Status.

In den späten sechziger Jahren hatte es eine wahre Drogen-explosion in den Vereinigten Staaten gegeben. Aufputschmittel, Tranquilizer, *Acid*, Meskalin, Marihuana und Haschisch. Die Verkaufskurve ging steil nach oben. Anfang der siebziger Jahre kam Kokain dazu. Kokain ist heute das beliebteste Rauschgift in den Vereinigten Staaten. Wer was auf sich hält, nimmt Kokain. In kleinen Mengen war Kokain schon immer im Handel gewesen. Aber in den letzten zehn Jahren hat sich das Geschäft vervielfacht. Im Jahr 1960 beschlag-

Werbung für Kokain-Utensilien, 1977/78

200

nahmten die amerikanischen Zollbehörden 6 Pfund Kokain an verschiedenen Grenzübergängen. 1974 wurden 907 Pfund (1 Pfund = 453,59 g) sichergestellt. In der Zeit von 1969 bis 1974 war bei den beschlagnahmten Mengen eine Zunahme um 700% zu beobachten.

Der Genuss von Kokain verstösst gegen das Gesetz, und so stösst die Wissbegier auf Grenzen, wenn man sich erkundigt, wieviel Leute Kokain nehmen und wieviel sie konsumieren. Kokain ist im Körper kaum nachzuweisen, weil es schnell abgebaut wird. Da Kokain nicht süchtig macht, gibt es wenig Konsumenten, die in Krankenhäusern oder Drogenkliniken auftauchen. In der westlichen Zivilisation gilt Schnupfen zwar allgemein als unfein. Aber nicht das Kokainschnupfen. Die feinen Leute tun das, Menschen, die nur in Ausnahmefällen in öffentliche Krankenhäuser eingeliefert werden. Nur wenige Kokainkonsumenten sind je mit dem Gesetz in Konflikt gekommen. Es gibt kein Vorstrafenregister, diese Leute figurieren nicht in der Verbrecherkartei.

Die beste Chance, einen Kokainkonsumenten zu sehen, hat man, wenn man sich am Ausgang eines Fitness-Klubs postiert. Oder aber man achtet auf Fahrzeuge der Marke Rolls-Royce, auf die Dame oder den Herrn, die dem Fond des Wagens entsteigen, nachdem der livrierte Chauffeur die Tür aufgerissen hat. Wer Kokain schnupft, legt damit Zeugnis ab, dass er sich einen exklusiven Lebensstil leisten kann. Kokain, das nehmen Leute, die mal eben zum Frühstück nach Paris fliegen, weil es da so knuspriges Weissbrot gibt. Marihuanarauchen ist vergleichsweise proletarisch. Der Kokaingenuss entspricht im Rang etwa einer englischen Teezeremonie. Man häufelt die schneeweissen Kristalle vor sich auf, teilt die Menge in zwei kleine Berge – für jedes Nasenloch einen – und saugt das feine Pulver durch zwei Röhrchen, die man sich aus grösseren Geldscheinen angefertigt hat, in die Nasenlöcher hoch. Wir nennen das einen *one and one*. Man kann das Ritual auch abkürzen. Man nimmt einen juwelenbesetzten

Werbung für Kokain-Utensilien, 1977/78

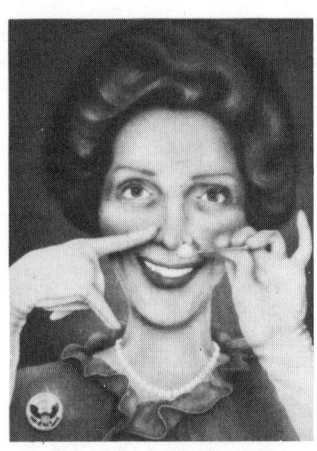

Silberlöffel, einen sehr kleinen Löffel von der Art, wie er in der Dentalmedizin Verwendung findet, schaufelt das Kokain aus dem Behälter und schnauft es frisch aus dem Löffel.

Kokain ist ‹in›. Die Unze kostete 1000 Dollar. Kein Rauschgift für Herrn Jedermann.

Wie immer der soziale Hintergrund des Kokainschnupfers aussieht, was sich nach der Aufnahme des Stoffes durch die Nasenschleimhaut im Körper abspielt, ist bei arm und reich gleich. Die Wirkung wird im Gehirn registriert. Ein schönes Gefühl. Man fühlt sich wohl. Und darum geht es bei dem Ganzen. Kokain ist eine psychoaktive Droge. Ein chemisches Produkt, das ‹high› macht.

Natürlich fällt auch für den Kokaindealer, *Sabbag* nennt seinen Händler «Zachary Swan», ein Profit ab, der fast jedes Risiko lohnt:

US-Kokain-Postkarten,
«Dear Snow Queen»

Aber das richtige Verdienen fängt erst an, wenn Kokain den südamerikanischen Boden verlassen hat. In New York wird das Kilo Kokain für 30 000 Dollar gehandelt. Das ist der Preis, der einem berechnet wird. Aber dafür bekommt man nicht reines Kokain. Der Händler indes, der einem das Kilo beschafft hat, wurde mit reinem Stoff beliefert. Oft verdoppelt er die Marge, indem er die Ware mit 50% fremden Stoffen vermengt. Die Händler nennen das einen ‹full hit›. Wer so vorgeht, erzielt also zweimal 30 000 Dollar für das Kilo, er verkauft Ware mit einem Reinheitsgrad von 50%. Er hat 6000 Dollar investiert und bekommt 60 000 Dollar zurück. Verdienst bei einem Kilo: steuerfreie 54 000 Dollar. Noch mehr kann der Händler erzielen, wenn er pro Unze verkauft. Die meisten Kokainschmuggler ziehen es jedoch vor, im Kilo zu verkaufen. Es gibt eine Reihe von Gründen dafür. Kokain zerfällt an der Luft. Es ist eine gefährliche Ware, die man bewegt. Je schneller man sie wieder los ist, desto besser.

Zur Frage des Reinheitsgrades. Die meisten Händler machen keinen ‹full hit›. Sie verkaufen den Stoff als 80% reines Produkt weiter. Jenen Händlern, die per Unze weiterverkaufen, werden sie Stoff geben, der ein bisschen weniger konzentriert ist als 80%. Die Unzenhändler zahlen zwischen 850 und 1000 Dollar pro Unze (28,35). Sie erwarten sich dafür Ware, die zwischen 70% und 80% reines Kokain enthält. An jeder Unze verdient der Unzenhändler ein paar hundert Dollar. Für 1g lassen sich in New York zwischen 50 und 100 Dollar erzielen. Wer pro Gramm verkauft, gibt Kokain weg, dessen Reinheitsgrad 50% nicht übersteigt. Schliesslich muss er ja die Alufolie kaufen, in die das Zeug verpackt wird. Bei der Festsetzung des Preises für Kokain hat der Verkäufer das Sagen, nicht der Käufer. Ein *seller's market*. Der letzte Dealer in der Kette kann den Stoff praktisch so stark verdünnen, wie er will. Es wird sich immer ein Idiot finden, der ihm seine Briefchen abkauft. Der Markt ist gross, der Dealer wird immer genügend neue Kunden finden. Fazit für den Verbraucher: Wer reines Kokain haben will, muss Mengen kaufen. Nicht dass dies eine Garantie wäre, guten Stoff zu bekommen. Zum Beispiel werden jene Schmuggler, die selbst Kokain schnupfen, einen Teil der Ware für sich abzweigen. Das Fehlgewicht wird durch Milchzucker oder Traubenzucker ersetzt. Immerhin, er hat reinen Stoff aus Südamerika erhalten. Und er hat nicht fürchter-

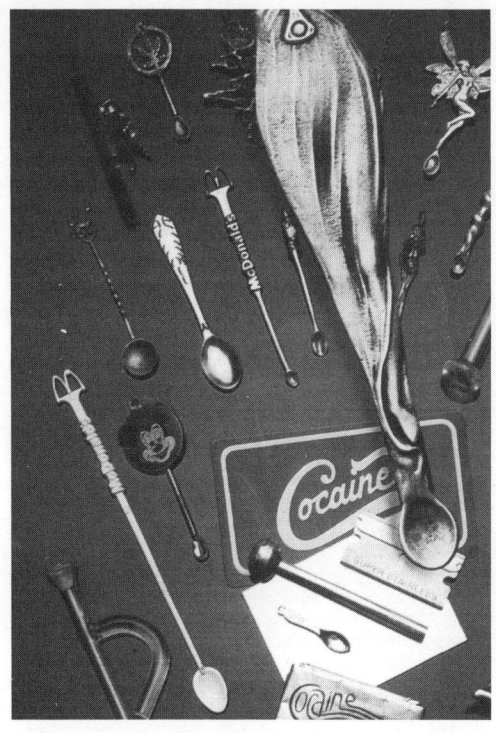

Werbung für Kokain-Utensilien, 1977/78

Plakat zum US-Film «Kokain», 1949

lich viel weggenommen. Das, was er kurzfristig verbrauchen kann. Jeder Schmuggler wird Ihnen bestätigen: Es geht nichts über reinen Stoff. Wenn Sie nicht pures Kokain kaufen, kaufen Sie kein Kokain.

Nun, das Geschäft wurde zum Auslauf der 70er Jahre nur noch lukrativer. Die Koksdealer lernten dazu.

Ende der 70er Jahre zählten schon viele Millionen zur Kokain-Fan-Gemeinde. Der US-Zoll beschlagnahmte Drogen in Milliardenhöhe:

US-Zoll: Nakotika-Bilanz 1977 und 1978

	Heroin	Kokain	Haschisch	Marihuana	Marktwert
1977	125 kg	427 kg	7,2 t	675 t	2 Milliard. $
1978	90 kg	700 kg	12 t	2500 t	4,5 Milliard. $

Seit den 80er Jahren liegen die Kokainsicherstellungsmengen im Tonnenbereich. Die Verbreitung und anhaltende Nachfrage ist enorm. Zur US-Szene Anfang der 80er Jahre schreibt das Nachrichtenmagazin *Der Spiegel* 1982:

Kokain statt „Bluejeans"

Miami (AP). Der amerikanische Zoll hat auf dem Flughafen von Miami 22 Kartons mit mehr als rund 1,7 Tonnen Kokain beschlagnahmt, die mit einer Frachtmaschine aus Kolumbien gekommen und als „Bluejeans" deklariert worden waren. Das Rauschgift hat einen Wiederverkaufswert von umgerechnet mehr als zwei Milliarden DM.

Tagesspiegel, 11. 3. 1982

Über eine halbe Tonne Kokain in USA sichergestellt

Cleveland (AFP). 540 Kilo fast reines Kokain im Marktwert von umgerechnet rund einer Milliarde DM haben Beamte des amerikanischen Rauschgiftdezernats am Sonntag bei Cleveland im US-Bundesstaat (Tennessee) in einem Lieferwagen beschlagnahmt. In dem Lieferwagen und seinen Begleitfahrzeugen wurden außerdem über eine Million DM und eine Maschinenpistole entdeckt. Im März war den amerikanischen Behörden der bisher größte Kokain-Fund in ihrer Geschichte gelungen, als der Zoll auf dem Flughafen von Miami 1630 Kilo der Droge sicherstellte.

Tagesspiegel, 13. 7. 1982

Über 900 Kilo Kokain in Frachtflugzeug entdeckt

Miami (AP). Zollbeamte auf dem Internationalen Flughafen von Miami im US-Bundesstaat Florida haben am Freitag in einem in Panama registrierten Frachtflugzeug 907 Kilogramm Kokain beschlagnahmt, das nach Angaben des Zolls einen Straßenverkaufswert von 200 bis 300 Millionen Dollar hat. Zollbeamte erklärten, es sei die zweitgrößte Kokainmenge, die jemals in den Vereinigten Staaten sichergestellt wurde. Die bisher größte Menge war im März 1982 mit 1700 Kilogramm im damaligen Straßenverkaufswert von 175 Millionen Dollar ebenfalls in einem Frachtflugzeug auf dem Flughafen von Miami beschlagnahmt worden.

Tagesspiegel, 17. 6. 1984

Fast 500 Kilo Kokain am Strand

Manalapan (dpa). Eine Spaziergängerin hat an einem einsamen Strand in Florida 15 Beutel gefunden, in denen die von ihr benachrichtigte Polizei nahezu 500 Kilogramm Kokain entdeckte. Das Rauschgift hätte auf dem Drogenmarkt schätzungsweise 190 Millionen Dollar gebracht. Die Behörden konnte bislang nicht herausfinden, woher das Kokain stammt und für wen es bestimmt war.

Tagesspiegel, 27. 1. 1985

Kokain für Olympiade besorgt

Miami (AP). Die amerikanische Drogenbekämpfungsbehörde hat offenbar einen Versuch kolumbianischer Rauschgifthändler vereitelt, Los Angeles zur diesjährigen Sommerolympiade mit Kokain zu überschwemmen. Ein Mitarbeiter gab jetzt bei Gericht in Miami im US-Bundesstaat Florida eine eidesstattliche Erklärung ab, nachdem dort Mitte dieser Woche vier Kolumbianer und eine Kubanerin festgenommen worden waren.

Der Beamte erklärte, es sei ihm gelungen, sich als Pilot getarnt in eine Gruppe von Rauschgiftschmugglern einzuschleichen. Von ihnen habe er den Auftrag bekommen, aus Kolumbien etwa 200 Kilo Heroin in die USA zu fliegen.

Tagesspiegel, 31. 3. 1984

US-Zoll entdeckte Kokain unter Pilotenkanzel eines Flugzeugs

New York (dpa). Die amerikanische Zollbehörde in Miami hat eine Düsenverkehrsmaschine der US-Fluggesellschaft Eastern Airlines beschlagnahmt, nachdem an Bord des Flugzeugs knapp drei Pfund Kokain entdeckt wurden. Das Rauschgift war unter der Pilotenkanzel in jenem Teil des Flugzeugs versteckt, in dem die Elektronik der Maschine untergebracht ist.

Das Großraumflugzeug vom Typ „L-1011" wurde vom Zoll nach einer Intervention des Direktors von Eastern Airlines, des früheren Astronauten Frank Borman, wieder freigegeben. Die Maschine war auf dem Flug von Lima nach New York in Miami zwischengelandet. Nach Angaben des US-Zolls ist in den letzten sechs Monaten 22mal in Eastern Airlines-Maschinen, die aus Lateinamerika kamen, Kokain gefunden worden. Festnahmen seien bisher nicht erfolgt.

Tagesspiegel, 26. 4. 1984

70 Kilogramm Kokain in Los Angeles beschlagnahmt

Los Angeles (AFP). In einem Frachter im Hafen von Los Angeles sind am Sonntag 70 Kilo Heroin im Marktwert von 28,6 Millionen Dollar beschlagnahmt und 15 Personen verhaftet worden. Nach Angaben eines Polizeisprechers war das Rauschgift für einen von Kolumbianern geleiteten Händlerring bestimmt. Es handelte sich um die größte Kokainbeschlagnahmung, die je in Los Angeles erfolgte. Die kalifornischen Drogenhändler hatten allerdings schon vor zwei Wochen einen schweren Schlag erlitten, als in San Francisco fast 100 Kilo Kokain sichergestellt wurden.

Tagesspiegel, 1. 2. 1983

US-Rauschgiftfahnder stellten 630 Kilo Kokain sicher

Tampa (AFP). 630 Kilo Kokain im Schwarzmarktwert von umgerechnet über einer Milliarde DM sind amerikanischen Rauschgiftfahndern in Tampa Bay im US-Bundesstaat Florida in die Hände gefallen. Wie das zuständige Drogendezernat am Sonnabend meldete, war der Stoff in einer Ladung von Schädlingsbekämpfungsmitteln versteckt, die aus Kolumbien geliefert wurde und für ein Lager in Jacksonville in Florida bestimmt war. Nach Meinung der Polizei hat der Transport auf diesem Wege seit mindestens zwei Jahren funktioniert.

Tagesspiegel, 21. 8. 1983

Tod David Kennedys als Unfall bezeichnet

New York (dpa). An der Leiche des 28jährigen David Kennedy, der am 25. April in einem Luxus-Hotel in Palm Beach (US-Bundesstaat Florida) tot aufgefunden wurde, sind zwei Nadel-Einstiche und mehrere kleine Prellungen am Gesicht und auf der Brust festgestellt worden. In einem amtlichen Obduktionsbericht heißt es, die Prellungen stammten von Schüttelkrämpfen nach starkem Kokain-Genuß. Der Tod des Sohnes von Robert Kennedy wurde als Unfall bezeichnet.

Tagesspiegel, 26. 5. 1984

Carters Stabschef weist Vorwurf des Kokain-Genusses zurück

New York (ddp). Bestritten hat der Stabschef des Weißen Hauses und enge Berater von US-Präsident Carter, Hamilton Jordan, Vorwürfe, in einer New Yorker Diskothek Rauschgift genommen zu haben. In ihrer Freitagsausgabe hatte die „New York Times" berichtet, Jordan sei von den Inhabern des bekannten „Studio 54" in New York beschuldigt worden, im April 1978 in der Diskothek nach Kokain gefragt zu haben. In seiner Begleitung habe sich Jody Powell, der Sprecher des Weißen Hauses, befunden. Justizminister Civiletti hat eine Untersuchung der Vorwürfe angeordnet, wie die „New York Times" weiter berichtete.

Jordan unterstrich, er habe nur ein einziges Mal das „Studio" betreten, im „Juli oder September letzten Jahres". Jody Powell betonte, er habe nie die Diskothek betreten.

Tagesspiegel, 26. 8. 1979

Kokain im Körper von David Kennedy gefunden

Palm Beach (AFP). Bei der Obduktion des 28jährigen David Kennedy fanden die Ärzte Spuren von Kokain und schmerzstillenden Medikamenten. 1,3 Gramm reines Kokain wurden außerdem in dem Hotelzimmer in Palm Beach sichergestellt, in dem der Sohn des ehemaligen Justizministers Robert Kennedy, wie berichtet, am Mittwoch leblos aufgefunden wurde.

Ob der Tod Kennedys durch Rauschgift verursacht wurde, steht nach den Erklärungen des Gerichtsmediziner Jay Pintacuda allerdings noch nicht fest. Eine solche Tehese sei noch „verfrüht", betonte der Mediziner in der Nacht zum Freitag in Palm Beach.

Tagesspiegel, 28. 4. 1984

Carter-Mitarbeiter erneut des Kokaingebrauchs beschuldigt

Washington (ddp). Einige der engsten Mitarbeiter von US-Präsident Carter, unter ihnen der Stabschef des Weißen Hauses, Jordan, sind erneut beschuldigt worden, an einer Party teilgenommen zu haben, auf der Kokain geschnupft wurde. Die amerikanische Fernsehgesellschaft CBS brachte einen sechsminütigen Bericht über die Party, die nach einer demokratischen Wahlversammlung im Oktober 1977 in Beverly Hills stattgefunden hatte. Der Sprecher des Weißen Hauses, Powell, erklärte, den Anwälten Jordans lägen Erklärungen von Party-Teilnehmern vor, nach denen die Präsidentenberater kein Kokain genommen hätten. Jordan selbst erklärte in der Fernsehsendung, er werde als Stabschef weder zurücktreten noch sich beurlauben lassen. Die Justizbehörden haben Ermittlungen aufgenommen.

Tagesspiegel, 22. 9. 1979

Shirley MacLaine entlastet Jordan

Washington (ddp). Die bekannte amerikanische Filmschauspielerin Shirley McLaine hat den Stabschef im Weißen Haus, Hamilton Jordan, entlastet, gegen den derzeit die amerikanische Bundeskriminalpolizei (FBI) wegen eines angeblichen Rauschgiftabends im Oktober 1977 in Los Angeles ermittelt. Shirley McLaine versicherte jetzt gegenüber der amerikanischen Fernsehgesellschaft CBS, an dem fraglichen Abend habe keiner der anwesenden Mitarbeiter von Präsident Carter Rauschgift genommen. Der Abend sei rundum korrekt verlaufen. Auch andere — weniger bekannte Personen — entlasteten in der CBS-Sendung den neuen Stabschef im Weißen Haus.

Tagesspiegel, 23. 9. 1979

Kunst & Koks
Faye Dunaway

«... Eine Party ohne Blow, meldet ‹Cinema› vom amerikanischen Show-Business, gilt heute als eine Arme-Leute-Fete oder hoffnungslos altmodisch. Amerikanische Show-people, deren Namen im Zusammenhang mit Kokain an die Öffentlichkeit kamen, sind schon Legion: *Julia Phillips,* Produzentin von ‹Unheimliche Begegnung der dritten Art› («Koks gab mir Selbstvertrauen, ich konnte drei Jobs auf einmal erledigen»), die Schauspielerin *Faye Dunaway* und *Linda Blair* (‹Exorzist›), Sänger-Schauspieler *Kris Kristofferson* und Rockstar *Eric Burdon.* Und natürlich *Keith Richards* und *Ron Wood* von den *Rolling Stones,* die den ‹Cousin Cocaine› besungen haben (‹Lay your cool hand on my head›). Auf dem an Röntgenbilder erinnernden *Stones*-Plattencover ‹Emotional Rescue» glauben Insider die Platinplatte in der Nasenscheidewand des Sniffers *Mick Jagger* zu erkennen. Kokain-Dealer in Hollywood fahren im Rolls-Royce vor und wohnen am Sunset Boulevard. Allein am Hollywood Boulevard gibt es sieben sogenannte Head Shops, in denen unbehelligt die zum Kokain-Genuss nötigen Utensilien verkauft werden: Papierchen, um Koks in Briefform einzuschlagen (‹Sno-Seals›); Schniefröhrchen in allen Ausführungen; alle Arten von Löffelchen, darunter ‹tibetanische Ohrlöffel›; oder auch ganze Sets mit Kokain-Mühle, Umfüllflaschen, Boxen und Federwaage ...»

Zur Verbreitung meint das Blatt:

«... Die tägliche Prise Kokain ist mittlerweile bei gestressten jungen Aktienhändlern an der Wall Street und bei aufstrebenden Rechtsanwälten an der amerikanischen Westküste ebenso verbreitet wie bei hochqualifizierten Facharbeitern auf den Baustellen der amerikanischen Atomindustrie ...»

1982 schätzt die US-Drogenbehörde bereits zehn Millionen «mehr oder minder regelmässiger» Kokser zwischen San Francisco und New York. Die Wissenschaftler klassifizieren das Millionenheer:

social-recreational user (gelegentliche Freizeit-Sniffer) – wohl die Mehrheit der Kokain-Konsumenten, die beim Zusammensein mit Freunden oder Bekannten zu Hause, in der Kneipe oder beim Konzert mal ein paar «lines» Koks vom Spiegel ziehen.

situation user – die Koks unregelmässig als Dopingmittel benutzen, zur Leistungssteigerung, in der Nachtarbeit, als Appetitzügler oder um gegen depressive Stimmungen anzugehen.

Wer zur dritten Kategorie gehört, der ist dann wirklich «drauf», er kokst regelmässig, schnupft oder spritzt, mehrmals am Tag, mehrmals in der Woche, ein paar Gramm, je nach Versorgungsquelle und persönlicher Finanzlage.

Nun, Mitte der 80er Jahre scheint in den Staaten eine «Stagnation auf hohem Niveau» eingetreten zu sein. So um

die fünf Millionen regelmässige und 15 bis 20 unregelmässige Koks-Verbraucher werden geschätzt. Der nordamerika-
nische Kontinent ist gesättigt, die Andenproduktion pegelt
sich auf 50 bis 70, wohl aber unter 100 Tonnen im Jahr ein.
Was bleibt, wenn die Kultdroge Allgemeingut geworden ist?
Die Koks-Affairen, die Skandale.

Koks-Skandale: Made in USA

Die Neue und die Alte Welt hatten sich zwar nicht abgespro-
chen, aber Ende der 70er bis Anfang der 80er Jahre hatten
sie ihre publikumswirksamen Koks-Skandale.

In Europa sorgte 1979 der Musiker *Abi Ofarim*, 1981 der
Münchener «Koks-Prozess» und 1982 der Kokstod des Regis-
seurs *Rainer Werner Fassbinder* für Schlagzeilen.

In Amerika kam 1979 *Hamilton Jordan*, Berater des US-
Präsidenten ins Gerede. 1982 wurde der Fabrikant *De
Lorean* wegen eines Kokain-Deals verhaftet. 1984 starb der
Senatorensohn *David Kennedy* an Drogen.

Die Inhaber der New Yorker Disco «Studio 54» beschul-
digten im Herbst 1979 einen prominenten Besucher. Er soll
nach Kokain gefragt haben. Der Mann, der so plötzlich zu
Koks-Ruhm kam, war Stabschef im Weissen Haus. *Hamilton
Jordan*, enger Berater des US-Präsidenten Carter, wies die
Vorwürfe zurück. Er hatte weder auf einer Party in Beverly
Hills, Los Angeles, gekokst noch in der Nobeldisco in New
York im April 1978 nach dem edlen Stoff gefragt. Mit Akribie
verfolgte die Presse den «Regierungsskandal»:
- Carters Stabschef weist Vorwurf des Kokain-Genus-
  ses zurück (26. 8. 1979)
- Carters Stabschef des Rauschgiftgenusses beschul-
  digt (15. 9. 1979)
- Carter-Mitarbeiter erneut des Kokaingebrauchs
  beschuldigt (22. 9. 1979)
- *Shirley MacLaine* entlastet Jordan (23. 9. 1979).

Sozusagen im fliessenden Übergang beschäftigte sich die
amerikanische Öffentlichkeit mit einem weiteren Prominenten: *David Kennedy*, Sohn des ermordeten US-Senators
Robert Kennedy, kam mit Drogenproblemen auf einen für
ihn schlechten Weg. Schlagzeilen:
- Im September 1979 wurde *David Kennedy* in einem
  Dealer-Hotel in Harlem ausgeraubt (7. 9. 1979)
- Nach der Veröffentlichung seiner Rauschgiftaffaire
  verschwand *David Kennedy* (12. 9. 1979)

S enator Edward Kennedy begrüßt
 Jacqueline Onassis, Witwe des
1963 ermordeten US-Präsidenten
John F. Kennedy. Die beiden trafen
sich bei der Beisetzung von David
Kennedy in Brooklyne (US-Staat
Massachusetts). Der 28jährige Sohn
des 1968 ermordeten früheren Justizministers Robert Kennedy war in
der letzten Woche tot in einem Hotel
aufgefunden worden. In seiner Leiche konnten Experten beträchtliche
Spuren von Kokain und einem
Schmerzmittel nachweisen. Ob das
auch seinen Tod verursachte, kann
erst nach Abschluß aller Untersuchungen festgestellt werden.

– kehrte dann aber in die Arme seiner Familie zurück und versuchte sich an einer Entziehungskur (13. 9. 1979).

Zwischenzeitlich gab es in der Kennedy-Familie weitere Drogenprobleme:
– Im Dezember 1980 wird der Neffe des US-Senators Edward Kennedy, *Christopher Lawford,* wegen Heroinbesitz angeklagt
– und *Edward Kennedy* jun., Sohn des US-Senators, muss sich wegen Marihuanabesitzes verantworten (1. 1. 1981).

David Kennedy schafft es nicht so recht. Drogen sind ein Problem für ihn.
Robert Kennedy jun. in Drogenklinik (16. 9. 1983).
Am 25. April 1984 wird *David Kennedy* tot in einem Hotel in Palm Beach in Florida aufgefunden. Bei der Obduktion des 28jährigen fanden die Gerichtsmediziner Spuren von Kokain und schmerzstillenden Medikamenten. In seinem Hotelzimmer wurden 1,3 Gramm reines Kokain sichergestellt.
Der Tod des jungen Mannes, ob mit oder ohne Koks, war ein erneuter schwerer Schicksalsschlag der vom Schicksal geschlagenen Kennedy-Familie.
Nun, ab und an hatte die US-Prominenz immer wieder einmal mit Kokain zu tun. Für die Filmbranche brachte es 1981 auf der Oscar-Verleihung *Johnny Carson* auf den Punkt. Er scherzte:
«Der grösste Geldmacher des Jahres war Columbia – Nicht die Filmfirma, sondern das Land.»

Kokain brachte dem Land Amerika aber nicht nur erfrischende Freude. Für einige war der Schnee giftig. So starb der Fernseh-Entertainer und Komödiant *John Belushi* 33jährig am 5. März 1982 an einer intravenös gespritzten Kokain-Überdosis.
Ganz anders verlief die Geschichte eines Arbeitersohnes aus einem ungarisch-französischen Elternhaus, der sich bis zum Spitzen-Manager bei General-Motors hochgearbeitet hatte. *John Z. de Lorean,* Endfünfziger und Automobilfabrikant, verstand viel von Sportwagen und wenig von Kokain.
De Lorean hatte im nordirischen Belfast ein Sportwagenwerk aufgebaut. 2600 Beschäftigte. Nun, das Werk war in Konkurs gegangen. Und nun brauchte er Geld, viel Geld.

US-Koks-Skandal «De Lorean» Verhaftung

De Lorean-Sportwagen

Kokain-Sicherstellung

Den schnellen Dollar versprach er sich vom Empfang und Weiterverkauf von 100 Kilo Kokain, Schwarzmarktwert immerhin 24 Millionen DM. Nur hatte *De Lorean*, des dealens unkundig, Pech. Von Anfang an überwachte das FBI die Koks-Finanzaktion. So nahm denn das Drama im Oktober 1982 seinen Lauf:

- Autofabrikant wegen Kokainhandels in Los Angeles verhaftet (21. 10. 1982)
- Nach Zahlung von 10 Millionen Dollar Kaution aus der Haft entlassen (31. 10. 1982)
- Kokain-Prozeß gegen früheren Sportwagenhersteller eröffnet (20. 4. 1984)
- Freispruch für *De Lorean* (18. 8. 1984)
- *De Lorean*-Autos nach Freispruch plötzlich gefragt (19. 8. 1984).

Last but not least:
- *De Lorean* getrennt von seiner Frau (20. 9. 1984)
- *Christina de Lorean* heiratet wieder (23. 4. 1985)

Die Alte Welt nahm an der neuen Koks-Geschichte Amerikas teil. Und sie entdeckte ihre eigene wieder.

Autofabrikant wegen Kokainhandels in Los Angeles verhaftet

Los Angeles (AP). In einem Flughafenhotel in Los Angeles ist der 57jährige Automobilfabrikant John de Lorean unter dem Verdacht des Kokainhandels verhaftet worden. Ihm wird vorgeworfen, er habe in Kalifornien 100 Kilogramm Kokain in Empfang nehmen und weiterverkaufen wollen. Offenbar habe er gehofft, mit dem Erlös sein in Konkurs gegangenes Sportwagenwerk in Belfast in Nordirland retten zu können. Der Schwarzmarktwert des Kokains wird mit 24 Millionen Dollar angegeben.

De Lorean, Sohn eines Montagearbeiters der Ford-Automobilwerke, war jüngster Vizepräsident bei General Motors gewesen, ehe er das amerikanische Unternehmen vor neun Jahren verließ. Mit einer Finanzhilfe der britischen Regierung in Höhe von 143 Millionen Dollar errichtete er ein eigenes Werk in Belfast, das im Februar in Zahlungsschwierigkeiten geriet. Am Tag der Verhaftung de Loreans hatte die britische Regierung bekanntgegeben, daß das Sportwagenwerk in Belfast endgültig geschlossen und verkauft werde.

Tagesspiegel, 21. 10. 1982

Kokain-Prozeß gegen früheren Sportwagenhersteller eröffnet

New York (dpa). In Los Angeles hat am Mittwoch der Rauschgiftprozeß gegen den früheren Sportwagenhersteller John De Lorean begonnen. De Lorean wird beschuldigt, die Finanzierung der Einfuhr von Kokain im Wert von über 62 Millionen DM versucht zu haben, um mit den Gewinnen aus dieser Transaktion sein nahezu bankrottes Unternehmen zu sanieren.

De Lorean war im Oktober 1982 verhaftet worden, nachdem er von der Bundespolizei FBI angeblich auf frischer Tat ertappt worden war. Falls er in allen neun Anklagepunkten schuldig gesprochen wird, muß er mit einer Höchststrafe von 72 Jahren Freiheitsentzug rechnen. Inzwischen stellte sich heraus, daß der vermeintliche Geschäftspartner De Loreans und Kronzeuge der Anklage wegen falscher Aussagen in anderen Verfahren vorbelastet ist.

Tagesspiegel, 20. 4. 1984

Freispruch für DeLorean

Gericht: Kokaingeschäft war Falle

LOS ANGELES, 17. August (dpa/AFP). Der frühere Automobilhersteller John DeLorean ist in Los Angeles nach einem Prozeß von mehr als drei Monaten Dauer freigesprochen worden. Er war angeklagt, zur Sanierung seines in Konkurs gegangenen Autounternehmens in Belfast sechzig Kilogramm Kokain im Schwarzmarktwert von 24 Millionen Dollar angeboten zu haben. Im Falle eines Schuldspruches hätte DeLorean mit einer Haftstrafe von 67 Jahren und einer Geldstrafe von 185 000 Dollar rechnen müssen.

Der 59 Jahre alte ehemalige Geschäftsmann war am 20. Oktober 1982 in einem Hotel in Los Angeles von Agenten des amerikanischen Geheimdienstes FBI festgenommen worden, die sich ihm gegenüber zuvor als Drogenhändler ausgegeben hatten. In Zusammenarbeit mit dem Rauschgiftdezernat der Polizei hatten sie die Verhandlungen um den Verkauf des Kokains auf Videobändern aufgezeichnet, die während des Prozesses vorgeführt wurden.

Die Verteidigung beschuldigte dabei die Polizei und den Geheimdienst, sie hätten den immer wieder zögernden DeLorean mit allen Mitteln in eine Falle, in das Scheingeschäft mit dem Rauschgift gelockt. Man habe dem Angeklagten sogar angeboten, das Kokain mit Schuldscheinen seiner zusammenbrechenden Firma zu bezahlen, als er bekannt habe, nicht das nötige Bargeld zu besitzen. Die Behörden hätten den Fall mit Übereifer verfolgt, weil sie sich von der Überführung des bekannten Unternehmers Publizität für ihre Arbeit gegen die Rauschgiftkriminalität erwartet hätten. Die Geschworenen folgten schließlich den Argumenten der Verteidigung, der Angeklagte sei in eine Falle gelockt worden.

DeLorean, Sohn eines Detroiter Arbeiters, hatte seine Karriere als Ingenieur bei den Firmen Chrysler und Packard begonnen und steigerte später bei General Motors als jüngster Direktor der Firma die Verkaufsziffern der ihm unterstellten Abteilungen um das Vierfache. Im Jahr 1980 gründete DeLorean in der nordirischen Stadt Belfast eine eigene Automobilfirma, die trotz einer Unterstützung von 200 Millionen Dollar durch die britische Regierung schnell in die roten Zahlen geriet und schließlich Konkurs anmelden mußte.

Tagesspiegel, 31. 10. 1982

Für zehn Millionen Dollar frei

John de Lorean nach Zahlung einer Kaution aus der Haft entlassen

Los Angeles (AP). Kurz nach der offiziellen Anklageergebung wegen Drogenhandels vor einem Gericht in Los Angeles ist in der Nacht zum Sonnabend der amerikanische Automobilfabrikant John de Lorean gegen eine Kaution von zehn Millionen Dollar (etwa 25 Millionen DM) auf freien Fuß gesetzt worden.

Die Kaution für den 57jährigen war bei der Vorlage der Anklageschrift verdoppelt worden. Bei der Heimfahrt von der Untersuchungshaftanstalt wurde das von seiner Frau gesteuerte Auto de Loreans in einen Autounfall mit dem Wagen einer ihm nachfahrenden Reporterin der Fernsehgesellschaft CBS verwickelt, blieb aber unverletzt.

De Lorean, der vor Jahren als Vizepräsident bei General Motors ausgeschieden war und in Nordirland eine Sportwagenfirma gegründet hatte, soll mit zwei jetzt ebenfalls angeklagten Komplizen — wie berichtet — den Vertrieb von rund 100 Kilogramm Kokain geplant haben. Mit seinem Anteil aus dem zu erzielenden Gewinn in Höhe von schätzungsweise 24 Millionen Dollar (60 Millionen DM) wollte de Lorean vermutlich sein von der Pleite bedrohtes Unternehmen retten. Die de Lorean Company ist inzwischen in Konkurs gegangen.

De Lorean war am 19. Oktober in einem Hotel in Los Angeles festgenommen worden. Im Falle seiner Verurteilung muß er mit einer Höchststrafe von 15 Jahren Gefängnis rechnen.

Gegen eine Kaution von umgerechnet rund 25 Millionen DM auf freien Fuß gelassen. Nach der Anklageerhebung wegen Drogenschmuggels vor einem Gericht in Los Angeles, konnte der amerikanische Automobil-Fabrikant John de Lorean jetzt das Untersuchungsgefängnis verlassen.   **AP-Fotofax**

Tagesspiegel, 31. 10. 1982

De-Lorean-Autos nach Freispruch plötzlich gefragt

Columbus (AP). Die Nachfrage nach De-Lorean-Sportwagen ist in den USA sprunghaft gestiegen, seit der Hersteller John De Lorean — wie berichtet — am Donnerstag in Los Angeles nach einem aufsehenerregenden Prozeß von der Anklage des Rauschgifthandels freigesprochen wurde.

Beim amerikanischen De-Lorean-Alleinimporteur Consolidated International in Columbus im US-Staat Ohio begannen am Donnerstag nachmittag die Telefone zu schrillen. Wie der zuständige Verkaufsleiter Donald Bowman berichtete, leisteten vier Kunden telegrafisch Anzahlungen, um sich eine der extravaganten Modelle mit Edelstahlkarosserie und Schwenktüren zu sichern.

Tagesspiegel, 19. 8. 1984

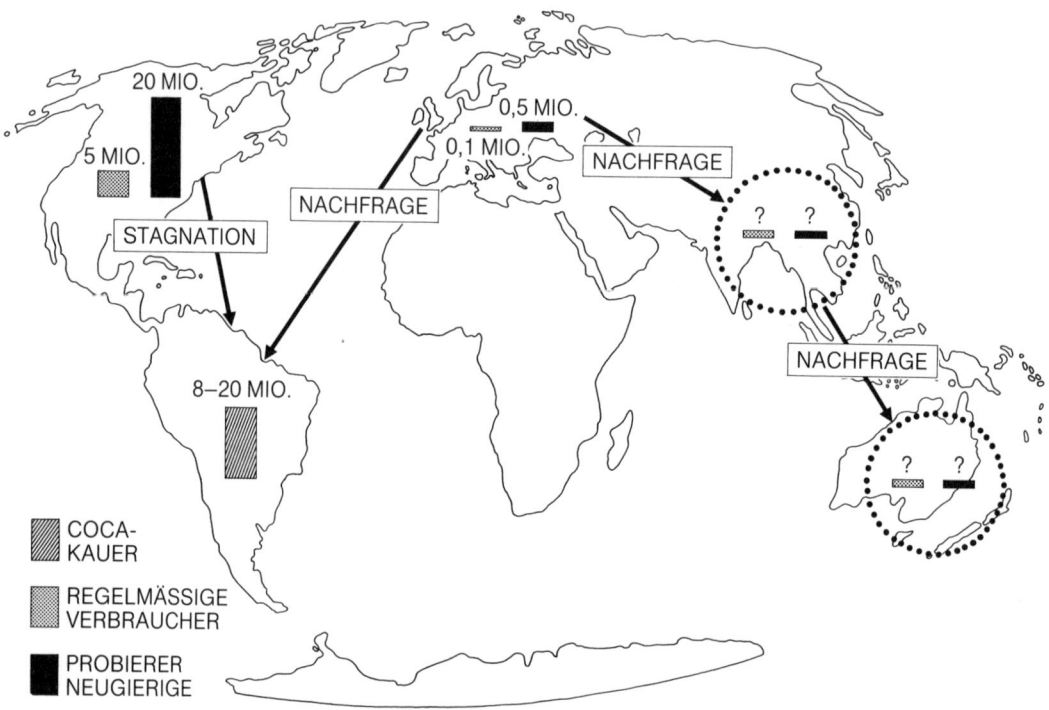

Kokain Konsumenten 1985 (geschätzt)

20 MIO.

5 MIO.

0,5 MIO.

0,1 MIO.

NACHFRAGE

NACHFRAGE

STAGNATION

NACHFRAGE

? ?

8–20 MIO.

? ?

NACHFRAGE

COCA-KAUER

REGELMÄSSIGE VERBRAUCHER

PROBIERER NEUGIERIGE

Altschnee in Europa – Entwicklung der Kokainszene: Deutschland und seine Nachbarn

Die «schwarze Gang», Hamburgs gefürchtete Schiffsdurch-suchungstruppe des Zolls, hatte im Hafen einmal wieder zugeschlagen. Im März 1971 beschlagnahmte sie auf dem norwegischen Tanker «Vinni» neun Kilo reines Kokain, damals auf dem Schwarzmarkt ¼ Million DM wert. Zu dieser Zeit war der US-Koks-Markt gerade erst im Aufbau und in Europa hatte man andere Drogen im Kopf. London und Paris, Stockholm und Kopenhagen, Berlin und Amsterdam durch-lebten gerade, mit der üblichen «Alte-Welt-Verspätung», ihre psychedelische Phase. In der Szene munkelte man, dass demnächst Heroin auf den Markt kommen würde. Bislang halfen sich zumindest die deutschen Betäubungsmittel-freaks mit Opium, Morphium und der «Berliner Tinktur». Zu dieser Zeit hatte Kokain keine Marktchancen. Erst Mitte der 70er Jahre, als der US-Markt gewaltig expandierte, wurde der Europabedarf für Koks angetestet. Anfang der 80er Jahre konsolidierte sich der US-Markt und in Europa begann der Koksmarkt zu wachsen.

Kokain-Sicherstellungen in der Bundesrepublik Deutschland (in kg)

1962: –	1970: 0,040	1980: 22,271
1963: 0,098	1971: 9,243	1981: 24,026
1964: 0,016	1972: 1,675	1982: 32,685
1965: –	1972: 4,258	1983: 106,286
1966: –	1974: 5,407	1984: 171,000
1967: 0,001	1975: 1,383	
1968: 0,016	1976: 2,403	
1969: 0,087	1977: 7,669	
	1978: 4,203	
	1979: 19,028	

Bis Mitte der 80er Jahre wurde der Koksmarkt der interessierten Öffentlichkeit als Schickeria-Markt vorgestellt. Nun, Mitte der 80er Jahre, stagniert der US-Kokain-Markt auf hohem Niveau, und Europa verzeichnet dreistellige Kokainzuwachsraten.

In seinem Blatt «Innere Sicherheit» handelt denn auch der deutsche Bundesinnenminister im Mai 1985 unter Polizeiangelegenheiten «Die verstärkte Bekämpfung der Rauschgiftkriminalität» ab. Zur Kokainmarktentwicklung – und Bekämpfung heisst es:

«... 1984 wurden beschlagnahmt:

ca. 264 kg Heroin (1983: ca. 260 kg),

ca. 171 kg Kokain (1983: ca. 106 kg),

ca. 5,6 t Cannabis (1983: ca. 4,6 t)

Im Dreijahresvergleich 1982–1984 stiegen damit die Sicherstellungen

von Heroin um ca. 30 %,

von Kokain um ca. 423 %,

von Cannabis um ca. 77 %.

Besonders bedrohlich ist die Entwicklung bei der Modedroge Kokain. Hohe Produktionssteigerungen in Südamerika in Verbindung mit einer relativen Sättigung des nordamerikanischen Marktes und dem Gewinnstreben finanzkräftiger Drogenhändler lassen eine Kokain-Grossoffensive auf Westeuropa und damit auch auf die Bundesrepublik Deutschland befürchten...»

Kokain überschwemmt Westeuropa

Amerikanische Experten bei einem Besuch in der Bundesrepublik

Bonn (AP). Westeuropa wird mehr und mehr von Kokain überschwemmt, das die US-Behörden für das gefährlichste Rauschgift überhaupt halten. Mitglieder einer amerikanischen Delegation, die zur Zeit Gespräche mit Experten in der Bundesrepublik führen, erklärten am Mittwoch in Bonn, dieses Jahr würden aus Südamerika schätzungsweise zehn Tonnen Kokain nach Westeuropa eingeführt. Das ist bereits ein Sechstel des Kokain-Verbrauchs in den Vereinigten Staaten, wo 20 bis 25 Millionen Menschen Erfahrungen mit diesem Rauschgift und vier bis fünf Millionen deswegen ernsthafte gesundheitliche Schwierigkeiten haben.

Mit Nachdruck warnten die amerikanischen Fachleute davor, Kokain zu unterschätzen. Der Delegationsleiter Jon Thomas, Unterstaatssekretär im US-Außenministerium, erklärte, Kokain sei wesentlich stärker als Heroin und mache viel abhängiger. Bei Experimenten starben durch Anwendung von Kokain 90 Prozent der Versuchstiere innerhalb eines Monats, mit Heroin 36 Prozent.

Thomas betonte, in Westeuropa sei das tatsächliche Ausmaß des Kokain-Mißbrauchs noch nicht bekannt.

Der Direktor eines amerikanischen Rehabilitationszentrums, Peter Baer, der seine politische Laufbahn wegen Kokain-Abhängigkeit hatte aufgeben mussen, betonte, wie viele andere habe er zunächst diese Droge für „harmlos und schick" gehalten. Im Wahlkampf um einen Senatssitz habe sie ihm erst Energie und Selbstvertrauen vermittelt. Zunächst vertreibe sie Depressionen, dann werde man ohne Kokain immer deprimierter. Baer sagte: „Ich habe nie gedacht, daß ich abhängig werden könnte. Das kann aber jedem passieren."

Tagesspiegel, 20. 6. 1985

Kokainszene in Baden-Württemberg

Stuttgart (AP). Eindringlich hat das Landeskriminalamt in Stuttgart am Mittwoch auf die Gefahr eines neuen Drogenmarktes in Baden-Württemberg hingewiesen: Neben der Heroinszene und dem Markt für Canabisprodukte entsteht langsam ein Kokainverbraucherkreis, in den vor allem auch ältere Jahrgänge, die sich bisher gegenüber dem Rauschgiftkonsum als resistent erwiesen hätten, einbezogen würden. Kokain, das als Aufputschmittel genommen wird, erfreue sich zunehmender Beliebtheit in der „Streß-Nobel-Szene", etwa bei Mitgliedern von Bands.

Tagesspiegel, 27. 11. 1980

32 Kilo Kokain sichergestellt

Madrid (AP). Bei einem koordinierten Schlag gegen einen internationalen Rauschgifthändlerring sind nach Angaben der Polizei in Spanien und in Frankreich 32 Kilogramm Kokain im Schwarzmarktwert von umgerechnet rund 32 Millionen DM sichergestellt worden. Drei Kolumbianer, ein Venezolaner und zwei Spanier seien in Madrid festgenommen worden.

Der größte Teil des Rauschgifts wurde in einem Schließfach im Bahnhof der südfranzösischen Stadt Bayonne sichergestellt. Die restlichen 7,5 Kilogramm Kokain waren in zwei Autos versteckt, die den Festgenommenen gehörten. Einer der Festgenommenen trug auch den Schlüssel zu dem Schließfach bei sich.

Tagesspiegel, 4. 1. 1984

Kokain unter dem Nierenwärmer

Zürich (AP). Bei einer Zollkontrolle auf dem Flughafen Zürich-Kloten ist den schweizerischen Behörden ein Rauschgiftschmuggler mit 1,56 Kilogramm Kokain ins Netz gegangen. Der 40jährige Peruaner trug den „Stoff" in drei Paketen unter einem Nierenwärmer auf seinem Körper.

Tagesspiegel, 8. 9. 1982

Kokainfang in London

London (AFP). Kokain im Wert von rund 4,5 Millionen DM hat am Freitag die Londoner Polizei beschlagnahmt. Die größte Menge des Rauschgifts befand sich in einem Privattresor des Kaufhauses „Selfridge's" in der Oxfort Street. Drei Personen wurden festgenommen.

Tagesspiegel, 18. 9. 1982

Große Kokainmenge sichergestellt

Stuttgart (dpa). Der bisher größte Kokainfund in der Bundesrepublik ist dem baden-württembergischen Landeskriminalamt gelungen. Zehn Kilogramm Kokain aus Kolumbien wurden sichergestellt. Gegen zwei Italiener, einen Deutschen, eine Bolivianerin und eine Argentinierin erging Haftbefehl.

Wie das Amt in Stuttgart weiter mitteilte, ist der Interessentenkreis für Kokain in den vergangenen Monaten in der Bundesrepublik stark angewachsen. Vor allem wurde eine Ausweitung des Kokainkonsums auf jüngere Altersgruppen beobachtet.

Tagesspiegel, 15. 10. 1983

Sechs Kilogramm Kokain gefunden

Zürich (ddp). Auf dem Flughafen Zürich-Kloten haben Zollbeamte sechs Kilogramm Kokain im Gepäck eines Uruguayaners sichergestellt. Wie die Züricher Kantonspolizei gestern bekanntgab, wollte er am Neujahrstag in die Schweiz einreisen. Der 56jährige Mann wurde von der Flughafenpolizei verhaftet, nachdem bei der Zollkontrolle die Drogen in zwei Reisetaschen gefunden wurden. Die Flughafenpolizei hatte bereits einige Tage zuvor 5,4 Kilogramm Kokain beschlagnahmt.

Tagesspiegel, 7. 1. 1981

Kokain-Schmuggel auf Bohrinseln

Düsseldorf (dpa). Einen schwunghaften Schmuggel mit Kokain hat die Polizei von Stavanger auf den Offshore-Bohrinseln im norwegischen Ekofisk-Feld entdeckt. Nach Angaben der Fachzeitschrift „Ozean und Technik" haben die Behörden vier Norweger und vier Ausländer verhaftet. Gegenwärtig werde geprüft, ob der Drogenmißbrauch auf den Bohrinseln in der Nordsee so verbreitet ist, daß die Sicherheit der Öl- und Gas-Installationen gefährdet sei. Aus Sicherheitsgründen ist auch Alkohol auf den Bohrinseln verboten.

Tagesspiegel, 13. 6. 1979

Kokain in Schwimmwesten

München (dpa). Ein großer Schlag gegen den internationalen Kokainschmuggel ist den Münchener Zollfahndern gelungen. Als am Flughafen Riem am Donnerstag das Gepäck eines Ehepaares aus Equador untersucht wurde, fanden die Beamten mehrere auffällig gebauschte Schwimmwesten. Die Westen wurden aufgeschnitten und sechs Kilogramm Kokain im Wert von drei Millionen DM rieselte heraus. Der 33jährige Equadorianer sagte an, das Kokain sei für Auftraggeber in Rom bestimmt gewesen, von denen er bereits einen Vorschuß von 5000 US-Dollar erhalten habe.

Tagesspiegel, 27. 8. 1983

Kokain im Kinderwagen entdeckt

Paris (AP). In einem Kinder-Sportwagen hat der Zoll auf dem Pariser Flughafen Orly nach Mitteilung der Polizei vom Donnerstag 5,5 Kilogramm Kokain mit einem Verkaufswert von rund einer Million DM entdeckt. Im Zusammenhang mit der Beschlagnahme des Rauschgifts sei ein 32 Jahre alter Bolivianer festgenommen worden. Der Mann sei am Mittwoch aus Bogotá gekommen und habe nach einem Zwischenaufenthalt in Paris nach Wien weiterfliegen wollen.

Tagesspiegel, 8. 1. 1984

Illegale Einfuhr von Kokain sprunghaft gestiegen

Seit Ende 1979 20 Kilogramm auf Frankfurter Flughafen sichergestellt

Frankfurt a. M. (AP). Die Rauschgiftfahnder des Zollfahndungsamtes Frankfurt haben auf dem Rhein-Main-Flughafen seit Dezember 1979 insgesamt 20 Kilogramm Kokain mit einem Schwarzmarktwert von etwa sechs Millionen DM in fünf Einzelsendungen sichergestellt, davon allein zehn Kilogramm bei einem 26jährigen Holländer, der das Rauschgift in zwei Hartschalenkoffern mit doppelten Böden von Bolivien nach Holland transportieren wollte. Die illegale Einfuhr von Kokain ist damit seit Dezember des letzten Jahres sprunghaft angestiegen. Im ganzen Jahr 1979 hatten die Fahnder noch „lediglich" 13,27 Kilogramm Kokain sichergestellt, nachdem die Schmuggler 1971 mit dreißig Gramm „klein angefangen hatten". Im letzten Jahr wurden außerdem 35,2 Kilogramm Heroin sichergestellt, die größte Menge seit 1974.

Wie der Leiter des Zollfahndungsamtes, Eckstein, gestern auf einer Pressekonferenz in Frankfurt mitteilte, seien allen Sicherstellungen aufgrund von Festnahmen und gezielten Kontrollen bestimmter Flüge intensive Ermittlungen im In- und Ausland gefolgt. Dabei kam man zu dem Schluß, daß die Festnahme eines Italieners am 12. März dieses Jahres mit 1,85 Kilogramm Kokain auf dem Wege von der peruanischen Hauptstadt Lima nach Italien und zweier Sizilianer im Alter von 25 und 30 Jahren mit 4,8 Kilogramm Kokain, ebenfalls aus Lima nach Italien, in einem engen Zusammenhang mit Kokainschmuggelfällen stand, die im Ausland aufgeklärt wurden.

Die Frankfurter Zollfahnder gaben zu, daß sie auch durch V-Leute Informationen erhalten und eng mit allen EG-Staaten, Spanien, Jugoslawien und allen skandinavischen Ländern zusammenarbeiten, ebenso mit den USA und Kanada. Mit der CSSR und Polen seien Abkommen in Vorbereitung, keine Kontakte gebe es hingegen mit der DDR. werden.

Tagesspiegel, 25. 7. 1980

Schickeria-Droge Kokain 1982

Nun, so schlimm stehen die Bundesdeutschen gar nicht da. In Italien weisen schon die Ermittlungsrichter auf die Kokainzuwachsrate von 700 % (Heroin 125 %) hin und beklagen so um die 200 000 Kokser im Lande. Im Schnitt verdreifachten sich die Sicherstellungen von 1982 zu 1983 in den europäischen Nationen, von Dänemark bis Italien, von Deutschland bis nach Portugal.

Verschreckt meldet *Der Spiegel* im Mai 1984:
«*Kokain-Schwemme aus dem Niemandsland*
Neue Drogenwelle in Europa: Kokain, Traumstoff für Künstler- und Schickeria-Kreise, wird vom Rauschgift-Business jetzt auch in die deutsche Süchtigenszene gepumpt...»

Die teure Droge ist nicht billiger geworden. Nur geht sie inzwischen ihren Weg als Alltagsdroge: Charley ist auf die Strasse gegangen. Koks wird zum illegalen Gemeingut derer, die ihn sich leisten können, die für eine Unze Kokain den fünffachen Preis des Goldes zahlen. Und derer gibt es viele. Und es werden immer mehr. Vielleicht sind es heute in Europa 100 000 regelmässige und ½ Million unregelmässige Verbraucher, vielleicht mehr, vielleicht weniger. Amerika hat zehn Jahre Vorsprung, was den Marktauf- und -ausbau betrifft. Europa hat den Vorsprung der reicheren Kokain-Tradition.

Folkstars wie der Wiener Liedermacher *Wolfgang Ambros* besangen den weissen Stoff. Geradezu berühmt der Song des Österreichers *Falco* «Drah di net um – der Kommissar geht um»:
«... Der Schnee, auf dem wir alle talwärts fahren, kennt heute jedes Kind ...»

Österreich: Kokain ist «in», 1985

Die mahnenden Worte der Szenen-Beobachter scheinen sich zu bewahrheiten. Schon vor Jahren vertrat der Ministerialdirigent *Alfred Stümper,* Sicherheitschef des Stuttgarter Innenministeriums, die Meinung:
«Auf Europa rollt eine ungeheure Kokain-Welle zu. Sie ist nicht zu stoppen, kann allenfalls gestört werden, denn, in dieses Geschäft ist schon zu viel investiert ...»

Die südamerikanische Investition scheint sich gelohnt zu haben. Nach dem «Antesten» in den 70er Jahren rollt sie nun, die Kokswelle. Inzwischen schon ein halbes Jahrzehnt in Europa. Und auch in der Alten Welt können die Verbraucher, analog zu den nordamerikanischen Koksern, grob klassifiziert werden:

Die Mehrheit stellen die Gelegenheits- und Freizeit-Kokser, die zurückgezogen oder gesellig, zu einem für sie erfreulichen Anlass, geringe Mengen einkaufen, ohne sich damit finanziell zu verschulden.

Die zweite Gruppe stellen die Arbeits-Kokser, die auf Grund ihrer Tätigkeiten nachts oder über kurze Zeit Höchstleistungen bringen. Wie schon zu Zeiten der «goldenen Zwanziger» gehören hierzu Angehörige der Musik-Branche (Musiker, Texter, Komponisten, Tournee-Manager, Roadis), der Nachtkneipen-Branche (Zapfer, Türsteher, Kellner) und der Halbwelt (Zuhälter, Prostituierte, Hehler und Dealer), der Film- und Fernsehbranche und last but not least Angehörige der schreibenden Zunft. Koks als Durchhaltemittel in der Vergnügungs- und Freizeitwelt. Und wenn es schon einmal öffentliche Skandale gibt, dann liefert sie die Unterhaltungsbranche, die einhundert Jahre alte K & K Monarchie.

Die K & K Monarchie:
3. Teil

So um die einhundert Jahre alt ist die Liaison zwischen der Kunst und dem Kokain. In einer ersten Refreshment-Welle fühlten sich Sängerinnen und Tänzer, Schriftsteller und Poeten zwischen 1880 und 1914 dem Kokain beziehungsweise seinen Herstellern verpflichtet.

In einer zweiten Welle, in den «Roaring Twenties», bekam das Kokain durch Künstlerfreunde das Image einer Künstlerdroge. Und nun, in einer dritten Welle, die in den USA Anfang der 70er und in Europa Anfang der 80er Jahre den Andenschnee mit sich brachte, zollen wie gehabt Legionen von Künstlern dem Koks ihren Tribut. Sänger und Rockgruppen, Schauspieler und Filmemacher, Regisseure und Schriftsteller – sie treten in die Fussstapfen ihrer koksenden Grossväter und Urgrossväter.

Die Musiker-Szene wurde bereichert, bereichert durch den Koks-Jazz der 30er Jahre. Und hier, im jazzigen Milieu, hielt sich Coca über Jahrzehnte, um in den 70er Jahren wieder im Rampenlicht der grossen Bühnen zu erscheinen.

No Snow – no Show
Die Musiker-Szene und das
Kokain

Die rockigen Kokainkristalle waren genau das richtige Durchhaltemittel für die Schwerarbeit der Rockmusiker auf der Bühne. Gruppen, deren Namen Legende sind: *The*

Kunst & Koks «No snow, no show» Rolling Stones, Gastspiel München, 1973

Greatful Dead, The Rolling Stones, Supertramp und *Steppen-Wolf.* Die Koksversorgung der berühmten Rocker brachte schon mehr als eine Konzertagentur und ungezählte Tournee-Manager an den Rand der Verzweiflung, manchmal auch in den Knast. Musiker und Drogen, die neue Rockgeneration lebte mit ihnen, einige starben an ihnen, am «Dope», am «Charley» - Overdose und Exitus.

Die Weltpresse nahm sich des auflagenerhöhenden Themas «Rock, Rocker und Drogen» an:

– Er war Drummer in der Gruppe *The Who,* Rockstar *Keith Moon,* und er starb im September 1978 an einer Drogenüberdosis.
– Mitglieder des populären Pop-Orchesters *Belo Dugene* kifften. Und Yugoslawien hatte im Oktober 1978 seinen grossen Haschisch-Skandal.
– *Sid Vicious,* Gittarrist der früheren britischen Rock-Gruppe *Sex Pistols,* starb im Februar 1979 an einer Heroinüberdosis.
– Im Juni 1979 starb *Laureen Bird,* Freundin des Pop-Sängers *Art Garfunkel* in New York an einer Drogenüberdosis.
– Im Januar 1980 wurde *Paul McCartney,* Mitglied der Ex-*Beatles*, in Japan wegen Marihuanabesitzes verhaftet.
– Im Oktober 1980 trank sich *John Bonham,* Schlagzeuger der Gruppe *Led Zeppelin* zu Tode.
– Im Juni 1983 steht der US-Gitarrist und Komponist

Kunst & Koks Geraldine Blecker, Anklage Koks-Schmuggel

David Crosby, Mitglied der Gruppe *Crosby, Still & Nash* wegen Kokainbesitz in Dallas vor Gericht.

– Im Juni 1984 wird die britische Rocksängerin *Geraldine Blecker*, wegen Kokainbesitz lange im Gefängnis, aus der Haft entlassen.

In der Branche gehörte es zum guten Ton «etwas zu nehmen». *Abi Ofarim*, israelischer Sänger, Gitarrist und Komponist, mit seiner Lebens- und Musikpartnerin *Esther* Ende der 60er Jahre zu Weltruhm gekommen, beschreibt «die wilden Jahre»:

«... Ein Jahr waren wir in Amerika. Quer durch den Riesenkontinent. Das war Ende 1963 bis Ende 1964. Damals hatte etwa begonnen, was vierzehn Jahre später beinahe mein Ende bedeutet hätte, was meinen geschäftlichen Ruin verursachte und mich sogar ins Gefängnis brachte – in die graue Zelle des Männergefängnisses Stadelheim.

Ich kam mit Rauschgift in Berührung. Ich spreche nicht von Haschisch. Niemand von uns hat damals ‹Shit› oder ‹Grass› als Rauschgift betrachtet. Alle haben gekifft, wirklich alle, die im Showgeschäft waren. Und ich hatte meine Erfahrungen mit Haschisch seit meinem sechzehnten Lebensjahr, als ich bei meinem Vater den ersten joint geraucht habe.

Nein, davon spreche ich nicht. Ich spreche auch nicht von der ‹harten Droge› Alkohol, die zwar erlaubt, aber meiner Meinung nach ebenso schlimm ist wie die verbotenen Suchtmittel. Mit Alkohol hatte ich ja auch bereits meine Erfahrung. Mit Alkohol, den ich nur in Form von polnischen Wodka genoss.

219

Abi Ofarim nahm Kokain und wurde deshalb in München mit Gefängnis bestraft

Von KARL STANKIEWITZ

München, 10. Febr.

Weil er zwei Jahre lang regelmäßig das illegale Betäubungsmittel Kokain geschnupft und gelegentlich verschenkt hatte, wurde der Sänger und Schallplattenproduzent Abraham Reichstadt (41), bekannt unter dem Künstlernamen Abi Ofarim, gestern vom Amtsgericht München zu einem Jahr Freiheitsstrafe mit dreijähriger Bewährungsfrist verurteilt. Er muß außerdem 5000 Mark Bußgeld in Raten an ein SOS-Kinderdorf zahlen.

Der mit über 100 000 Mark verschuldete Angeklagte, dessen Name von seiner Kollegin Margot Werner in einem anderen Prozeß im Zusammenhang mit Rauschgift genannt worden war, leugnete die Vorwürfe nicht und erweckte im vollbesetzten Zuhörersaal Mitleid.

„Ich habe Psychologie studiert und bin von Natur aus neugierig", erklärte Ofarim seinen Weg zum Kokain, nachdem er in seiner Heimat Israel schon Haschisch geraucht hatte. Als er den selbstverfaßten Song „The Snowman" (Der Schneemann) in München einübte und es „nicht ging", habe er sich an seine Musikerfreunde gewandt, die fast alle „Schnee" nähmen.

Er habe die Droge aber nur als Aufputschmittel „wie ein Sportler" konsumiert, insgesamt 50- bis

Abi Ofarim (rechts) nach dem Urteil: Ein langes Jahr. Foto: AP

100mal. Das meiste habe er „geschnorrt" und zum Teil weiterverschenkt. Nur selten habe er Stoff gekauft, das Gramm zu 120 Mark. Körperlich abhängig sei er davon aber nicht, was er in den letzten Wochen der Untersuchungshaft gemerkt habe.

„Trotz lebhaften Interesses der Öffentlichkeit kein Fall für die Kriminalgeschichte", meinte der Staatsanwalt, der auch ein Jahr gefordert hatte. Grundsätzlich sei die Unterscheidung zwischen „harten" und „weichen" Drogen

eine falsche Weichenstellung. Denn auch die „Modedroge" Kokain könne zu aggressiven Handlungen führen. Der Angeklagte solle die Anweisung erhalten, daß er in keinem Fall mehr Rauschgiftgenuß in seiner Gegenwart dulden werde.

Abi Ofarim bekannte, daß er sich inzwischen der Gefährlichkeit dieses Schnupfmittels bewußt geworden sei. Er habe im Knast ein neues Lied dagegen geschrieben. Titel: „Much too much" — Viel zuviel.

Berliner Morgenpost, 10. 2. 1979

Abi Ofarim verhaftet

München (AP). Der israelische Sänger Abi Ofarim ist bei der Einreise in die Bundesrepublik an der schweizerisch-deutschen Grenze in Lörrach verhaftet worden. Wie die Münchener Anwaltskanzlei Rolf Bossi am Sonnabend bestätigte, wurde Ofarim aufgrund eines Haftbefehls aus München festgesetzt. Der Sänger war kurz vor einem Prozeß wegen Unfallflucht Anfang August dieses Jahres plötzlich aus München abgereist, angeblich um in Israel seine kranke Mutter zu besuchen. Ofarim wird der Steuerhinterziehung in Höhe von 100 000 DM beschuldigt. Er war bereits Anfang des Jahres wegen eines Rauschgiftdelikts in der Bundesrepublik zu einem Jahr Freiheitsstrafe auf Bewährung verurteilt worden. Er soll jetzt nach München gebracht werden, wo sein Anwalt die Freilassung gegen Kaution erreichen will. Zu dem Vorwurf gegen seinen Mandanten erklärte der Verteidiger, Ofarim sei „ein weltfremder Künstler par exellence", der steuerrechtlich nicht durchblicke.

Tagesspiegel, 17. 1. 1979

Abi Ofarim wegen Rauschgiftdelikten verhaftet

München (AP). Der israelische Sänger Abi Ofarim ist in der Nacht zum Dienstag in seiner Wohnung in der bayerischen Landeshauptstadt verhaftet worden. Der Haftbefehl des Amtsgerichts München wurde wegen des „Verdachts des fortgesetzten Erwerbs von Kokain zum Eigenverbrauch und der fortgesetzten Abgabe von Kokain" ausgestellt.

Wie verlautete, war der Sänger in einem Zivilprozeß von der Sängerin Margot Werner belastet worden. Ofarim hatte früher als Manager von Frau Werner fungiert, die sich von ihm unter anderem mit der Begründung getrennt haben soll, er nehme Rauschgift. Auch im Zusammenhang mit dem deutsch-französischen Rauschgiftskandal, in den an der französischen Riviera Christiane von Opel verwickelt war, wurde Ofarims Name genannt.

Tagesspiegel, 14. 10. 1979

Nein, ich meine Kokain. Kokain war damals der Geheimtip unter denjenigen, die es bis ganz nach oben
gebracht hatten. Kokain, das war die Wunderdroge, das
Göttermittel, das die Schaffenskraft ins Unendliche
hebt, die Phantasie beflügelt und unsterblich macht. So
hiess es – und die, die es nahmen, glaubten auch daran.
Freilich, man hat es nicht so offen genommen, wie
Haschisch oder Marihuana. Aber wer es nahm, der war
‹in›, der gehörte dazu, der hatte das Recht auf die
‹besseren Sachen›.
Unsere Freunde, die *Smothers,* verschwanden häufig
mit anderen Künstlern und Interpreten, und es gab viel
geheimnisvolles Getue. Ich wusste nicht so recht,
worum es ging, hatte aber eine Ahnung. Und eines
Tages, wir waren in Kalifornien, hiess es: ‹Wanna sniff,
kid?› Magst du schnupfen, Kleiner? Ich wollte. Und so
fing es an ...»

Abi Ofarim

Und im Jahre 1979 hörte es auf. *Abi* und *Esther Ofarim*
hatten sich getrennt, *Abis* «count down» hatte längst einge-
setzt. Vom Januar bis zum November 1979 berichtete The
Associated Press life aus München. Mit *Abi Ofarim* hatte
das Nachkriegsdeutschland seinen ersten spektakulären
Kokain-Prozess:
17. Januar: *Abi Ofarim* wegen Kokain verhaftet.
10. Februar: *Abi Ofarim* wegen Kokain verurteilt.
14. Oktober: *Abi Ofarim* an der deutsch-schweizer
Grenze wegen Steuerhinterziehung von 100 000 DM
verhaftet.
8. November: *Abi Ofarim* in Freiheit. Bewährung und
Geldbusse.

Nach seiner Haftentlassung begann *Abis* zweite Karriere. Als Musiker gesponsert von *Celia Tremper* bis *Joachim Fuchsberger,* als Mensch nun Drogen-Gegner. Sein «Preis der wilden Jahre», so *Abis* Autobiographie als «Playboy Report» im Moewig-Verlag, war hoch. Dieses «zu viel» brachte *Abi* auch in seiner neuen Langspielplatte zum Ausdruck: much too much – emotionelle Musik, in der Einzelzelle geträumt und geschrieben, auf den Nerv getroffen – biographische Songs. Der bayerischen Justiz sei Dank. Die Musikwelt hat ihn wieder – *Abi,* solo (W. Tremper).

Auf einer Anti-Drogen-Veranstaltung, im Oktober 1982 in Buxtehude bei Hamburg, begegneten wir uns, *Abi Ofarim* und ich als «Drogen-Experte». *Abi,* wenn Du dieses Buch lesen solltest, nochmals Dank für die Stunden einer interessanten Begegnung.

Theater um Koks –
Schauspieler, Filmemacher
und Regisseure

Nun, Ende der 70er Jahre, hatte Koks sich auch in den Künstlerkreisen als Schickeria-Droge wieder einmal durchgesetzt. Sowohl in Amerika als auch in Europa. Kleine Streiflichter in der Weltpresse:

- US-Regisseur *Stan Dragoti* wegen Kokainbesitz auf dem Frankfurter Flughafen festgenommen (18. 5. 1979)
- Die US-Schauspielerin *Linda Blair* («Der Exorzist») wird im Juni 1979 wegen Drogenbesitz verurteilt (16. 6. 1979)
- Im August 1980 wird der Filmproduzent *Robert Evans* («Der Pate», «Love Story») wegen Kokainbesitz mit Gefängnis bedroht (2. 8. 1980)
- Im Januar 1984 steht der US-Filmstar *Anthony Perkins* in London wegen Drogenschmuggel (Cannabis, LSD) vor Gericht (31. 1. 1984) und wird zu einer Geldbusse von 400 DM verurteilt (3. 2. 1984)
- Für den Filmstar *Tony Curtis* wird die Drogenklinik in Palm Springs zur letzten Rettung (25. 4. 1984)
- und im Februar 1985 berichtet die Filmschauspielerin *Elizabeth Taylor,* nach ihrem Aufenthalt im Betty-Ford-Center, über ihre Alkohol- und Drogenprobleme (5. 2. 1985).

Für Europa, für Deutschland, kam der Andenschnee so recht erst Ende der 70er Jahre auf. Mit *Abi Ofarim* hatte Kokain die

Bühne der europäischen Öffentlichkeit betreten. Damals war München der Koksnabel der deutschen Künstlerwelt. *Michael Prente* schrieb 1979 in der Münchener Illustrierten *Quick*: Neue Rauschgiftwelle kommt auf uns zu. Kokain, die Droge der feinen Leute. In seinem Artikel stellt er fest:
«... Und im Berlin der 20er Jahre war der weisse ‹Schnee› in den Salons der besseren Kreise zu Haus. Kokain ist somit kein neuer Stoff. Die einzige traurige Neuigkeit, die zu vermelden ist: Die Bundesrepublik hat sich zur europäischen Hochburg der Kokser entwickelt. Und die europäische Hauptstadt des gefährlichen Schnees heisst München ...»

Kunst & Koks
Fassbinder
Pfleghar

Nun, die feinen Leute verkehrten mehr oder weniger privat, in «abgeschirmten Nobel-Discos mit Spion und Türsteher», auf «Privatparties in Playboykreisen»:
«... In bestimmten Cliquen des Jet-sets gehört zu jeder Party nebst Kaviar das zierliche Döschen aus Elfenbein, gefüllt mit 10 bis 100 Gramm Koks – da mag sich jeder nach Lust und Laune bedienen ...»

Na ja, ob nun wirklich 10 bis 100 Gramm für 2500 bis 25 000 DM im Döschen waren, das mag dahingestellt sein, aber gekokst wurde schon. Beispielsweise im kokainfreundlichen Künstlerlokal «Klappe», natürlich im Münchener Künstlerviertel Schwabing gelegen. Über zwei Jahre, 1981 und 1982, brachte der weisse Stoff genug Lesestoff für Boulevard-Blätter, Illustrierten, Nachrichtenmagazine und Tagespresse.

Showbusiness, Geld- und Hochadel wurden im «Klappen-Skandal» mit Kokainkonsum, Kokainbesitz und Kokainhandel in Verbindung gebracht. Schier endlos die Namen der Prominenten. Schauspielerinnen wie *Barbara Valentin*, *Cleo Kretschmer* und *Dolly Dollar*, Regisseure wie *Rainer Werner Fassbinder*, *Klaus Lemke* und *Michael Pfleghar*, Produzenten wie *Bernd Eichinger* – der Münchener Koksprozess hat lustige, spannende und tragische Seiten. Die Medien verfolgen das Geschehen:
- In Schwabinger Prominentenlokal auch Kokain verkauft? (29. 4. 1981)
- In der «Klappe» blühte der Kokainhandel (29. 4. 1981)
- Filmprominenz hatte «keine Ahnung» (30. 4. 1981)
- Freiheitsstrafen für Gastwirtspaar im Kokainprozess (27. 5. 1981)
- Bewährungsfrist für Filmregisseur *Klaus Lemke*. 6000

Kokain-Prozess, Künstler in München

DM Busse (für Drogenberatungsstelle) wegen Erwerb von 2 Gramm Kokain (30. 9. 1981)
– *Fassbinder* weist Vorwurf zurück «Rauschmittel nicht nötig» (1. 10. 1981)
Fassbinder hatte gerade im März 1981 mit Tobischef *Horst Wendland* die Verfilmung des Pitigrilli-Romans «Kokain» vereinbart. *Romy Schneider* war für eine Hauptrolle vorgesehen.
– Musiker und Boutiquenbesitzer wegen Kokainhandel im München verurteilt (23. 10. 1981)
– Geldstrafe für *Lemke* (18. 12. 1981)
– Fernsehregisseur *Michael Pfleghar* («Klimbim»), Ehemann von *Wencke Myrhe*, stellte sich der Polizei (19. 12. 1981)
– *Pfleghar* stellte Kaution (21. 12. 1981)
– Fassbinder-Schauspieler *Harry Bär* wegen Besitzes von Kokain verurteilt (7. 4. 1982).

Das bayerische Kokain-Possen-Spiel wurde am 10. Juni 1982 zur Tragödie. *Rainer Werner Fassbinder* wurde an diesem Tag in seiner Schwabinger Wohnung tot aufgefunden. 36jährig starb er, wie das Gerichtsmedizinische Institut der Universität München herausfand, an einer Überdosis barbiturhaltiger Schlafmittel und Kokain.
Und der Münchener Koks-Skandal lief nach der jähen Unterbrechung weiter:
– Anklage gegen *Pfleghar* (3. 8. 1982)
– Britischer Rocksänger *Eric Burdon* im September 1982 in Bayern verhaftet. Man warf ihm vor, in der «Klappe» Kokain erworben zu haben (4. 9. 1982)

Filmthema Drogen: Fassbinder «Die Sehnsucht der Veronika Voss»

- Geldstrafe für *Eric Burdon*. 13 500 DM für ein Gramm Kokain (7. 9. 1982)
- Show-Regisseur *Michael Pfleghar* wegen Kokainerwerbs (30 g) zur Bewährung und 40 000 DM Geldstrafe verurteilt (14. 10. 1982).

Die Filmwelt trauerte immer noch um den so jung verstorbenen *Fassbinder*. Am 2. Oktober 1982 berichtete die Tagespresse, dass das im Bertelsmann-Verlag erschienene Buch «Die Sehnsucht des Rainer Werner Fassbinder» nicht weiter an Buchhandlungen ausgeliefert werden darf. Grund: Textpassagen über den Kokserwerb müssten geändert werden.

1985 bahnt sich ein neuer Koks-Skandal an. Diesmal in Italien. Im Mai wurde der weltbekannte Theaterregisseur *Giorgio Strehler* in Mailand unter Hausarrest gestellt. Dem 64jährigen Gründer des Mailänder «Piccolo Teatro» und Chef des Pariser «Europa Theaters» wird vorgeworfen, in eine internationale Koksaffaire verwickelt zu sein. *Strehler* stellte seinen Posten als Theaterchef zur Verfügung.

Die ungeliebten Verwandten – Sucht und Prominenz

Die Reichen dieser Welt, die Mächtigen dieser Welt, die Berühmten dieser Welt – auf sie fällt weltweit das Licht der Öffentlichkeit. Sportler, Politiker, Hochadel und Künstler, wenn sie trinken, rauchen, spritzen und schnupfen, dann erfährt es die Welt.

Was des einen Leid, ist des anderen Imagepflege.

Was des einen Freud, ist für den anderen tödlich.

Fassbinder weist Vorwurf zurück „Rauschmittel nicht nötig"

München (dpa). „Meine Phantasie und Energie reichen aus, ich brauche keine Rauschmittel, ich habe das nicht nötig." Mit diesen Worten wies der Filmregisseur Rainer Werner Fassbinder am Mittwoch als Zeuge vor dem Landgericht München I Fragen nach seinem eventuellen Kokainkonsum zurück. Bei einem 32jährigen Musiker, der sich gemeinsam mit einem 34jährigen Boutiquebesitzer seit Dienstag wegen Rauschgifthandels verantworten muß, soll Fassbinder am 26. Oktober 1979 Kokain im Wert von 1200 DM gekauft haben. Ein Scheck in dieser Höhe, ausgestellt von „Fassbinder bei Harry Bär", war bei dem Musiker sichergestellt worden. Fassbinder will diesen Scheck möglicherweise dem Schauspieler Harry Bär als Honorar gegeben haben. Gegen Fassbinder und Bär sind Ermittlungsverfahren anhängig, der Schauspieler wird morgen als Zeuge gehört.

Tagesspiegel, 7. 4. 1982

Fassbinder-Schauspieler wegen Besitzes von Kokain verurteilt

München (dpa). Der Besitz von rund 115 Gramm Kokain brachte gestern dem in Fassbinder-Filmen beschäftigten Schauspieler Harry Bär ein Jahr und vier Monate Freiheitsstrafe auf Bewährung ein. Der geständige 34jährige Angeklagte muß wegen des fortgesetzten unerlaubten Erwerbs von Betäubungsmitteln außerdem 10 000 Mark Geldbuße zahlen. Bär, der an den Filmen „Berlin Alexanderplatz" und „Lili Marleen" mitwirkte, hat nach Überzeugung des Münchner Amtsgerichts vom Oktober 1979 bis September 1980 Kokain in Mengen zwischen einem und drei Gramm gekauft und geschnupft. Er war 1981 nach der Festnahme der Wirtsleute eines Schwabinger Prominententreffs als häufiger Gast vernommen worden und hatte ein Geständnis abgelegt.

Tagesspiegel, 1. 10. 1981

Fernseh-Regisseur Pfleghar stellte sich der Polizei

München (dpa). Der mit Haftbefehl wegen mutmaßlichen Kokainbesitzes international gesuchte Regisseur Michael Pfleghar („Klimbim") hat sich am Freitag auf dem Flughafen München-Riem der Grenzpolizei gestellt. Die Staatsanwaltschaft München war von dem Anwalt Pfleghars von dessen Absicht unterrichtet worden. Der Haftbefehl wird zunächst vollzogen, erklärte ein Sprecher der Justiz. Erst nach einer Vernehmung könne darüber entschieden werden, ob er außer Vollzug gesetzt wird.

Gegen Pfleghar läuft bei der Münchener Staatsanwaltschaft ein Ermittlungsverfahren wegen des Verdachts eines Verstoßes gegen das Betäubungsmittelgesetz.

Tagesspiegel, 19. 6. 1982

Fassbinder starb offenbar durch Kokain und Schlaftabletten

München (AP). Der 36jährige Regisseur Rainer Werner Fassbinder, der in der Nacht zum 10. Juni tot in seiner Münchener Wohnung aufgefunden wurde, ist nach den bisherigen Ermittlungen offenbar durch die gleichzeitige Einnahme von Kokain und Schlaftabletten gestorben.

Das ist nach Angaben eines Sprechers der Münchener Staatsanwaltschaft vom Freitag das vorläufige Ergebnis der toxikologischen Untersuchung im Institut für Rechtsmedizin der Universität München. Der Tod „läßt sich durch die Verbindung barbiturathaltiger Arzneimittel und Suchtstoffe medizinisch erklären", sagte Staatsanwalt Stocker und erklärte auf Befragen, bei dem Suchtstoff handele es sich um Kokain.

Tagesspiegel, 19. 12. 1981

In Schwabinger Prominentenlokal auch Kokain verkauft?

München (AP). Kunden eines Prominentenlokals in München-Schwabing sollen nicht nur Alkohol, sondern auch Kokain von den Wirtsleuten gekauft haben. Seit Dienstag müssen sich deshalb die ehemaligen Pächter des Lokals, eine 35jährige Frau aus Ischgl in Österreich und ihr 26 Jahre alter Partner, in einem Prozeß vor dem Landgericht München I verantworten. Die Wirtsleute sollen sich zwischen April und Oktober vergangenen Jahres insgesamt 180 Gramm Kokain beschafft und zum größten Teil weiterverkauft haben.

Am ersten Prozeßtag bestritten die Wirtsleute, jemals Kokain verkauft zu haben. Der angeklagte Pächter gab allerdings zu, geschnupft zu haben, weil er damals alkoholabhängig gewesen sei. Als Zeugen in dem Prozeß sind Prominente wie Barbara Valentin, Dolly Dollar, Cleo Kretschmer, Klaus Lemke und Rainer Werner Faßbinder geladen.

Tagesspiegel, 27. 5. 1981

Bewährungsfrist für Regisseur

Amtsgericht verurteilte Klaus Lemke wegen Kokain-Erwerbs

München (AP). Im Zusammenhang mit der spektakulären Kokain-Affäre um das Schwabinger Nachtlokal „Klappe" vom vergangenen Jahr ist der Münchener Filmregisseur Klaus Lemke wegen des Erwerbs von zwei Gramm Kokain für schuldig befunden worden. Der 40jährige Regisseur wurde vom Münchener Amtsgericht zu einer Freiheitsstrafe von fünf Monaten verurteilt, die zur Bewährung ausgesetzt wurde. Er muß 6000 DM Buße an eine Drogenberatungsstelle zahlen. Der Regisseur habe zwar „größere geschäftliche Nachteile durch die Affäre als ein normaler Rauschgiftkonsument", könne deshalb aber auch nicht anders behandelt werden, begründete der Richter das Urteil.

Lemke hatte als Stammgast der „Klappe" deren kürzlich zu zweieinhalb Jahren verurteilten Schankkellner kennengelernt. Der 31jährige Wilfried „Dave" Wiedt hatte den Regisseur ebenso wie die Lokalpächter Silvia Mälzer und „Mischa" Lampert als seine Kunden bezeichnet. Die beiden Wirte waren daraufhin im Frühjahr nach einem mehrwöchigen Prozeß mit zahlreichen prominenten Zeugen, darunter auch Lemke, zu je 22 Monaten Haft verurteilt worden. Lemke stritt am Dienstag ab, jemals Kokain von Wiedt gekauft zu haben. Der Zeuge blieb jedoch bei seiner Aussage, daß der Regisseur in zwei Fällen in einem anderen Münchener Lokal je ein Kokain-Briefchen erworben habe.

Inzwischen begann in München ein weiterer Kokain-Prozeß, zu dem wiederum Prominente im Gerichtssaal auftreten werden. Das Landgericht München verhandelt seit Diens-

Wegen Erwerbs von zwei Gramm Kokain erhielt der Filmregisseur Klaus Lemke in München eine Haftstrafe mit Bewährungsfrist.

dpa UPI-Bildfunk

tag gegen einen 34jährigen gescheiterten Boutiquenbesitzer und einen 32jährigen Musiker. Die beiden sollen in einer Vielzahl von Fällen Kokain in kleinen Mengen an zahlreiche Prominente verkauft haben. Dennoch soll der Konsumentenwert nach Schätzungen bei mehr als 100 000 DM liegen. Unter den angeblichen Kunden sollen der Regisseur Rainer Werner Fassbinder, die Sängerin Juliane Werding, die Frau des Schauspielers Fritz Wepper, Angela Wepper, der Prinz von Hannover, Elisabeth von Hohenlohe-Lothringen und andere sein.

Freiheitsstrafen im Kokainprozeß

München (AP/dpa). Mit Freiheitsstrafen von je 22 Monaten für ein Münchener Gastwirtspaar ist am Dienstag der erste große Kokainprozeß in München zu Ende gegangen. Die 35jährige Silvia Mälzer wurde verurteilt wegen unerlaubten Erwerbs von Betäubungsmitteln, ihr 26jähriger Partner Michael Lampert wegen fortgesetzten unerlaubten Erwerbs und Handels mit Drogen. Der Haftbefehl gegen beide wurde aufrechterhalten.

Vor dem Landgericht München I mußten sich Silvia Mälzer und Michael Lampert seit dem 28. April wegen Handels mit Kokain in ihrem Prominenten-Nachtlokal „Klappe" in München-Schwabing von Mai bis Oktober 1980 verantworten. Zu den Stammgästen des

Lokals zählten unter anderen die Schauspielerinnen Barbara Valentin, Dolly Dollar und Cleo Kretschmer sowie der Filmregisseur Klaus Lemke. Alle bestritten in der Verhandlung als Zeugen, in der „Klappe" Rauschgift bezogen oder den Verkauf von Kokain beobachtet zu haben.

„Es muß ein für allemal mit dem Irrglauben aufgeräumt werden, daß Kokain ein harmloses Stimulans oder Potenzmittel ist", sagte der Richter. Vielmehr handle es sich um ein gefährliches Rauschgift, das nur wenig unterhalb des Heroins einzuordnen sei. Er hoffe, daß von diesem Prozeß eine Signalwirkung ausgehe. Dies habe auch bei der Strafzumessung berücksichtigt werden müssen.

Sucht und Prominenz, Lesestoff für Millionen. Alkohol, Haschisch und Marihuana, LSD, Kokain und Heroin – Skandale und menschliche Tragödien:

- *Leon Spinks*, US-Boxweltmeister, wurde im April 1978 Marihuanabesitz nachgesagt (22. 4. 1978)
- Im März 1979 unterzieht sich *Billy Carter*, trinkfreudiger Bruder des US-Präsidenten, im kalifornischen Naval-Hospital einer Alkoholentziehungskur (8. 3. 1979)
- Im Juni 1979 muss sich die Millionenerbin *Christina von Opel* wegen Haschisch-Schmuggel in Frankreich verantworten (6. 6. 1979)
- Im August 1979 steht der deutsche Kabarettist *Wolfang Neuss* wegen Haschisch vor einem Berliner Gericht (4. 8. 1979)
- Im August 1979 wird der Herausgeber des Hamburger Nachrichtenmagazin «Der Spiegel», *Rudolf Augstein*, in Italien wegen Haschischbesitz festgenommen (25. 8. 1979)
- Im Juni 1980 ist der Neffe des US-Präsidenten Carter, *William Carter Spann*, wegen Drogenbesitz wieder in Haft (5. 6. 1980)
- Ein anderer Neffe des US-Präsidenten Carter, *Robert Michael Stapleton*, wurde im Juli 1980 wegen Marihuanabesitz beschuldigt (27. 7. 1980)
- Im Dezember 1980 wird der Schauspielersohn und Neffe des US-Senators Edward Kennedy, *Christopher Lawford*, wegen Heroinbesitz angeklagt (17. 12. 1980)
- Im Mai 1981 wird der deutsche Komponist *Hans Werner Henze* wegen Marihuanabesitz in Italien festgenommen (12. 5. 1981)
- Prinzessin *Maria Inez de Bourbon-Parma*, 29jährige Kusine des spanischen Königs Juan Carlos, starb im Oktober 1981 an einer Heroinüberdosis (13. 11. 1981)
- Im Januar 1983 wird *Marion Lutz-Bossi*, Tochter des Münchener Strafverteidigers Rolf Bossi, wegen Drogenerwerb verurteilt (12. 1. 1983)
- *Heather Ross*, 22jährige Miss Bermuda '82, wird wegen Kokainschmuggel verurteilt (14. 1. 1983)
- Die österreichische Prinzessin *Peach von Rohan* muss im Februar 1984 die renommierte katholische Internatsschule St. Mary im englischen Ascot wegen Haschischkonsum verlassen (3. 2. 1984)
- *Andre Barnard*, Sohn des südafrikanischen Herzchirurgen Christian Barnard, wird mit einer Spritze tot aufgefunden (1. 3. 1984)

- Der australische Ministerpräsident Bob Hawke leidet im September 1984 unter der Heroinsucht seiner Tochter *Rosscyn* (26. 9. 1984)
- Der italienische Europa-Abgeordnete *Enzo Tortora* wird im Dezember 1984 von der Staatsanwaltschaft Neapels des Kokainhandels beschuldigt (11. 12. 1984)

Nun, die «oberen Zehntausend» sind nur das, zugegeben, reiche und prominente Spiegelbild ihrer Gesellschaften. Auf Grund ihrer Popularität und ihrer Breitenwirkung werden sie gerne und oft als *die* negativen Vorbilder, *die* falschen Propheten in den Medien zur Show gestellt, von politischen Saubermännern abgekanzelt und von Doppelmoralisten verteufelt.

Dabei wird leider und zu oft übersehen, dass die Kult- und Kulturdrogen auch ein recht dynamisches Eigenleben führen. Und Koks ist nun einmal eine elitäre und eigenwillige Droge.

Die lange Linie des Andenschnees scheint sich zum Schneesturm der nächsten Jahre für Europa zu entwickeln.

Schneestürme – die Koks-Grosswetter-Lage der nächsten Jahre

1985 erfreut der Rocksänger und Schauspieler *Marius Müller-Westernhagen* seine Zuschauer im Kino. In dem Thriller «Der Schneemann» von *Peter F. Bringmann* («Theo gegen den Rest der Welt») spielt *Westernhagen* einen zwielichtigen Einzelkämpfer, der so seine Schwierigkeiten mit fünf Kilo Koks hat. Koks macht wieder Filmgeschichte, knüpft vielleicht wieder an die Tradition Ende der 20er zu Anfang der 30er Jahre an, damals der Übergang vom Stumm- zum Tonfilm. Koks in einer Gaunerkomödie, Koks als glänzende Kinounterhaltung. Koks hat heute schon wieder sein Publikum. Nicht nur im Kino.

In fast allen europäischen Ländern: Frankreich, Italien, Spanien, Deutschland, Grossbritannien, Dänemark, Portugal und Belgien wird die «Grössenordnung des Kokainanstiegs als sehr besorgniserregend» eingeschätzt. Allein die Sicherstellungsmenge durch Zoll und Polizei sind in den letzten zwei, drei Jahren sprunghaft gestiegen. Waren es in acht europäischen Ländern 1982 nur ¼ und 1983 fast ¾ Tonne, so dürfte für 1984 und die folgenden Jahre mit jeweils einer (oder noch mehr) Tonne sichergestelltes Kokain zu rechnen sein.

Der tatsächliche Bedarf der europäischen Kokser wird Mitte der 80er Jahre auf 15 bis 25 Tonnen geschätzt. Die Zuwachsrate der Verbraucher ist gewaltig. Das laue Schneegestöber in der ersten Hälfte dieser Dekade scheint sich zu einem ordentlichen Schneesturm in der zweiten Dekadenhälfte zu entwickeln.

Die südamerikanischen Hersteller des Andenschnees sind zweifelsohne auf diese gewaltige Nachfrage eingestellt. Schon die Ausschöpfung der originären Cocapflanze in den Anbauländern könnte im Jahr bis zu 500 Tonnen Kokain erbringen. Zieht man noch die minderwertige Coca-Abart Epadu hinzu, verliert sich die dann mögliche Koks-Jahresproduktion in einen nicht mehr fassbaren, wohl aber spektakulären Bereich.

Nachfragen kommen nicht nur aus Europa. Südost- und Ostasien, Japan (in den 20er Jahren selbst grosser Koksproduzent), Australien und Neuseeland, haben sich in die Warteschlange der Koksabnehmer eingereiht.

Sollten in Europa «amerikanische Verhältnisse» in den nächsten Jahren eintreten, und die Alte Welt wird wahrscheinlich den 10-Jahres-Vorsprung der Neuen Welt in kürzerer Zeit aufholen, na dann: In den USA kommen inzwischen auf einen Heroinverbraucher rund zehn Kokainverbraucher. In Zahlen: 1982 wurden zwischen 0,45 und 0.6 Millionen Heroinmissbraucher, aber rund 4 Millionen Kokainverbraucher geschätzt, unabhängig von den Millionen Koksprobierern (1985: rund 5 Millionen regelmässige und 15 bis 20 Millionen unregelmässige Koksverbraucher).

Für Europa werden heute 0.3 bis 0.5 Millionen Heroinmissbraucher geschätzt. Auf die Nationen verteilt, alles natürlich Schätzungen:

Niederlande:	15 000	bis	20 000
Bundesrepublik D.:	80 000	bis	100 000
Italien:	70 000	bis	80 000
Grossbritannien:	30 000	bis	50 000
Frankreich:		bis	100 000
Schweiz:	6 000	bis	10 000
Spanien:		bis	80 000
Dänemark:	6 000	bis	10 000
Schweden:	10 000	bis	15 000
Last but not least Australien:		bis	40 000

Vielleicht muss sich Europa 1990 auf eine Million Kokser, 1995 vielleicht auf 3 bis 5 Millionen einstellen. Vielleicht werden die 90er Jahre zu den «Roaring Nineties». Nehmen

wir einmal an, das wäre alles Zahlenspielerei. Unwissen-
schaftliche Hochrechnerei. Ein Ziffern-Spektakel.

Wenden wir uns einer «überschaubaren Szene zu, die
mit Koks versorgt sein will». Berlin bietet sich da immer
wieder gerne an. Hat die Stadt doch schliesslich Ende der
20er Jahre den Ruf genossen, die Kokainmetropole Europas
zu sein. Zum Koksdealer wurde man hier, der Entwicklung
der Koks-Szene folgend, erst 1979 oder auch 1980. Ein noch
praktizierender Andenschneehändler berichtet, plaudert
über die neue Berliner Koks-Geschichte.

9. Kapitel

NEBENBERUFLICH KOKS-DEALER
*Plaudereien über den kleingewerblichen Kokainhandel
der 80er Jahre in Berlin*

Koks in Berlin – New wave in den 80er Jahren

Im Frühjahr 1980 forderte *Richard von Weizsäcker* (CDU) den Regierenden Bürgermeister von Berlin *Stobbe* (SPD) auf, das Drogenproblem in der Stadt anzugehen. Der CDU-Politiker verwies auf eine Kokain-Welle.

In den Jahren zuvor, den späten 70er Jahren, war Koks in Berlin nicht sonderlich verbreitet. Die Rauschgiftinspektion stellte ab und an kleine Mengen Koks sicher:

Kokain für 20 000 Mark in Berlin beschlagnahmt (12. 10. 1978)
100 Gramm Kokain sichergestellt (12. 10. 1978)

Aber 1980 könnte man als das Koks-Wende-Jahr bezeichnen. Für die Polizei:

250 Gramm Kokain beschlagnahmt (5. 2. 1980)
Kokainschmuggel aus Peru (6. 5. 1980)
Heroin und Kokain sichergestellt (29. 8. 1980)

Natürlich, mit üblicher Verspätung, auch für die Landespolitiker. Am 18. Februar 1980 stellte der CDU-Abgeordnete *Uwe Ewers* im Berliner Abgeordnetenhaus die «kleine Anfrage Nr. 844»:

1. Trifft es zu, dass in der Berliner Drogenszene zunehmend auch Kokain gehandelt wird?
   Wenn ja, wie beurteilt der Senat diese von Fachleuten vorhergesagte Entwicklung und hat er sich hierauf frühzeitiger als beim Heroin eingestellt?
2. Mit welchen Massnahmen wird er der Verbreitung dieser gefährlichen Drogen schon im Anfangsstadium entgegentreten?

Und der Berliner Senat beantwortete die beiden Fragen des Parlamentariers am 11. März 1980.

Zu 1: Während Kokain in der Berliner Drogenszene in den vergangenen zehn Jahren nur eine äusserst untergeordnete Rolle gespielt hat, wird in jüngster Zeit ein zunehmender Handel mit diesem Stoff festgestellt.

Zur Beurteilung dieser Entwicklung ist es von Bedeutung, dass Kokain bei den Konsumenten illegaler Drogen ein hochpositives Image besitzt, so dass bei geringem Angebot auf dem Schwarzmarkt der Stoff kaum einmal die Strassenszene erreicht. Auch gegenwärtig kann davon ausgegangen werden, dass die Abnehmerschicht beim Kokain aus anderen sozialen und ökonomischen Verhältnissen stammt als die Mehrheit der Heroinabhängingen.

Eine weitere Verbreitung dieser Droge, vor allem unter

Weizsäcker: Stobbe soll Drogenprobleme angehen

CDU-Politiker verweist auf Kokain-Welle

Der Berliner CDU-Politiker Richard von Weizsäcker hat gestern den Regierenden Bürgermeister Dietrich Stobbe (SPD) aufgefordert, sich „persönlich und mit der Autorität seines Amtes" der sich verschärfenden Drogenprobleme in Berlin anzunehmen. Im Pressedienst der Berliner CDU erklärte Weizsäcker, nur so könne dieses Thema die notwendige politische Priorität erhalten. Außerdem ließen sich nur so die Fehlentwicklungen vermeiden, die dadurch entstünden, daß die Verwaltung „nach bloß formalen Zuständigkeiten tätig wird und aufgesplittert ist".

Weizsäcker wies darauf hin, daß die weitere Zunahme der Drogenabhängigkeit durch neuere Untersuchungsergebnisse bestätigt werde. Danach liege die Zahl der Heroinabhängigen in Berlin bei etwa 6000 und damit doppelt so hoch, wie die Behörden bisher vermutet hätten. Nachdrücklich warne die Polizei auch vor einer auf Berlin zurollenden Kokain-Welle.

Weizsäcker betonte, Ansätze zur Verbesserung der Situation ergäben sich aus den jüngsten Berichten und Klagen derer, die aktiv in der Drogenarbeit tätig seien. Sie forderten vor allem, daß endlich die Drogenberatungsstellen personell verstärkt würden. Die vorhandenen Therapieeinrichtungen müßten vor dem finanziellen Ruin bewahrt werden und bedürften stärkerer Unterstützung.

Ferner gelte es, für die Arbeit der Drogenkontaktlehrer an den Schulen bessere Voraussetzungen zu schaffen. Nicht zuletzt müßten diese Lehrer aus ihrer Isolierung befreit werden, denn die Erkenntnis der Ursachen und der Kampf gegen die Folgen der Drogenabhängigkeit seien Aufgaben aller Erzieher.

Abschließend hob Weizsäcker hervor, daß bei der Drogenproblematik alle Anteile an der Verantwortung hätten. Wenn sich der Regierende Bürgermeister hier persönlich engagiere, könne er auf die Unterstützung der CDU zählen.

*Spandauer Volksblatt,
28. 3. 1980*

den Haschischkonsumenten, ist nicht auszuschliessen.

Aufgrund der zur Drogenproblematik generell bestehenden engen Kooperation zwischen Bund und Ländern, sowie aufgrund der auf Berliner und auf nationaler Ebene bestehenden Zusammenarbeit mit Fachleuten aus Behörden der USA konnte eine früh zeitige Vorbereitung auf das Thema Kokain vorgenommen werden.

Zu 2: Da sich die Bekämpfung des illegalen Drogenhandels auf alle aufgrund internationaler Abkommen indizierten Stoffe bezieht, bedarf es keiner besonderen Massnahme im polizeilichen Bereich. Allerdings wurde die international beobachtete Bewegung im Bereich des Kokain-Marktes frühzeitig in die Information der Polizei- und Zollorgane einbezogen. Erste Fahndungserfolge verdeutlichen die Möglichkeiten des Aufgriffs auch der Droge Kokain.

Im Bereich der vorbeugenden Arbeit wurde ab Anfang 1978 bei der Entwicklung praktischer Schritte und übergreifender Konzeptionen darauf geachtet, dass sich Vorbeugung nicht nur auf alle illegalen Drogen, sondern beispielsweise auch auf die legalen Drogen bezieht. Damit wird in der Aufklärung und Vorbeugung das gesamte Spektrum der Suchtstoffe berücksichtigt. Kokain nimmt dabei keine Sonderstellung ein.

In der Öffentlichkeitsarbeit zum Thema Sucht vertritt der Senat die Auffassung, dass Probleme mit speziellen Drogen, die hier noch nicht oder nicht in erheblichem Umfang auftreten, nicht «herbeigeredet» werden sollten. Deshalb wurden bei entsprechenden Anfragen seitens der Presseorgane diese gebeten, sich dem Thema Kokain noch nicht besonders anzunehmen, da insbesondere aufgrund des Images dieses Stoffes als «Luxusdroge» eine ausführliche öffentliche Diskussion zur Verbreitung ungewollt beitragen könnte.

Bezüglich der notwendigen Beratungs- und Therapiemassnahmen scheint eine gesonderte Planung von Massnahmen nach den bisher ermittelten auswärtigen Erfahrungen nicht notwendig.

Dietrich Stobbe
Reg. Bürgermeister
Ilse Reichel
Senator für Familie, Jugend und Sport

Nun, ein paar Jahre später scheint die frühzeitig erfolgte Vorbereitung auf das Thema Kokain doch nicht so recht auszureichen. Die Fahndungserfolge des Aufgriffs der Droge Kokain halten sich in Grenzen.

Koks nimmt zweifelsohne inzwischen eine Sonderstellung ein. Die Presseorgane nahmen und nehmen sich des besonderen Themas Kokain an. Die Luxusdroge wurde zur illegalen Alltagsdroge mit luxuriösem Preis. Nun ist das Koksproblem doch «herbeigeredet und herbeigeschrieben» worden. Aber schon frühzeitig, so um 1979/80, nahmen sich bewährte Haschisch-Händler des Luxusstoffes an. Die Szene wollte schliesslich versorgt sein. Charley erzählt seine Geschichte, die Geschichte über vier, fünf Jahre Koksdealerei, nebenberuflich natürlich.

Charley und das Kokain – Interview vom 26. und 29. 12. 1984

So bin ick drauf anjemacht worden

Habe 1980 eine alte Bekannte getroffen, die ich seit 20 Jahren oberflächlich kenne und die sagte zu mir: «Charley, ich habe *die* Droge für Dich da. Das musst Du unbedingt mal probieren.»

Ich konnte mir das nicht so richtig vorstellen, auch wenn jetzt so viel darüber in der Zeitung steht. Konnte mir nicht vorstellen, dass ich daran Gefallen finden müsste.

«Na ja», meinte sie, «Du könntest damit bestimmt auch Geld verdienen. Ich hole uns mal was und dann können wir es ja ausprobieren.» So bin ick als drauf anjemacht worden.

Das Ausprobieren lief glaube ich sogar schon einen Tag später. Dann hatte sie sich, ick weiss ja nicht wo, eine bestimmte Menge, ich glaube ein halbes Gramm oder so, besorgt und dann haben wir, glaube ich, das erstemal auf einer Parkbank oder so mit einem Feuerzeug irgendwas kleingehackt, und dann so zwei Lines reingezogen. Und ich war sehr gespannt, so ungefähr wie beim erstenmal LSD. In einer Erwartungshaltung – und ich habe überhaupt nichts mitgekriegt, nichts gemerkt. Und nach einer Weile moserte sie dann auch rum und sagte: «Das ist ja totale Kacke.» Da wurde sie angeschissen.

Da war ich dann erstmal erleichtert, wie das so bei Sachen ist, die man beim erstenmal gar nicht mitkriegt, so wie zum Beispiel beim Haschisch. Als ich das erstemal

Haschisch geraucht habe, habe ich auch nicht mitgekriegt, dass das irgendeine Wirkung hat. Aber neugierig bin ich dann doch ganz schön geworden. Inzwischen hatte sie mir auch so viel erzählt, dass man damit Geld machen könnte, dass Coca ganz gross rauskommen würde, dass die Verdienstspannen so hoch wären, wenn man sich ein bisschen anstrengt und die Connections hätte.

Und det war mir alles ziemlich unklar. Ick kannte zwar aus der Vergangenheit ein paar Leute, die viel mit Deal zu tun hatten. Das bezog sich aber alles auf Haschisch. Also war det vollkommenes Neuland. Aber irgendwo hatte ick det auch schon bei mir drin: Mensch, det musst Du mal versuchen. Ausserdem musst Du es mal versuchen, denn wenn die so 'ne Scheisse verkaufen können und mit dem Dreck so gut verdienen, dann muss schon was dran sein.

Ich wurde neugierig, wie richtiges, gutes Coca wirkt, det mal alles so richtig rauszukriegen.

Vorbereitung auf einen
Nebenberuf

Ick habe dann erstmal anjefangen, mich so theoretisch damit zu beschäftigen. Angefangen hat det mit Lesen im *Stern,* wenn da irgendein Reisser drin war, im *Spiegel* oder irgendwat, ick weiss nicht, irgendwelche Zeitungen, aber da steht ja nur Müll drin. Aber ein direktes Fachbuch über Coca hatte ich da noch nicht in den Fingern.

Mehr durch Zufall dann durch einen Bekannten, der einen medizinischen Beruf hat. Und in dessen Bibliothek habe ich den Anhang zum deutschen Arzneibuch von 1936 ausgegraben und habe dann ganz einfach unter K = Kokain aufgeschlagen. Da waren ein paar Seiten total sachlicher Beschreibung. Und damals davon schon ein Riesenteil, der sich damit befasst hat, mit der Reinheit des Kokains wie man die feststellen kann. Na ja, das waren aber alles Sachen, die kannst Du so als Hobby nicht machen, da musst Du schon ein halbes Labor haben. Und vor allem musst Du erstmal Coca drin haben, um det auch messen zu können. Und det hatte ich erst mal dann eine ganze Weile ja nicht.

Und dann, wiederum ein alter Freund von mir, der allerdings für mich mit Drogenhandel und so gar nicht in Verbindung stand, früher mal ein bisschen mit Haschisch was gemacht hat oder auch mal eine grosse Menge LSD verschoben hat, aber eigentlich hatte er mit Drogen immer nur Kacke jebaut, der hatte mir dann plötzlich gesagt: «Ich habe da eine grössere Sache in Aussicht und würde Dir was in Kommission geben zu soundsoeinem Preis. Und Du verkaufst es. Kannst Du dann auch verschneiden. Ist wohl unheimlich rein. Und nachher zahlst Du mich dann aus und hast bestimmt auch noch einen dicken Gewinn.»

Als es denn endlich so weit war, ich hatte ihn übrigens auch mal gefragt, woher denn und wie . . .

Er hatte erzählt, er holt es selbst aus England. Da kennt er einen, der irgendwas mit Fruchtexport zu tun hat, Import & Export, so kommt es wohl nach England rein, unheimlich reines Zeug. Der holt det von da und von England wäre det unheimlich leicht.

Und diese grössere Menge, die er wohl holte, det waren 50 oder 100 Gramm, det weiss ick nicht mehr so genau, det war bei den Preisen, die damals so umgingen, so um 250 Mark det Gramm im Endverkauf. Also schon relativ hoch. Er wollte mir dann det für 200 Mark das Gramm geben und ick sollte es dann für 250 oder so verkaufen. Kann auch sein, dass er 180 gesagt hat. Jedenfalls war dann eines Tages das Zeug plötzlich da. Ohne Tests, Freundschaftsache, habe ich so entgegengenommen. Habe mich dann erstmal verkrümelt und selber geguckt.

Da ist mir erstmal aufgefallen, nach Beschreibungen, die mir vorher so gegeben wurden, det sah durchaus nicht so aus wie Schnee, kein Pulverschnee, wie Kokain aussehen soll. Sondern det war leicht gelblich gefärbt, fast wie, also Teig kann man nicht sagen, man konnte es schon auflokkern, aber irgendwie war det unheimlich klebrig. Und da habe ick mir natürlich gleich wieder aufgeregt: Scheisse, det kann nicht sein. Det Zeug liess sich kaum kleinmachen, klebte in Flöckchen zusammen, klebte immer an der Klinge, liess sich auch nicht richtig ziehen. Und hat auch kaum Wirkung dadurch, aber es hatte schon ein bisschen angemacht, bisschen aufgepeppt, aber ganz minimal. Und sehr uneffektiv, weil es sich nicht richtig aufgelöst hat, wenn Du es gezogen hast.

Also det Ding ging auch in die Hose. Ick habe alles mögliche damit versucht. Habe versucht es mit chemischen Mitteln zu trocknen, mit Hitze zu trocknen. Sobald es wieder eine Weile an der Luft war, war es wieder Pappe.

Sehr viel später ist mir dann bewusst geworden, was es war. Das war Kokainbase, die hätte sich sehr gut rauchen lassen. Da hätte es eine sehr gute Wirkung gehabt. Oder man hätte sich die Mühe gemacht und aus der Cocabase Cocahydrochlorid selber gemacht, was ja nicht sehr schwer ist. Das ist kaum ein Verlust. Da geht nicht viel an Gewicht bei verloren.

Später habe ich dann auch andere Literatur bekommen, allerdings auf Englisch, wo eine Beschreibung drin war, wie det meiste illegale Kokain, wat da drüben in Südamerika schon zusammengebraut ist, hergestellt wird. Und det ist eigentlich eine machbare Sache. Die man also selbst hinkriegen kann.

Bloss det müsste halt in grossen Mengen laufen, weil die Cocablätter und det Endprodukt Kokain, det ist eine unheimliche Relation. Habe die Zahlen nicht im Kopf. Und die Blätter hier zu kriegen ist eigentlich auch unmöglich.

Aber theoretisch hatte ick das dann eben drauf. Und die Base ist dann eben eine Stufe vor dem Hydrochlorid. Na wie gesagt, damals hatte ick ja noch nicht die Möglichkeiten. Das hat sich dann doch erst später entwickelt.

Später, nachdem ick dann auch andere Verbindungen gekriegt habe, da habe ich mir dann auch ein paar Grundtests, die einfach genug sind, dass man sie schnell selbst ausführen kann, rausgesucht, womit man nicht den genauen Kokaingehalt feststellen kann, aber man kann feststellen, ob es sich überhaupt um Kokain handelt und im Groben auch, wie viele Anteile Kokain und wie viele Anteile irgendwelcher Streckstoffe drin sind, aber nicht haargenau.

Würde ick jetzt sagen, die Hälfte ist Kokain, die Hälfte sind Streckstoffe, irgendwelcher Müll.

Kannst ja unheimlich viele Stoffe aus dem Cocablatt herausholen und nachher sortiert man ganz sauber det Hydrochlorid raus.

Um so sauberer die Leute da unten arbeiten, um so wirksamer ist auch das Kokain. Und wenn dieses Kokain jetzt gemischt ist, dieses ganz saubere, sagen wir mal mit 50 Prozent irgendwelcher anderer Stoffe, dann ist es was anderes, als wenn lässig hergestelltes Kokain 50 zu 50 gepanscht ist. Da ist immer noch dieses saubere 50 zu 50 Gepanschte besser.

Aber det kam erst alles, als ich dann über tausend Ecken immer mehr Leute kennenlernte, wo man da mal was kriegte und da wat probieren konnte. Und det waren eben meine einfachen Methoden, was rauszubekommen.

So der oberflächliche Schmelzpunkttest. Det ist von den einfachen Sachen die Zuverlässigste. Det läuft so: Du hast ein Thermometer, was ausreichend hohe Temperaturen verträgt. Det janze Ding ist eingelassen in so einen Leichtmetallblock, so dass man es sehr leicht auf eine Herdplatte stellen kann. Auf der Oberfläche des Metallblocks das zerkleinerte Kokain hinlegen und dann sorgfältig beobachten. Mit der steigenden Temperatur kippen dann irgendwelche Sachen um, schmelzen, verfärben sich, fangen an zu qualmen, zu stinken, zu platzen.

Und daran kannst Du, wenn Du eine ausreichende Tabelle von möglichen Streckstoffen hast, Tabelle heisst jetzt mit Schmelzpunkten, sehen: wann schmilzt det – aha, det könnte det sein, auf jeden Fall, Kokain ist es nicht. Kokain schmilzt erst bei 190 Grad. Daran kannst Du erkennen, ob wat in Ordnung ist oder nicht. Dazu gehört aber eben nicht nur das Gerät, sondern auch ein bisschen Erfahrung. Man muss schon ein Sammelsurium an Streckstoffen kennen. Aber auch det Verhalten der Streckstoffe bei anderen Tests kennen.

Die Übergabe der Ware fand zwei Stockwerke über Swans Zimmer im Hotel del Prado statt. Swan hatte den Raum eigens für diesen Zweck zusätzlich angemietet. Er trug die 3000 Dollar bei sich, als er das Hotelzimmer betrat. Das Geld und ein Leinensäckchen, in dem er den Koks zu verstauen gedachte. Er war nervös. René war bei ihm. Sie hatten drei Minuten gewartet, als sich der Türknauf drehte. Emilio trat ein. Er wurde von einem jungen Mann namens Ricardo begleitet. «Mein Partner.» Emilio war Profi. Er ging nicht allein zu einem Treffen, wenn er Kokain bei sich trug. Er reichte Swan das Kokain. Die Ware war dreifach in durchsichtige Plastikfolie eingewickelt, zum Schutz gegen Feuchtigkeit. Swan führte die beiden Tests durch, die ihm Anthony in New York gezeigt hatte, dann erst machte er die Schnupfprobe.

Der Wassertest bei Kokain wird mit *kaltem* Wasser durchgeführt. Man braucht ein sauberes Glas. Wenn es sich um reines Kokain handelt, lösen sich die Kristalle im Wasser auf, bevor sie den Boden des Glases erreichen. Unreinheiten werden ausgewaschen, sie schweben als sichtbare Stäubchen oder Schlieren in der oberen Wasserschicht. Ein Käufer, der Ahnung hat, wird das Glas persönlich füllen. Er weiss, dass der Dealer warmes Wasser nehmen wird, wenn man nicht aufpasst. Genauso geschah es. Ricardo, Emilios Partner, hatte warmes Wasser für den Test vorbereitet. Swan merkte nichts. Gut genug, dachte er. Es sah ganz ordentlich aus.

Als nächtes kam der Feuertest. Swan häufelte etwas Kokain auf das Folienpapier einer Zigarettenschachtel und verbrannte es, indem er ein Streichholz unter die Folie hielt. Reines Kokain würde Blasen werfen, ein brauner Film würde auf der Folie zurückbleiben. War das Kokain mit anderen Stoffen vermischt, so würde sich die Substanz schwarz färben, es würden sich Klümpchen bilden, keine Blasen. Die Überreste, die nach Swans Feuertest zurückblieben, waren von dunkelbrauner Farbe. Etwas Schaum hatte sich gebildet. Nicht das, was man Klümpchen nennen konnte. Auch die Farbe stimmte. In etwa. Noch bevor Swan den Schnupftest machen konnte, wurde an die Tür geklopft. Er fuhr zusammen.
Robert Sabbag «Snowblind», 1976

Kokainschmuggel im Flughafen Tegel geplatzt

Bei dem Versuch, 150 Gramm Kokain nach Berlin zu schmuggeln, ist auf dem Flughafen Tegel die 27jährige Gabriele Be. aus Tempelhof von der Polizei auf frischer Tat ertappt worden. Der Wert des beschlagnahmten Rauschgifts liegt nach Angaben der Kripo bei 45 000 Mark.

Gabriele Be. war von dem 42jährigen Ulrich B. aus Schöneberg und dem 32jährigen Udo K. aus Neukölln als Kurier angeworben worden. Zusammen mit den beiden Männern flog sie vor mehreren Tagen nach Mallorca, wo an einem noch unbekannten Ort das Kokain an das Trio übergeben wurde. Während B. sofort zurückflog, folgten die Frau und K. erst einige Tage später.

Am Sonnabendnachmittag trafen die beiden mit einer Chartermaschine aus Mallorca in Tegel ein. B. erwartete beide in der Vorhalle. Die Ermittlungsgruppe von Zoll und Polizei griff zu.

Kriminaldirektor Gerhard Ulber warnte gestern alle Frauen und Mädchen, bei Einladungen zu Urlaubsreisen äußerst mißtrauisch zu sein. Sie könnten leicht von Schmugglern und Rauschgifthändlern ausgenutzt werden. **eck**

Viereinhalb Jahre Haft
wegen Handels mit Kokain
Zwei Israelis waren an einen Informanten der Polizei geraten

Wegen unerlaubten Handels mit Betäubungsmitteln verurteilte gestern eine Moabiter Strafkammer einen 31jährigen israelischen Staatsbürger zu einer Freiheitsstrafe von viereinhalb Jahren. Ein 42jähriger Israeli, der bei dem Versuch, im Auftrag des Mitangeklagten rund 160 Gramm Kokain abzusetzen, an einen polizeilichen Informanten geraten war, erhielt eine Haftstrafe von drei Jahren wegen Beihilfe.

Der jüngere der beiden Männer hatte im Herbst vorigen Jahres mit 30 000 DM seine Heimat verlassen, um in Berlin ein Restaurant zu eröffnen. Da ihm indessen schon rasch das Geld ausgegangen sei, habe er, nachdem sich Kontakte zu entsprechenden Kreisen ergeben hätten, vorgehabt, durch Drogenhandel eine neue Existenz aufzubauen, hieß es in der Urteilsbegründung. In dem Bemühen, Käufer für Kokain zu finden, habe er sich an den ihm aus Israel bekannten 42jährigen Mitangeklagten gewandt, der sich dazu habe überreden lassen, nach Abnehmern zu suchen.

Ein Bekannter, dessen Tätigkeit als V-Mann deutscher und amerikanischer Rauschgiftfahnder dem 42jährigen Mann verborgen geblieben war, zeigte schließlich Interesse an einem Geschäft mit der Droge, zumal sich Beziehungen der Verkäufer zur Drogenszene in Amsterdam herausgestellt hatten. Dort wurden dann auch erste Kaufverhandlungen geführt Ein dort vereinbarter „Vertrauenskauf" einer zunächst kleineren Menge von 160 Gramm führte schließlich am 26. September zur Festnahme der beiden Israelis und der Sicherstellung der Droge in einem Berliner Hotel.

Bei der Strafzumessung berücksichtigte das Gericht insbesondere die Gefährlichkeit von Kokain, das nach Heroin bereits den zweiten Platz einnehme. Die Staatsanwaltschaft hatte für beide Angeklagte eine Freiheitsstrafe von vier Jahren und zehn Monaten gefordert. Eine erheblich geringere Haftstrafe beziehungsweise Freispruch beantragte die Verteidigung.   Wa

Tagesspiegel, 19. 12. 1984

Kokainhändler festgenommen

Nach längerer Observation konnte Montag abend ein 30 Jahre alter Mann aus Neukölln auf frischer Tat beim Kokainhandel festgenommen werden. Bei der Durchsuchung seiner Kleidung wurden 70 Gramm des Rauschgiftes und eine durchgeladene Pistole gefunden. In seinem Auto wurden außerdem 420 LSD-Trips entdeckt.   (Tsp)

Tagesspiegel, 9. 2. 1983

Berliner mit Kokain für 600 000 DM in Hannover festgenommen

Ein 43 Jahre alter arbeitsloser Stukkateur aus Berlin wurde in Hannover mit 1100 Gramm Kokain im Wert von etwa 600 000 DM festgenommen. Nach Angaben des Landeskriminalamtes in Hannover konnte die Polizei nach einem anonymen Hinweis das Rauschgift im Hotelzimmer des Mannes sicherstellen. Gegen ihn wurde Haftbefehl erlassen.   (dpa/Tsp)

Tagesspiegel, 12. 2. 1983

Straftaten im Kokainrausch

Eine Moabiter Strafkammer verurteilte gestern einen 38jährigen früheren Rechtsanwalt wegen vorsätzlichen Vollrausches zu einer Freiheitsstrafe von zwei Jahren und drei Monaten. Nach dem Ergebnis der Beweisaufnahme hatte sich der kokainabhängige Jurist zwischen 1981 und Oktober 1982 im Zustand der Schuldunfähigkeit durch Betrug und Veruntreuung von Mandantengeldern in Besitz von rund 200 000 DM gebracht, um damit seinen Drogenkonsum zu finanzieren.

Im vergangenen September war der Angeklagte, wie berichtet, wegen Besitzes von Betäubungsmitteln zu einer Freiheitsstrafe von zehn Monaten auf Bewährung verurteilt worden. Der Rechtsanwalt nannte gestern vor Gericht berufliche Überlastung als Grund für die Einnahme von Kokain. Als strafverschärfend berücksichtigte die Kammer vor allem den erheblichen Schaden. Überdies habe der Angeklagte als Rechtsanwalt eine Vertrauensstellung mißbraucht. Das Urteil entsprach dem Antrag der Staatsanwaltschaft. Der Verteidiger hatte eine Bewährungsstrafe beantragt. (Tsp)

Tagesspiegel, 20. 12. 1983

Kokain für 20 000 Mark in Berlin beschlagnahmt

Die zweitgrößte Beschlagnahme von Kokain in Deutschland gelang in Berlin mit 100 Gramm dieses Rauschgiftes. Es hat einen Handelswert von 20 000 Mark.

Wie das Zollfahndungsamt gestern mitteilte, hatten Zollbeamte im Rahmen einer internationalen Zusammenarbeit am Montagabend in der Kantstraße in Charlottenburg vier Männer im Alter zwischen 23 und 30 Jahren beim Verkauf des Kokains festgenommen. Das Rauschgift wies einen hohen Reinheitsgrad auf. Bei entsprechenden Streckungen, wie sie in den Rauschgift-Händlerkreisen üblich sind, könnten aus der sichergestellten Menge bis zu 10 000 Portionen abgepackt werden.

Ein Vernehmungsrichter erließ inzwischen Haftbefehl gegen die Rauschgifthändler. Wie der Zoll ergänzend mitteilte, ist dies überhaupt erst der zweite Fall in Berlin seit Kriegsende, daß Kokain sichergestellt werden konnte. Im norddeutschen Raum waren in diesem Jahr bei dem bisher größten Fang in der Bundesrepublik Deutschland 1,4 Kilogramm Kokain beschlagnahmt worden. Fachleute befürchten, daß Rauschgifthändler nach dem Heroin jetzt verstärkt die Modedroge der zwanziger Jahre in Deutschland einführen wollen.   L. R.

∗

AR Synthetisches Kokain ist ein weißes Pulver; in Wasser gelöst, schmeckt es bitter. Kokainsucht gehört zu den gefährlichsten Abhängigkeiten. Anfangs erzeugt es angenehme Rauschzustände. Kokain wird geschnupft, gespritzt, mit Tabak geraucht oder in Alkohol getrunken. Bei längerer Sucht treten Erscheinungen wie beim Alkoholdelirium auf. Endstation ist Verblödung und totaler körperlicher Verfall.

Berliner Morgenpost, 12. 10. 1978

Mit Kokain im Gepäck nach Sylt

Die Tochter des Generalstaatsanwalts beim Berliner Kammergericht, Katrin Schulz, ist gestern von einem Berliner Gericht wegen Verstoß gegen das Betäubungsmittelgesetz zu 15 Monaten Gefängnis mit Bewährung verurteilt worden.

Die jetzt 20jährige hatte im vergangenen Jahr insgesamt 44 Gramm Kokain an Mittelsmänner auf Sylt übergeben. Die Jurastudentin wurde nach dem Jugendstrafrecht verurteilt, da sie nach Meinung des Gerichts bei der Tat noch eine Heranwachsende war. Als Auflage wurde ihr erteilt, zehnmal in einer Drogenberatungsstelle zu arbeiten.

Im Sommer 1984 hatte die Jurastudentin in einem Buch versteckt 10 Gramm Kokain von Berlin nach Westerholz auf Sylt zu ihrem damaligen Freund gebracht. Im September transportierte sie nochmals 29 Gramm Kokain auf die Insel.   dpa

Volksblatt Berlin, 29. 1. 1985

Kokainschmuggel aus Peru

Weitere Mitglieder einer Bande in Peru gefaßt — Aus Tegel abgeflogen

Ein internationaler Rauschgiftschmugglerring konnte jetzt von der Polizei durch Zusammenarbeit mit dem Bundeskriminalamt und der Polizei in Peru zerstört werden. Die Polizei hatte in Berlin in den Monaten Februar und März bereits sieben Männer festgenommen und bei ihnen 380 Kilogramm Kokain beschlagnahmt. Drei weitere Tatverdächtige wurden jetzt in Lima (Peru) gefaßt. Dabei handelt es sich durchweg um Deutsche.

Sie hatten den Kokainschmuggel aus Südamerika selbst organisiert. Zwei Mitglieder der Bande, ein 29jähriger und ein 31jähriger Mann, verließen am 2. April Berlin, wobei sie von einer Sonderkommission von Polizei und Zoll beobachtet wurden. Die beiden Verdächtigen flogen nach Peru. Einen Tag danach wurde beobachtet, wie eine 29jährige Frau aus Wilmersdorf, die ebenfalls zu der Bande gehörte, vom Flughafen Tegel in Richtung New York flog.

Daraufhin reisten ein Berliner Kriminalbeamter und ein Beamter des Bundeskriminalamtes nach Lima in Peru, wo am 19. April die Frau mit einem präparierten Koffer, in dem sich 1,4 Kilogramm Kokain befanden, festgenommen werden konnte. Die Frau hatte das Kokain allein transportieren wollen. Bei ihrer Festnahme konnten aber auch die beiden Männer aus Charlottenburg und Wilmersdorf ebenfalls auf dem Flughafen in Lima gefaßt werden. Alle drei befinden sich in Peru in Haft. Der peruanischen Polizei gelang es außerdem, einige Lieferanten des Kokains in Lima festzunehmen.

Die Berliner Polizei durchsuchte nach der Festnahme der Kokainschmuggler alle Berliner Wohnungen der Betreffenden, wobei eine 20jährige Frau, die von einer früheren Schmuggeltour her bekannt gewesen sei, ebenfalls festgenommen wurde. Außerdem wurde ein Mann verhaftet, gegen den bereits ein Haftbefehl wegen Rauschgiftschmuggels vorlag.   (Tsp)

Tagesspiegel, 6. 5. 1980

1
Kokain: «Peruvian Flakes»,
Nahaufnahme

2
Kokain: «Bolivian Rock», Nahauf-
nahme

3
Kokain: «Cocaine Hydrochloride,
made in USA», Nahaufnahme

4
Kokain: «Cocaine Base Crystal»,
Nahaufnahme

Bolivianische Rocks & Peruanisches Pulver

Es gibt eigentlich nur ein Kokain, det Kokainhydrochlorid, aber man kann von der Herkunft her bestimmen. Das gibt's, wie früher auch beim Haschisch, wo man sagte, det ist ein Pakistani, det ist ein Türke, det ist Gipsy, det ist ein Afghane, wovon ick heute nicht mehr so viel halte.

Bei Coca ist det ähnlich. Es gibt wohl grundsätzlich verschiedenes Aussehen bei verschiedenen Herkunftsorten.

Det bolivianische zum Beispiel ist sehr rockig, sehr grosse Kristalle. Meistens nicht rein weiss. Sondern hat einen gelben, gelb-bräunlichen Touch.

Peruanisches sagt man, ist total weiss. Sehr oft auch total pulverig. Manchmal mit ein paar sogenannten Flakes, flache, angebliche Kristallbrocken.

Det sind eigentlich die Hauptsorten.

Kolumbianisches noch, wobei Kolumbien meistens kein Produktionsland ist, da wird es nur umgeschlagen oder auch noch verarbeitet.

Aber ick halte det ganze für uns hier in Europa für Quatsch, sich darüber Gedanken zu machen. Weil, erstens kommt so was kaum hier herüber und zweitens, was nützen diese Bezeichnungen. Ist genauso, wie wenn ick heute ein Haschischbrocken sehe, früher hätte ick dazu Pakistaner gesagt, oder Afghane – und der kommt garantiert nicht direkt aus Afghanistan, sondern kann aus Indien kommen und so bearbeitet worden sein, dass er wie ein Afghane aussieht.

Und so ist es bei Kokain garantiert auch.

Wobei ick festgestellt habe, man sagt ja immer, das Peruanische sei det Beste, det bezieht sich ganz einfach nur darauf, dass der Alkaloidgehalt der Pflanzen in Peru am höchsten ist.

Aber in Wirklichkeit für den schwarzen Markt kommt es nur darauf an, wie sauber det ausgearbeitet ist und wie wenig det gestreckt ist. Für die Pharmaindustrie ist der Unterschied vielleicht ganz interessant.

Streckungsmittel Speed

Streckungsmittel, na ja, Milchzucker, Laktose, oder irgendwelche Amphetamine, Putschmittel, det sind in meinen Augen die unerwünschtesten Streckungsmittel, weil die ja eine direkte eigene Wirkung haben.

Ungefährlich, was heisst ungefährlich? Ja, Traubenzucker. Ick bin kein Mediziner, aber ick kann mir nicht vorstellen, dass Traubenzucker irgendwelche Schäden in der Nase verursacht... Löst sich doch gleich auf, geht ins Blut, hat den Menschen noch nie geschadet.

Andere, na ja, irgendwelche Kreislaufdinger, oder ganz einfache Wachmacher, Amphetamine, die sind bestimmt nicht gesund. Und da gibt es bestimmte Formen, die weisspulverig aussehen – weiss ick.

Man sagt oft, hör ick von den Leuten: Mann, da ist doch Captagon drin oder so. Ist ja eine einfache Art zu strecken. Du nimmst eine Aufputschtablette, die wirksam ist. Du bist eine ganze Zeit lang wach, hast auch Rededrang, ist natürlich bei Leuten verschieden. Aber ick weiss aus eigener Erfahrung, wenn ick zwei Captagon nehme, bin ick janz schön drauf. Na gut. Wenn Du die jetzt zerdrückst und dazwischen tust – weiss ick nicht mal konkret, ob die von der Nasenschleimhaut abgebaut wird und vom Blut übernommen wird, die gleiche Wirkung hat, als wenn Du sie schluckst – det wäre sehr einfach.

Sowas kriegst Du auf dem Schwarzmarkt und det ist

Die Folgen von Kokain-Mißbrauch: Das Rauschgift frißt zuerst kleine Löcher in die Nasenscheidewand. Schließlich eine pfenniggroße Öffnung

Das Endstadium: Das Kokain hat die Nasenknorpel zerstört, die Nase ist deformiert. Jetzt hilft nur noch eine Operation beim Schönheitschirurgen

Koksen und Nasenscheidewände

weiss, totales Pulver. Aber det heisst nicht, dass Kokain direkt pulverig ist, wenn es aus zerdrückten Tabletten besteht oder Anteile davon drin sind.

Nachdem er seine erste Sendung an den Mann gebracht hatte, änderte er seine Taktik. Er bewahrte die Ware jetzt nicht mehr zu Hause auf. Nur das Auspacken des Pakets fand in der Wohnung statt. Gleich danach bezog Swan in einem Hotel Quartier. Meist im piekfeinen St.-Regis-Hotel. Exklusiv und sicher. Dort, im Hotelzimmer, nahm Swan die Mischung vor. Das normale Mischungsverhältnis war 6 g Traubenzucker oder Milchzucker auf 1 Unze Kokain. «Twenty-two-and-six-cut» nannte Swan das. Wenn das Kokain sehr gute Qualität war, konnte es auch eine Behandlung «twenty-and-eight» vertragen. Über ein Verhältnis von «eighteen-and-ten» ging Swan nie hinaus, es hatte keinen Sinn, den Stoff allzu dünn zu machen. Dann kam der Tag, als Swan davon erfuhr, dass es so etwas wie Borax gab. Es ermöglichte ihm, weniger Volumen beizumischen. Borax war schwer, das Gewicht stimmte immer. Selbst wenn der Kunde darauf bestand, dass man die Ware in seiner Gegenwart mit der Waage abwog. Ein weiterer Vorteil bei Borax war, dass es sich gut mit Kokain vermengen liess. Traubenzucker erwies sich als wenig sinnvoll. Der Abnehmer konnte das süsse Zeug leicht herausschmecken, was den Preis beeinträchtigte. Laktose (Milchzucker) war bei weitem nicht so süss wie Dextrose (Traubenzucker), liess sich jedoch nicht so gut mit den Kokainkristallen vermischen. Wenn der Käufer was von der Sache verstand, zeigte er einem die unterschiedlich grossen Kristalle und handelte einen Preisnachlass heraus. Hinzu kam, dass Laktose und Dextrose in New York wegen des Heroinproblems kaum zu bekommen waren. Wenn man so was brauchte, musste man es schon auf dem schwarzen Markt oder ausserhalb New Yorks kaufen. Borax brachte Gewicht, ohne die Rechnung durch grosses Volumen zu beeinträchtigen. Swan verwandte Borax, bis er *Mannite* entdeckte. Er kam später dann doch wieder auf Borax zurück, weil das italienische Produkt, wiewohl von vielen Kunden als das Nonplusultra der Verdünnersubstanzen geschätzt, nicht immer zu kriegen war. Beim Verkauf per Unze gab es keinen Deal, wo Swan auf die Beimengung fremder Substanzen verzichtete. Nur Anthony bekam reines Kokain von ihm. Allerdings nahm Anthony immer ganze Kilos.

Swans Standardprozedur war über lange Zeit hinweg immer die gleiche. Er packte das Paket aus, in dem das Zeug eingeschmuggelt worden war. Zuerst wurde Anthony bedient. Er bekam soviel Kilo Kokain, wie er brauchen konnte. Dann zog Swan ins Hotel um. Das Aufteilen, Abwiegen und Mischen begann. Swan sorgte dafür, dass er immer einen gewissen Vorrat an fremden Substanzen hatte, die zur Verdünnung des Produkts Verwendung finden konnten. Beim Borax war das eine arbeitsintensive Angelegenheit. Zuerst einmal musste es gekocht werden. Dann musste man es in eine Kuchenform geben, wo man es erkalten liess. Zum Auskristallisieren. Ein weisses Pulver blieb übrig. Allerdings nicht mehr so fein wie vorher. Die körnige Masse musste mit einer Kuchenrolle auseinandergewalzt und gebrochen werden. Dann musste man das Zeug in ein Teesieb geben. Die grösseren Klümpchen blieben im Sieb, sie wurden weggeworfen. Was durch das Teesieb gerieselt war, wurde aufs neue mit der Kuchenrolle bearbeitet. Sodann wurde die Masse durch einen Nylonstrumpf gefiltert. Eine langwierige Prozedur, der sich Swan nur ungern widmete.

Aber er hatte wohl keine andere Wahl. Als er sich das Borax einmal versuchsweise von jemand anderem zubereiten liess, bekam er prompt Schwierigkeiten mit seinen Abnehmern. Sie beklagten sich, die Qualität des Kokains, das er ihnen verkauft hatte, sei nicht so gut wie üblich.
Robert Sabbag «Snowblind», 1976

Nasenschäden müssen chirurgisch behoben werden

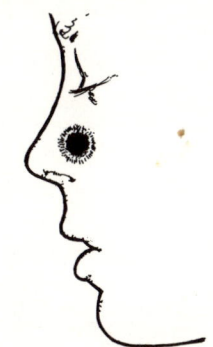

Fenster: Kokain kann die Nasenscheidewand zerfressen. Zuerst bilden sich dabei Geschwüre, dann ein Loch, dass gross genug ist, einen Finger hindurchzustecken.

Kokain-Chirurgie: Schönheitschirurgen beheben die Schäden an der Scheidewand, indem sie die Schleimhäute über das Loch ziehen. Danach kein Koks mehr – nie wieder.

Und dann musst Du Dir überlegen, ob ein Gramm Kokain, was heute so gängig 300 Mark kostet, was da drin ist.

Und wenn Du Dir ein Gramm holst, auch wenn's ein erfahrener Typ holt, es nicht in der Regel rein ist, aber auch nicht sehr stark mit schädlichen Sachen verunreinigt ist, eben ein geschickter Streckstoff drin ist, nicht fein säuberlich auskristallisiert.

Und jetzt kaufst Du für 300 Mark und zerdrückst zwei Captagon, ick weiss nicht, wieviel die wiegen. Schätze, dass eine Captagon $\frac{1}{10}$ Gramm wiegt, dann hast Du da zwei mal $\frac{1}{10}$ Gramm, also $\frac{1}{10}$ gleich 30 Mark, also hättest Du 60 Mark Gewinn, wenn Du das reintust und wieder für 300 Mark verkaufst.

Ich glaube, da machen sie schon in etlichen Stufen vorher, in der Verkaufskette, da machen sie, ganz geschickt nach Kristallen aussehendes Amphetamin rein, und die ganze Masse lassen sie irgendwie wieder reagieren.

Ich habe einmal ein Amphetamin gekauft, was in Polen hergestellt wurde, det sah ähnlich aus wie Kokain, war wesentlich billiger, hat ein Gramm 60 Mark gekostet.

Aber wenn Du das gezogen hast, eine ganz kleine Linie, dann hattest Du wirklich ein Stechen, als wenn Dir einer mit ner Nadel gepieckt hat, ein paar Sekunden lang. Also, dieses Streckmittel würdest Du in jedem Coca rausfinden, ausser, Du hast wirklich eine ganz geringe Beimengung. Aber der polnische Stoff sah echt aus, hatte Kristalle, war weisslich.

Und es gibt bestimmt irgendwelche Amphetamine, die nicht dieses Stechen in der Nase hervorrufen. Denn normales Kokain hat vielleicht ein ganz kleines Kribbeln, bei empfindlichen Leuten vielleicht das Gefühl von Brennen in der Nase, kurzzeitig, aber nicht so einen starken Stich. Aber wirksam war dieses Amphetamin. Wenn Du davon ein Gramm gekauft hast, dann konntest Du davon eine Woche von leben.

Ich kannte auch einen Polen, der hat mal eine Weile bei mir gewohnt, der war richtig drauf auf dem Zeug. So 'ne Augenringe, nur kaputt, kaum gepennt und hat Unmengen davon verbraten. Also sehr schädlich und in gewisser Weise suchtbildend.

Heroin,
  'ne echte Schweinerei –
    Koks ist okay

Ja, ja, det sind Riesenunterschiede. Obwohl ick auch Leute kannte, die beides konsumiert und beides verkauft haben. Aber, die sind auch so, wie meine Vorstellungen bei diesen Leuten.

Also, warum bei mir es nicht dazu gekommen ist – ich habe dieses H-Problem zu viel zu stark gesehen. Habe mitgekriegt, mit so'ner Sauerei willste nichts zu tun haben. Bist glücklich, wenn Du selbst nicht drauf hängst. Überhaupt so Opiatsachen. Obwohl ich selbst auch schon Opium geraucht und gegessen habe, aber det ist eben so ein Unterschied zu den verschärften Formen, wie Heroin, Morphium oder andere medizinische Opiate.

Mir ist ein Freund abjekratzt, an Polamidon, det sind irgendwelche Tropfen gewesen, die Du damals auch schon nur auf Rezept gekriegt hast, die stark codeinhaltig sind oder so wat. Ick weiss nicht, wat da an Stoffen drin war. Der war auch direkt süchtig danach, richtig körperlich abhängig. Na ja, und einen Tag ist er mal abjekratzt, weil er 'ne Embolie hatte oder so wat. War ein guter Frend. Und der war 16 Jahre und ick war 17 oder 18. Ist schon 15 Jahre her, aber det hat mir deutlich gezeigt, damit willste nichts zu tun haben. Alles, was zur Nadel gehört, obwohl – Coca kann man auch spritzen. Aber det ist dann auch so eine verschärfte Form eben.

Ick habe Leute erlebt, die Coca gespritzt haben. Die haben selbst die Schnauze voll davon. Die haben mir vorher gesagt: Nie! Die hatten ihre Zeit hinter sich, dann vorher auf Nase. Und haben sie dann mal was ganz Duftes, muss wahrscheinlich so sein, dass sie sich danach gerichtet haben wie rein det ist, denn doch mal einen Versuch gemacht. Und so bald der Versuch gemacht ist, hast Du Dein Lager dann hintereinander weggeballert. Da spritzt Du Dir dann alle 10 Minuten was, oder alle halbe Stunde.

Ick hab's gesehen bei einem, der es an mich verkauft. Jeden Tag, na ja, ist schon ganz schön wieder drauf der Junge. Ist hippelig, hat schon ganz schöne Augenringe, sucht andauernd irgendwo den Stoff.

Da brauchst Du fast eine Stunde, eh Du dann mit Deinen 5 Gramm abhauen kannst. Während es im Normalfall ganz kurz ist: Tür auf. Hallo. Kurzes Gespräch. Zack und wieder weg. Da fiel mir schon auf, na ja, der scheint wieder drauf zu sein.

Bis ick dann ein paar Tage später, wo ick ihn treffe und auf die Schulter haue und sage: Mensch Alter, musst mal wieder so'n bisschen klarkommen, hatte ick jedacht. Und er in dem Moment: Au, oh, biste verrückt? Und er den Ärmel hochjekrempelt. Und der janze Arm blau, von oben bis unten zerstochen. Und det nach nur ein paar Tagen. Na, det ist schon eine heftigere Wirkung. Det würde ick selbst nie ausprobieren und hab's auch nie ausprobiert. Weil, dazu habe ick meine Augen, det sehe ick ja bei den anderen.

Den Typ halte ick übrigens für nen starken Charakter.

Der hat jetzt schon wieder zwei Jahre in dieser Richtung gelebt. Obwohl er auch wieder Coca nimmt, aber durch die Nase. Aber damit hat er sich dann immer wieder irgendwelche Ersparnisse weggefixt. Geht ja ruckizucki, dass Du ein paar Tausender in ein paar Tagen wegknallst.

Na ja, Deine Frage Heroin oder Kokain.

Bei Heroin ist das bei uns in Deutschland hier wohl so eingebürgert, weil es nur über Nadel geht. Ich habe anderweitig gehört, man kann es ja auch sniefen. Ich hab's übrigens auch einmal gesnieft, einmal in meinem Leben. Aber da war ick so betrunken, sonst hätte ich es bestimmt auch nicht gemacht, und mir ist danach auch dermassen kotzübel geworden, ick war so fertig. Det war Silvester. Den nächsten Neujahrstag bin ick dann auf allen vieren durch die Gegend jekrochen.

Na ja, in meinen Augen ist Heroin ne echte Schweinerei. Ausserdem, zur Zeit ist es noch so, mit Kokain machst Du keine Existenzen kaputt, wenn Du es verkaufst.

Das verkaufst Du an Leute, die sind erwachsen genug, die haben eigentlich auch genug Geld und können dadurch nicht so drauf kommen, dass sie dafür klauen gehen oder, was weiss ich, ficken gehen.

Während det bei Heroin ja wohl augenscheinlich laufend der Fall ist. Vielleicht ist es jetzt wieder ein bisschen schwächer geworden oder man kriegt nicht mehr soviel mit. Aber wenn ick am Nolli (= U-Bahnhof Nollendorfplatz) die kleinen Mädels und jungen Typen gesehen habe, die vollkommen im Arsch waren, dann hat det mir jereicht.

Und det ist bei Coca nicht der Fall. Wahrscheinlich, weil es noch extrem teuer ist in dieser verpanschten Form, in der es hier geboten wird. Also, ich halte es für weitaus ungefährlicher. Ausserdem ist es erwiesen, kann man nachlesen, dass es keine körperliche Abhängigkeit schafft, nur eine psychisch bedingte, und die habe ich selber durchgemacht. Wenn man ein paar Tage die Flossen davon lässt, hängt man nicht mehr so dran.

Hat auch keine grossen Entzugserscheinungen und so, oder überhaupt keine. Du hast eine Nacht vielleicht, wo Du Dich zum Einschlafen zwingen willst und Dich beschissen fühlst und auch, meinetwegen, Angstzustände kriegst, mehr oder weniger gesteigert – aber dann ist die Sache gegessen.

Dann bist Du wieder draussen und nach ein paar Tagen denkst Du nicht mehr daran.

Das ist beim Heroin garantiert nicht der Fall. Da musst Du echt Schmerzen durchmachen.

Früher hätte ich gesagt, Cocablatt-Kauen, das kann ich verstehen, wie Haschisch-Rauchen. Das ist alles nicht so chemisch, nicht auf's i-Tüpfelchen rausgezogen – Koks ist nun mal bei weitem nicht so gefährlich wie Heroin. Ist natürlich auch gefährlich. Ich halte jede Droge für gefährlich. Alkohol kann gefährlich werden, Haschisch auch. Weil es letztendlich immer darauf ankommt, wie geht der Betreffende damit um. Entweder muss es an den Leuten liegen, die es auswählen, oder es muss am Stoff liegen. Meiner Meinung nach liegt es an dem Stoff, dass da nicht so viele Sachen passieren, die als Horrormärchen ausgeschlachtet werden können.

Koks noch 'ne Luxus-Droge?

Nee, aber im Anfang war es vielleicht wirklich so.

Das kann aber daran liegen, dass ich mich am Anfang an diese Leute gehalten habe und die mich danach auch gefragt haben. Aber heutzutage? Durchaus nicht mehr. Det sind zwar nicht gerade Schüler, aber det sind janz normal arbeitende Leute, mit normalen Verdienstklassen, wat weiss ick, so wat wie Kellner – so in diesem Bereich. Und für die ist es natürlich immer noch teures Geld. Aber nun ist es ja dabei so, wenn sich die Leute etwas holen, angenommen, die holen sich ein ganzes Gramm, was ja nicht so oft der Fall ist. Bei Leuten, die ick besser kenne, lasse ich mich ja auch darauf ein, dass ick nachher für 100 Mark rauswiege oder so wat. Aber angenommen, die holen sich ein Gramm, dann verputzen sie das auch nicht so schnell. Vielleicht machen einige es schnell weg, wie ein H-Junkie sein Zeug weghaut, aber dann machen sie es nicht gleich ein oder zwei Tage später wieder.

Also, die kaufen sich vielleicht mal ein Gramm, in 1½ Wochen oder so, also dass es von daher erschwinglich für sie ist. Aber das sagt nicht, dass die anderen, die gut verdienende Klasse, die Finger davon lässt. Also die, ich kenne da zum Beispiel einige Ärzte, die sich was holen, ist aber auch nicht extrem. Die holen sich auch nur ein Gramm und dann wieder eine ganze Woch gar nichts.

Sylvester-Koks, würdig für 'nen schönen Tag

Ist kein Tag wie jeder andere. Sylvester ist schon mehr los. Da kaufen eigentlich schon mehr Leute was, oder legen sich vorher schon was zurück. Aber insgesamt ist sowieso die Winterzeit, um Weihnachten und Sylvester herum, erheblich mehr los. Weil die Leute auch mehr Freizeit haben, irgendwie Urlaub zwischen Weihnachten und Neujahr, mehr Geld haben, vielleicht ein 13. Monatsgehalt oder so was. Oder, was weiss ich, genug Geschenke kriegen, vielleicht auch Geldgeschenke und überhaupt – Feierlust oder so was.

Und der Winter an sich ist überhaupt mehr Saison. Da ist wesentlich mehr los. Da stürzt man sich auf ganz andere Dinge. Da ist kein Sonnenschein, Nachtleben ist anjesagt.

Aber Sylvester, det ist schon klar. Ist auch logisch. Da feiert jeder so ausgelassen wie möglich, jedenfalls im Normalfall – und det gehört dann ein bisschen dazu, det Koks.

Und dann, det Neue Jahr, det will man schon würdig begehen. Da trinkt man Champus und nimmt dann auch schon andere teure Sachen.

Koks-Kundschaft 1984/85

Na ja, sind natürlich nach wie vor Künstler. Aber es sind auch immer mehr als normal einzustufende Menschen, würde ick sagen. Also schon jeder, der ein bisschen Geld in der Tasche hat. Det hat zujenommen. Det sind nicht mehr nur Künstler, wie man oft behauptet. Musiker, die sind ja nicht so häufig dabei. Det sind schon immer mehr normale Leute.

Allerdings auch nicht so riesig. Mal so ein bisschen. Det sind so meine Erfahrungen. Ick wollte ja mal früher auch mehr in Coca machen. Ick bin aber nicht der Typ dafür, nicht so konsequent. Ich glaube, dass hier so 84/85 ... na 1985 wird sich nicht so viel ändern, det werden ein paar mehr aus der sogenannten Normalbevölkerung.

Während, anfangs war es ja vielleicht so, dass ich bewusst nach solchen Leuten geguckt habe. Ick habe sie nie anjemacht, aber die haben einen von selbst draufgebracht. Da habe ick bewusst, wat weiss ick, Schriftsteller, Psychologen oder Musiker, Maler und so wat, und die waren irgendwie mehr im grossen Bekanntenkreis eingeschlossen, und da habe ich schon rausgekriegt, dass die am Ball waren.

Aber jetzt, 84, hat sich schon ganz deutlich gezeigt, da kommen immer mehr andere. Ich glaube, da sind auch einige bei, die früher mal auf Heroin waren.

Koks-Szene & Heroin-Szene

Na ja, ick kenne eigentlich die Heroin-Szene persönlich überhaupt nicht. Aber, mir ist ja bekannt, dass es da zu Erscheinungen kam, wie hier in Berlin die Nolle (= U-Bahnhof Nollendorfplatz) oder die Kurfürstenstrasse (= Jungmädchenstrich) oder Zoogegend (= Fernbahnhalle Zoologischer Garten), dass da so ein richtiger Strassendeal abläuft. So ein Pulk Leute, die da rumhängen oder ihre bestimmten Zeiten haben, wenn sie erscheinen und ihre Dealer aufsuchen. Das ist bei Coca überhaupt nie der Fall gewesen. Det lief bei mir persönlich überhaupt erst nach längerer Zeit des Kennens, nachdem man sich vergewissert hatte, der ist in Ordnung, der ist ziemlich sicher, der ist auch erwachsen genug, da richtest Du keinen Schaden mit an – natürlich immer ein wenig gefährlich, ist ja illegal.

Det ist der grundlegende Unterschied von Anfang an gewesen. Und es hat sich auch gezeigt, dass das sich überhaupt nicht verändert hat. Ist vielleicht im Laufe der Jahre etwas lockerer geworden.

Die Cocaszene ist total privat. Und um so grössere Mengen die Leute auf Lager haben, die suchen sich dann janz knickerig ihre Leute aus, an die sie verkaufen. Na ja, und wer nach mir kommt, da weiss ich dann nicht Bescheid, wie unvorsichtig vielleicht weiterverkauft wird. Aber ich denke schon, dass sie reif genug sind. Aber auf jeden Fall, wenn ick mal an eine Ecke rangekommen bin, wo es sich lohnt zu kaufen, wo über längere Zeit was zu haben ist, die sind janz, janz vorsichtig.

Ick könnte jetzt nicht sagen: Ach, ick bin zu faul, geh Du mal dahin, zu irgendeinem Bekannten. Na, die würden mich achtkantig das nächstemal rausfeuern.

Det läuft allet, wie jesagt, janz nett. Da wird nicht etwa jedroht oder wat – det ist doch janz klar.

Coca-Einkauf – warum nicht in Amsterdam?

Na ja, det liegt eben daran, dass ick nie dahin jekommen bin. Anfangs wollte ick, jetzt nicht mehr, grössere Mengen holen, det ist ja teuer. Wenn ick mal Geld habe, für 10 Gramm oder so, det lohnt sich nach Amtsterdam überhaupt nicht. Man könnte jetzt vielleicht irgendwelche Beteiligungen machen oder irgend wat, ist allet sowieso viel zu gefährlich, der Transport und allet.

Ick denk jetzt auch nicht mehr so an die dicke Mark dabei. Mir reicht det, wat hier so passiert, für den Eigenverbrauch. Na ja, manchmal bleibt auch ne Mark hängen. Während – also Amsterdam lohnt sich nur, so ab 100 Gramm, die dann da wahrscheinlich wesentlich billiger sind, also nicht nur wahrscheinlich, sondern wirklich. Det weiss ick nicht aus eigenen Erfahrungen, aber auch nicht nur aus der Zeitung, sondern – man spricht ja auch mit den Leuten, von denen man wat kauft. Und die rücken ab und zu schon mal mit irgendwelchen Infos rüber.

Also Informationen, dass det Zeug aus Holland ist, aus Amsterdam. Dass sie da gerade wieder ne gute Ecke haben. Oder, beispielsweise, dass es auch gar nicht immer der Fall ist, dass es aus Holland kommt.

Ick weiss zum Beispiel, dass über Spanien und Mallorca, Touristen und so, na ja, jetarnte Touristen, sehr viel kommt, oder zur Zeit kommt.

Wie es zur Zeit aktuell kommt, det weiss ick nicht, nicht so genau. Ick glaube, die letzten Sachen, det war allet mehr Amsterdam. Wobei ick aber auch mitjekriegt habe, dass diese Touristenflüge auch strenger überwacht werden, dass da Leute rausjepickt werden. Dass der Zoll, die Fahnder sich nicht mehr sagen: Na ja, der kommt aus Südamerika, den müssen wir unbedingt auseinandernehmen. Sondern, bei so 'nen Massenurlaubszielen schlagen sie auch schon zu.

Einfach scheint det jedenfalls auch nicht zu sein, oder total risikolos. Ick glaube schon, dass auch die Fahnder wat auf'n Kasten haben.

Jedenfalls für mich ist det allet nicht in Betracht zu ziehen. Wie jesagt, hatte det mal vor, oder zumindest, mich soweit zu beteiligen, dass mir ne grössere Menge mitgebracht wird.

Na ja, meine Arbeit jetzt hier erscheint mir ziemlich risikofrei. Det grosse Ding, det würde sich einfach nicht lohnen, für det, was an Knast ansteht. Und det bisschen mehr Geld. Dann kommt ja auch noch hinzu, dass es verloren gehen kann, dass Du beschissen werden kannst. Um so grösser die Summen, so heftiger wäre det, gerade für mich. Wo ick doch eigentlich überhaupt kein Geld habe.

Und deswegen entfallen für mich auch solche Vorstellungen. Wie man dann, na mit 'nem nahezu perfekten Mittel, noch strecken kann. Weil, det besorgen, det wüsste ick auch, auch wie det zu machen ist und wo ick es herkriege. Aber det lohnt sich eben auch nur, wenn Du eine grosse Menge verschneidest.

Was weiss ich, bei meinen maximal 5-Gramm-Dingern hier, lohnt sich der Aufwand nicht, det aus dem Ausland zu besorgen, obwohl es leicht zu besorgen ist. Ick lass mir nur det Risiko und die Zeit, die man aufwendet, bezahlen. Aber det ist ja wohl überall so – ist bei Hasch so, ist bei Trips so.

Und ick bin der Überzeugung, wenn es irgendeiner weiterverkauft an einen Kumpel, der wird wohl auch noch ein bisschen dran verdienen. Wobei det sich bestimmt lohnen würde, wenn man davon ausgeht, man holt so 100 Gramm. Von mir aus in Amsterdam oder sonst irgendwo, vielleicht sogar direkt in Kolumbien oder irgendwat. Schön mit 'nem Urlaub verbunden.

Und ick verschneide jetzt angenommen 100 Gramm wirklich gutes Coca, mit 20 Gramm Manitol. Det würde dann bestimmt immer noch wie det, na wie soll ich es bezeichnen, sagen wir mal streetcoca, wesentlich besser sein. Und det ist doch dann schon ein beachtlicher Gewinn.

20 Gramm Streckmittel und dann auch noch die

Spanne, die man eben einspart, wenn man 100 Gramm woanders holt als hier. Ick schätze, dass in Amsterdam für 180 Mark schon, wenn Du 100 Gramm abnimmst, sehr gutes Kokain zu bekommen ist. Wat hier auch, bei 10-Gramm-Verkauf, für 280 weggehen würde. Det wären schon mal 100 Mark Gewinn – und wenn es dann noch gestreckt ist ...

Und natürlich werden sich einige Leute·dick daran stossen, nicht nur die ganz Grossen, auch die Zwischentypen. Aber da bin ick erstens zu ängstlich zu und ick kriege es auch nicht hin, ick bin wie gesagt nicht der Typ dazu, kann kein Geld zusammenhalten.

Die netten Kunden

Ick hab mal geglaubt, dass ich mit dem Verdienst, also bei meiner Art des Handelns, davon leben kann. Aber det war gerade nicht hervorragend. Det ging ganz schön abwärts.

So ne Art Nebentätigkeit. Aber irgendwie ist auch ein bisschen Spass an der Sache. Und dann eben, wie gesagt, ick würde ungerne selbst dafür arbeiten, det wat ick selbst konsumiere.

Die meisten Leute, die meisten Kunden, sind angenehm. Die nörgeln nicht. Die meckern nicht. Es gibt keine aggressive Szene. Manchmal sind sie ein bisschen nervig. Wenn sie unbedingt jetzt, oder ne Stunde später wat haben wollen, obwohl ick jesagt habe: Nein, geht nicht, heute ist nicht. Ick kann mir doch keine Beine ausreissen. So wat kommt ab und zu vor.

Aber es ist durchaus keine Sucht bei denen. Sondern, na ja, beinah kindliches, unvernünftiges Verhalten. Denn so oft kann es garantiert nicht sein, weil, dazu konsumieren sie viel zu wenig. Die meisten haben einen bestimmten Grund, was weiss ick, die wollen 'ne Feté machen, wollen sich in einer Disco super fühlen, oder brauchen für den oder den Auftritt unbedingt was. Aber det ist allet nicht tragisch.

So mir-nichts-dir-nichts zieht det keiner rein, so völlig sinnlos. Ist halt ein zweckbestimmter Konsum. Vielleicht, na ja, Leute, die so sind wie ick, die nicht extra ihr selbstverdientes Geld dafür ausgeben, die sind schon mal auf dem Trip: Na, jetzt kannst Du wieder mal ne Nase und so.

Man muss schon aufpassen

Det hat bei mir auch schon mal zu extremeren Formen geführt, in meinen Augen extremere Formen. So dass ick halt über meine Verhältnisse verkauft habe, in Verschuldung gekommen bin, aber det immer noch so hingekriegt habe, dass ick nie mit den Leuten wat am Hut hatte, von denen ick geholt habe.

Also, dass ich da irgendwelche Schulden nicht bezahlt hätte oder so was.

Hat halt dazu geführt, dass ich mal weniger arbeitsfähig war, Nächte durchgesumpft habe. Und in Verbindung mit Alkohol, dass ich dann nicht arbeiten gehen konnte. Aber det hat sich dann eigentlich auch wieder janz gut eingelaufen. Jedenfalls im Verhältnis zu früher.

Ich habe eigentlich nur Stammkundschaft, keine Laufkundschaft. Ja, det ist Stammkundschaft, wobei die nicht regelmässig auftreten, unregelmässig, aber ick kenne die Leute.

Det kommt hier und da mal ein Neuer dazu, der einem mal über längere Zeit empfohlen wurde, aber extrem weitet det sich nicht aus.

Wenn ick sage, dass ick weiss, dass noch mehr Leute Coca kaufen, dann ist det nicht mein eigener Kundenstamm, sondern ich gucke auch ein bisschen hin, höre zu, was andere so erzählen. Und man kriegt einen Blick dafür, wer ein typischer Konsument ist.

Man kann sich natürlich auch täuschen, weil man einfach zu fixiert auf einige Verhaltensweisen ist. Also Verhaltensweisen, die jemand an den Tag legt, wenn er wat gezogen hat. Kommt auch drauf an, ob er sich schon eine Weile damit auskennt, oder ob er gerade erst angefangen hat. Ob er es schick findet, dass er det dann so nach aussen trägt. Die Leute zumindest, die erkennst Du sehr leicht. Die kokettieren so ein bisschen damit, nach aussen hin. Coca ein Kavaliersdelikt? Na ja, det sind meistens Leute, die noch nicht lange damit zu tun haben. Die auch nicht mit Coca in Gefahr laufen, härtere Konsequenzen in Kauf zu nehmen. Ein Grossteil ist schon recht vorsichtig. Die machen soundso erstmal alles sehr diskret, wenn sie dann ein bisschen drauf sind. Reissen sich gut zusammen. Erst recht in unbekannter Umgebung.

Schätze so meinen Kundenstamm an die 20, aber total unregelmässig. Wovon vielleicht 3 wirklich regelmässig was tun, dann aber auch wieder für andere was holen und so.

20 ist vielleicht sogar schon hochgegriffen, es waren aber auch schon mal mehr. Dann ist det janz schön jeschrumpft, wenn man so ein bisschen die Spreu vom Weizen trennt.

Es gibt auch Leute, die ein Jahr lang extrem oft bei mir waren, und zur Zeit sich überhaupt darum nicht mehr kümmern. Also nicht etwa jetzt woanders wat holen, wat ick ja bemerken würde, wat mir aber egal wäre, sondern man merkt, dass sie eben zur Zeit keinen Bock haben, oder kein Geld, oder ganz andere Sachen machen – det kommt auch vor.

Na ja, bestimmt habe ich viele Dutzend Kollegen. Ick treibe mich ja schliesslich auch nur in einem ganz engen Kreis rum, der zwar nicht so örtlich zu lokalisieren ist, aber ist eben ein enger Kreis von Leuten.

Also es gibt garantiert, ick kann selbst nicht abschätzen, wie viele es von meiner Winzigkeit in Berlin gibt, aber es gibt garantiert bestimmt 'ne Masse. Hat ja auch allet zujenommen, det mit Coca.

Kultur – Wirtschaft – Politik

Mai 1985

Der weltbekannte italienische Theaterregisseur *Giorgio Strehler* wurde in Mailand unter Hausarrest gestellt, weil er in eine internationale Kokainaffäre verwickelt sein soll.

Juni 1985

Der 52jährige italienische Gefängnisgeistliche *Pietro Prestinenzi* wurde in Rom wegen Kokainhandels verhaftet.

Zehn Mitglieder einer Familie sind in der Ortschaft Huallanca in Peru ermordet worden. Die Polizei vermutet, daß es sich um einen Racheakt unter Kokainhändlern handelt.

Juli 1985

Der Ex-Regierungschef der unter britischem Protektorat stehenden Turks- und Kaikos-Inseln in der Karibik, *Norman Saunders*, steht in Miami/Florida vor einem Bundesgericht, weil er Kokainhändlern für 20 000 $ angeboten hatte, seinen Inselstaat südwestlich der Bahamas als Kokainumschlagplatz zu benutzen.

Wegen Kokainhandels wird in Berlin ein Postbeamter zu vier Jahren Gefängnis verurteilt.

Der saudiarabische Prinz *Mansur Bensaud Abdul Aziz* steht in London unter dem Verdacht des Kokainhandels.

Vorträge zum Kokainproblem hielt ein Kokain-Expertenteam der US-Regierung in der Amerikanischen Botschaft in Bonn vor deutschen Suchtfachleuten.

Der Berliner Senat befürchtet eine Kokain-Welle, die u. a. durch den Preisverfall in den USA in ihrer Ausbreitung begünstigt wird.

August 1985

Im Bericht des Bundesfinanzministeriums über die Zoll- und Steuerfahndung 1984 wird festgestellt, daß der Schmuggel von Kokain an den Grenzen der Bundesrepublik im letzten Jahr drastisch zugenommen hat.

Der 60jährige US-Schauspieler Tony Curtis plaudert über seine langjährige Abhängigkeit von Drogen, auch von Kokain.

September 1985

Der Ex-Energie- und Kommunikationsminister des mittelamerikanischen Staates Belize, *Elijio Briceno*, wurde in den USA wegen Marihuana- und Kokainschmuggels zu sieben Jahren Gefängnis verurteilt.

Der italienische Fernsehmoderator *Enzo Tortora*, Mitglied der Liberalen Partei, wurde wegen Kokainhandel und Mitgliedschaft in der neapolitanischen Mafia Camorra zu einer zehnjährigen Freiheitsstrafe und einer hohen Geldbuße verurteilt.

Die Regierung des bolivianischen Präsidenten *Victor Paz Estenssoro* verhängt auf Grund des landesweiten General- und Hungerstreiks den Belagerungszustand und hebt teilweise die verfassungsmäßigen Rechte auf.

Der Baseball-Star *Alan Wiggins* steht wegen Kokainhandels in der höchsten Spielklasse der USA (major league) in Pittsburgh mutmaßt die «New York Times», daß Baseball-Spieler fast aller 26 Klubs in Strafverfahren kreuz und quer im Lande verstrickt sind.

Der 27jährige Journalist *Giancarlo Siani*, der sich auf Bandenkriminalität und Rauschgifthandel spzeialisiert hatte, wurde in Neapel vermutlich durch die neapolitanische Camorra ermordet.

Auf der 23. Übersse-Import-Messe «Partner des Fortschritts» in Berlin bot ein Lateinamerikanischer Stand einen musikalischen Leckerbissen an: «Hoja de Coca», lautet der Titel der bolivianischen Folkgruppe *Rumil-Lajta*. Die Coca-Blatt-Cassette wurde für DM 22,– angeboten.

Oktober

Der Absturz einer «Cessna» im US-Bundesstaat Georgia, bei dem der Pilot und 16 Fallschirmspringer ums Leben kamen, war möglicherweise ein Racheakt der kolumbianischen Drogen-Mafia.
Einer der Fallschirmspringer, der Amerikaner David Williams, soll ein Kokaingeschäft im Wert von 591 Mill. Dollar zum platzen gebracht haben.

Die spanische Polizei sprengt einen internationalen Kokain-Schmugglerring auf Ibiza und an der Costa Brava.
Ein Geheimlabor zur Kokainverarbeitung wurde in der Ortschaft Sant Feliu de Guixols aufgedeckt.

Die portugiesische Polizei nimmt in Lissabon drei brasilianische Kokainschmuggler fest und stellt 14 Kilogramm (Schwarzmarktwert ca. 2,3 Mill. DM) sicher.

November

Die italienische Polizei zerschlägt einen internationalen Kokain-Schmugglerring, der Koks von Südamerika nach Europa brachte und vertrieb. 17 Personen aus Bolivien, Kolumbien, und Österreich werden verhaftet.

In den USA wird bei einer konzertierten Aktion in New York, New Jersey, Florida und Puerto Rico einer der bedeutendsten kolumbianischen Schmugglerringe zerschlagen. In New York wurde dabei knapp 700 Kilo Kokain im Schwarzmarktwert von rund 1,53 Milliarden DM beschlagnahmt.

Literatur- und Quellenverzeichnis

1. Kapitel

Antonil *Mama Coca,* London 1978.
Hagen, Victor W. von, Sonnenkönigreiche, München und Zürich 1962
Henman, Anthony *Mama Koka,* Bremen 1981.
Krickeberg, Walter (Hrsg.) *Märchen der Azteken und Inkaperuaner,* Düsseldorf & Köln 1979.
Linárez, R. *Indianische Märchen aus Peru, Bd. 1,* Berlin 1981.
Möller, Gerd u. Elfriede *Peru – Kunst- und Kulturgeschichte,* Pforzheim 1980.
Mortimer, W. Golden *Coca – «The Devine Plant» of the Incas,* New York 1901 – San Francisco 1974 (Neuauflage).
Voigt, Hermann *Zum Thema: Kokain,* Basel 1982.

2. Kapitel

Der Spiegel (Hamburg) *36,* Nr. 25/1982, S. 188.
Hilgemann, W./Kettermann, G./Hegt, M. *dtv-Perthes-Weltatlas Bd. 3 Südamerika* München, Darmstadt 1981.
Sanders, Hans-Theodor *Kokain* Kosmos, *21,* Heft 1, 12–14 (1924)
Scheffer, Karl-Georg *Coca in Südamerika* – in: *Völger, G. (Hrsg.) Rausch und Realität,* Materialienband 2 zur Ausstellung des Rautenstrauch-Joest-Museums für Völkerkunde der Stadt Köln, Köln 1981.
Täschner, Karl-Ludwig u. Richtberg, Werner, *Kokain-Report,* Wiesbaden 1982.
Täschner, Karl-Ludwig *Koka und Kokain,* Kassel 1981.

3. Kapitel

Andersen, Kurt et al. *Chrashing on cocaine* in: *Time* No. 15, April 11, 1983, p. 24–33.
Bensinger, Peter B. *Kokain Bericht an das Select Committee on Narcotics Abuse and Control* US House of Representatives, 1979.
Bloss, Hans *Kolumbien – Kunst- und Kulturgeschichte,* Pforzheim 1980.
Copetas, A. Craig *Coca Fields of Bolivia, High Times* No. 28, December 1977, p. 74–77, 118.
Conta, Manfred von *Heisser Schnee, Der Stern* (Hamburg), Heft Nr. 50/6. Dez. 1984, S. 88–104.
Demarest, Michael et al. *Cocaine: Middle Class high Time* No. 27, July 6, 1981, p. 34–41.
Der Spiegel (Hamburg) Nr. 46/1972, S. 146–150.
Der Spiegel (Hamburg) Nr. 21/1980, S. 203–208.
Der Spiegel (Hamburg) Nr. 20/1981, S. 161–165.
Der Spiegel (Hamburg) Nr. 28/1984, S. 96–97.
Iyer, Pico et al. *Fighting the Cocaine wars, Time* No. 8, February 25, 1985, p. 6–14.
Internationale Narcotics Control Board *Report of the international narcotics control board for 1984* United Nations Publication, New York 1984.

Knipper, Hermann-Josef *Milliardengewinne der Kokain-Mafia, Der Tagesspiegel* (Berlin) Nr. 11.940, 1. Jan. 1985, S. 12.

Knipper, Hermann-Josef *Nur für harte Dollars ein Schlafplatz im Gefängnis, Der Tagesspiegel* (Berlin) Nr. 11. 998, 10. März 1985, S. 33.

Krüger, Hans H. *Endstation Sucht, Bunte* (München) Nr. 12, 14. März 1985, S. 16–26.

Möller, Gerd und Elfriede *Bolivien – Kunst- und Kulturgeschichte*, Pforzheim 1981.

Möller, Gerd und Elfriede *Peru – Kunst- und Kulturgeschichte*, Pforzheim 1980.

Riegner, Kurt Julio *Kein Ausweg aus Boliviens Chaos in Sicht, Der Tagesspiegel* (Berlin) Nr. 11. 979, 16. Febr. 1985, S. 3.

Schatten, Fritz *Die Coca-Bombe tickt, Rhein. Merkur*/Christ u. Welt, Nr. 13,23. März 1985, S. 27.

Tangermann, Klaus-Dieter *Boliviens Gewerkschaften proben den Aufstand, Die Tageszeitung* (taz) Nr. 1. 564, 19. März 1985, S. 3.

Tagesspiegel, Der (Berlin) Nr. 11. 760, 30. Mai 1984, S. 24.

Unger, Walter u. Kretz, Perry *Drogenkrieg in der Karibik Der Stern* (Hambrug) Nr. 14, 28. März 1985, S. 16–26, 250.

Zelgin, Klaus D. *Kokain,* Auf einen Blick, Nr. 13, 30. 3.–5. 4. 1985, S. 3.

4. Kapitel

Ashley, Richard *Cocaine – Its History, Uses and Effects*, New York 1976 (1979).

Aschenbrand, Th. *Die physiologische Wirkung und Bedeutung des Cocainum Muriaticum auf den menschlichen Organismus Dtsch. Med. Wschr.* 50 (12), 730–732 (1883).

Der Spiegel (Hamburg) Nr. 32/1981, S. 141–148.

Der Spiegel (Hamburg) Nr. 25/1982, S. 184–197.

Gomez, Linda *Cocaine-America's 100 years of euphoria and despair life*, May 1984, Vol. 7, Nr. 5, p. 57–68

Gutt, *Über die verschiedenen Cocain-Präparate und deren Wirkungen Wiener Med. Presse,* 26. Jg., Nr. 32, 1885.

High Times, *High times encyclopedia of recreational drugs,* New York 1978.

Koller, Carl *Über die Verwendung des Cocains zur Anästhesierung am Auge Wiener Med. Wschr.* 34 (1884).

Lee, David *Cocaine – Consumer's Handbook,* Berkeley/Cal. 1976.

Mariani, Angelo *Coca and its therapeutic applications,* New York 1890.

McCoy, Alfred W. *Eine drogenabhängige Gesellschaft entsteht – Das Beispiel Australien* in Völger, G. (Hrsg.) *Rausch und Realität im Kulturvergleich,* a.a.O. S. 590 ff.

McCoy, Alfred W. *Heroin aus Südostasien – zur Wirtschaftsgeschichte eines ungewöhnlichen Handelsartikels* in Völger, G. (Hrsg.) *Rausch und Realität im Kulturvergleich,* a.a.O. S. 620 ff.

Pleticha, Heinrich (Hrsg.) *Deutsche Geschichte, Band 10, Bismarck-Reich u. Wilhelminische Zeit 1871–1918,* Gütersloh 1984/85.

Scheffer, Karl-Georg *Coca in Südamerika* in Völger, G. (Hrsg.) *Rausch und Realität im Kulturvergleich,* a.a.O. S. 428 ff.

5. Kapitel

Bender, *Schlaf- und Betäubungsmittel,* Vortrag anlässlich des 1. Wissenschaftlich-praktischen Lehrgangs für Rauschgiftbekämpfung im Gau Berlin, Berlin 1939.

Domela, Harry *Der falsche Prinz,* Berlin 1927.

Dubrovič, V. *Das klinische Bild des Cocainismus im Kindesalter Voprossi narkologii,* Bd. 2, S. 66–75, 1928 (Russisch).

Fauser, Jörg *Das leise lächelnde Nein, Tip Magazin* (Berlin) 9. Jg. Nr. 9/25. 4.–8. 5. 1980.

Futer, D. *Über die Narkomanie unter Kindern Moskovskij medicinskij žurnal* Jg. 1925 Nr. 10, S. 59–63, 1925 (Russisch).

Fischer, Lothar *Anita Berber – Tanz zwischen Rausch und Tod 1918–1928 in Berlin,* Berlin 1984.

Gernet, M. *100 mit Narko-Manie behaftete Kinder Voprossy narkologii* Bd. 1, S. 34–38, 1926 (Russisch).

Hartwich, Hans-Hermann (Hrsg.) *Politik im 20. Jahrhundert,* Georg-Westermann Verlag, Braunschweig 1968.

High Times, *High times encyclopedia of recreational drugs,* New York 1978.

Joël, Ernst u. Fränkel, F. *Der Cocainismus,* Verlag von Julius Springer, Berlin 1924.

Joël, Ernst *Die Behandlung der Giftsuchten* (Der Kokainismus, S. 62–71) Leipzig 1928.

Kinder, Hermann u. Hilgemann, Werner *dtv – Atlas zur Weltgeschichte Bd. 2,* München 1984.

Künstlerhaus Bethanien (Hrsg.) *Wohnsitz Nirgendwo – Vom Leben und Überleben auf der Strasse.* Berlin 1982.

Lewin, Louis *Phantastica* (Der Kokainismus, S. 105–121), Berlin 1927.

Linz, Die neuen Betäubungsmittel, Pharmaz. Ztgs.-Nachr. Nr. 18, 1952, S. 18

Mann, Golo (Hrsg.) *Weltgeschichte – eine Universalgeschichte,* 9. Bd. Das zwanzigste Jahrhundert, Gütersloh 1980.

Mayer-Gross, W. *Selbstschilderungen eines Cocainisten, Zeitschrift f. d. gesamte Neurologie u. Psychiatrie,* LXII 1920.

Meggendorfer, *Über Kokainismus,* Hamburg 1925.

Paulstich, Theo (Hrsg.) *Die Reichshauptstadt im Kampf gegen die Suchtgiftschäden,* Vorträge anlässlich des 1. Wissenschaftlich-praktischen Lehrgangs für Rauschgiftbekämpfung im Gau Berlin (März bis Mai 1938), Berlin 1939

Pitigrilli *Kokain,* München 1979.

Pleticha, Heinrich (Hrsg.) *Deutsche Geschichte* Bd. 11 Republik und Diktatur 1918–1945, Gütersloh 1984/85.

Raecke, *Zur Bekämpfung der Rauschgifte, Dtsch. med. Wschr.* Jg. 53, Nr. 15, S. 601–603, 1927.

Rheiner, Walter *Kokain* – Eine Novelle und andere Prosa, Berlin – Darmstadt 1977.

Römpp, Hermann *Chemische Zaubertränke,* (Kokain, S. 130–138) Stuttgart 1950.

Ruland, Bernd *Das war Berlin,* Die goldenen Jahre 1918–1933, Bayreuth 1985.

Santesson, C. G. *Die sogenannten Genussgiftepidemien oder Toxikomanien Hygica,* Bd. 88, II. 22, S. 881–892, 1926 (Schwedisch).

Silver, Gary (Hrsg.) *The dope chronicles 1850–1950,* New York 1979.

Siman, R. *Über den Cocainismus bei Kindern Voprossy narkologii* Bd. 1, S. 28–33, 1926 (Russisch).

Sülberg, Hermann *Kokain – Der weisse Riese* Die Droge der Schickeria, *Der Stern* (Hamburg) Heft Nr. 22, 22. Mai 1980, S. 30–36.

Steinbrecher, W., u. Solms, H. (Hrsg.) *Sucht und Missbrauch*, Stuttgart 1975.

Stengel – v. Autkowski, L. Die Entwicklung Der Rausch- und Schlafmittelsuchten nach dem Kriege, in: Jahrbuch 1955 der Akademie für Staatsmedizin Düsseldorf, A. u. H. Hofbauer, Düsseldorf 1955.

Tereškovič, A. *Narkomanie und Kriminalität Sovremennaja psichonevrologija*, Bd. 4 Nr. 2, S. 147–149, 1927 (Russisch).

Vereščagin, K. *Narkomanie bei Brustkindern Vracebnoe delo*, Jg. 11 Nr. 3, S. 248, 1928 (Russisch).

Wintergarten GmbH (Hrsg.) *Festschrift 50 Jahre Wintergarten 1888–1938* Novembermagazin 1938, Hildesheim – New York 1975 (Nachdruck der Ausgabe Berlin 1938)

Zabugin, F. *Geistige Einschätzung narkomaner Kinder nach den Methoden von Rossolimo, Binet und Kelle Voprossy narkologii* Bd. 2, S. 59–65, 1928 (Russisch).

6. Kapitel

Ashley, Richard *Cocaine its history, uses and effects*, New York 1976 (1979).

Antonil *Mama Coca*, London 1978.

Bibra, Ernst Freiherr von *Die narkotischen Genussmittel* (Die Coca, S. 151–174), Nürnberg 1855.

Freud, Sigmund *Über Coca Centralblatt f.d. gesamte Therapie*, 2. Jg., S. 289–314, 1884.

Freud, Sigmund *Beitrag zur Kenntnis der Cocawirkung, Wiener med. Wschr.* 35, S. 129–133, 1885.

Freud, Sigmund *Über die Allgemeinwirkung des Cocain, Med.-Chirurg. Centralblatt* 20, S. 374–375, 1885.

Johnston, James F. W. *Die Chemie des täglichen Lebens* Bd. 2 (Die Coca, S. 109–130), Berlin 1855.

Joël, Ernst u. Fränkel, F. *Der Cocainismus*, Berlin 1924.

Joël, Ernst *Die Behandlung der Giftsuchten*, (Der Kokainismus, S. 62–71), Leipzig 1928.

Krolls, Hans *Zur Pharmakologie des Cocains*, Inaugural Dissertation Rostock 1932.

Lewin, Louis *Phantastica* (Der Kokainismus, S. 105–121), Berlin 1927.

Meyen, F. J. F. *Reise um die Erde*, 1835.

Niemann, Albert *Über eine neue organische Base in den Cocablättern* (Dissertation Universität Göttingen 1860), Vierteljahresschr. f. prakt. Pharmazie 9, 489 (1860).

Pöppig, Eduard *Reise in Chili, Peru und auf dem Amazonenstrome während der Jahre 1827–1832*, 2 Bde. u. Atlas, Leipzig 1835/36.

Salentiny, Fernand *Das Lexikon der Seefahrer und Entdecker*, Tübingen u. Basel 1974.

Scheidt, Jürgen von *Freud und das Kokain*, Die Selbstversuche Freuds als Anstoss zur Traumdeutung, München 1973.

Tschudi, Johann Jakob von *Peru, Reiseskizzen aus den Jahren 1838–42*, 2 Bde. St. Gallen 1846.

Täschner, Karl-Ludwig *Kokain-Report*, Wiesbaden 1982.

Voigt, Hermann P. *Zum Thema: Kokain*, Basel 1982.

Wagner, Hildebert *Rauschgift – Drogen*, Berlin, Heidelberg, New York 1970.

Wulschner, Hans Joachim (Hrsg.) *Vom Rio Grande zum La Plata,* Deutsche Reiseberichte des 19. Jahrhunderts aus dem südlichen Amerika, Tübingen u. Basel 1975.
Wöhler, Neues Repetitorium f. d. Pharmazie XI 261 (1860).

7. Kapitel

Allers, Rudolf u. Hochstädt, Otto *Über die Angriffsorte des Cocains im Zentralnervensystem Zschr. f.d. ges. exp. Med.* Bd. 59, H. 3/4, S. 359–368, 1928.
Allers, Rudolf u. Hochstädt, Otto *Über die Wirkung des Cocains auf das Zentralnervensystem, Z. ges. exp. Med.* 70 (1930), S. 213–219.
Backman, E.-Louis u. Rydin, Hakan *Reneforcement Expérimental de la Toxicité de la Cocaine, Cpt. rend. des séances de la soc. de biol.* Bd. 95, Nr. 30, S. 1050–1052, 1926.
Bruck, Franz *Über die Unentbehrlichkeit des Cocains in der Rhinologie im Hinblick auf den Cocainismus, Münch. med. Wschr.* Jg. 75, Nr. 14, S. 609–610, 1928.
Brain, W. Russel *The Nervous Symptoms of Insulin Hypoglycaemia in Rabbits Contrasted with the Convulsions Induced by Cocaine Quart. journ. of exp. physiol.* Bd. 16, S. 43–56, 1926.
Crowley, Aleister *Diary of a drug Fiend* (Au Pays de Cocaine, p. 46–62), New York 1974 (Reprint der Ausgabe London 1922).
Dubrovič, V. *Das klinische Bild des Cocainismus im Kindesalter Voprossi narkologii* Bd. 2, S. 66–75, 1928 (Russisch)
Futer, D. *Über die Narkomanie unter Kindern Moskovskij medicinskij žurnal* Jg. 1925 Nr. 10, S. 59–63, 1925 (Russisch).
Graf, Otto *Über die Beeinflussung einfacher psychischer Vorgänge durch Cocain und Psicain, Psychol. Arb.* Bd. 9, H. 2, S. 244–273, 1926.
Gernet, M. *100 Mit Narkomanie behaftete Kinder Voprossy narkologii* Bd. 1, S. 34–38, 1926 (Russisch).
Greig, David M. *Cocaine Intoxication and poisoning in Local anaesthesia, Edinburgh med. journ.* Bd. 25, Nr. 8, S. 444–450, 1928.
Guttman, M. Reese *Acute Cocaine Intoxication, Prophylaxis and treatment with phenobarbital, Journ. of the Americ. Med. Assoc.* Bd. 90, Nr. 10, S. 753–755, 1928.
Hartmann, Heinz *Kokainismus und Homosexualität, Dtsch. Med. Wschr.* Jg. 54, Nr. 7, S. 268–270, 1928.
Joël, Ernst *Über kombinierte Giftsuchten, Internat. Z. Alkoholism.* 36, S. 278–283, 1928.
Jacobi, August *Die psychische Wirkung des Cocains in ihrer Bedeutung für die Psychpathologie, Arch. f. Psychiatrie u. Nervenkrankh.* Bd. 79, H. 3, S. 383–406, 1927.
Jacobi, C. *Die peripheren Wirkungen des Kokains und ihre Bedeutung für die Erklärung des Kokakauens der Indianer,* Naunyn-Schmiedebergs Arch. exp. Path. Pharmakol. 159, (1931), S. 494–515.
Koller, Carl *Über die Verwendung des Cocains zur Anästhesierung am Auge, Wiener Med. Wschr.* 34, 1884.
Kohberg, Luisa, u. Beck, Gottfried *Ein Fall tödlich verlaufender Heroinvergiftung, Dtsch. Z. gerichtl. Med.* 12, S. 112–120, 1928.
Leshure, John *Barbital as a Preventive of cocaine toxicosis. Prelim. Report Journ. of the americ.med.assoc.* Bd. 88, Nr. 3, S. 168–169, 1927.
Miller, G. H. *The effect of Cocaine on the iris compared with its effect*

on *Certain other structures containing smooth muscle, Journ. of pharmacol. a. exp. therapeut.* Bd. 28, Nr. 2, S. 219–231, 1926.

Miller, G. G. H. *Action of cocaine on pupil compared with actions on other structures containing smooth muscle Proc. of the soc. f. exp. biol. a. med.* Bd. 23, Nr. 6, S. 477–479, 1926.

Minister f. Arb., Ges. u. Soz. d. Landes Nordrhein-Westf. (Hrsg.) *Cocain Heute* - Dokumentation idis, Bielefeld 1981.

Narasaki, Goro *Über einen hysterischen Anfall, der unter der Maske einer akuten Cocain-Vergiftung auftrat,* Oto . . . gia etc. (Fukuoka) 1, S. 43–46, 1928.

Oelkers, H. A. *Zur Pharmakologie des Cocains,* III. Mitteilung: Wirkungen des Cocains auf den Organismus 170 (1933), S. 265–270.

Rizzolo, A., Chauchard, A., Chauchard, B. *Mesure des Modifications de l'excitabilité de l'écorce cérébrale sous l'influence de la Cocaine en applications sur l'œil, Cpt. rend. des séances de la soc. de biol.* Bd. 95, Nr. 26, S. 559–561, 1926.

Rizzolo, A., Chauchard, A., Chauchard, B. *Action de la Cocaine sur les Centres corticaux. Etude Quantitative Cpt. rend. des séances de la soc. de biol.* Bd. 95, Nr. 27, S. 605–607, 1926.

Siman, R. *Über den Cocainismus bei Kindern, Voprossy narkologii* Bd. 1, S. 28–33, 1926 (Russisch).

Scheurlen, von *Morphinismus, Cocainismus u. Opiumgesetz, Ärztl. Sachverst.-Zeit.* Jg. 33, Nr. 21, S. 289–293, 1927.

Symonds, John Aleister Crowley – Das Tier 666, Basel 1983

Tullio, Pietro *Sull ' azione paralizzante della cocaina sopra le varie parti del labirinto acustico, Bull. d. scienze med.* (Bologna) Bd. 4, Juli–Aug.-H., S. 225–251, 1926.

Tatum, A. L., u. Collins, K. H. *Acute cocaine poisoning and its treatment in the monkey* (Macacus Rhesus) *Arch. of internal. med.* Bd. 38, Nr. 3, S. 405–409, 1926.

Thassler, Kurt *Über die Beeinflussung der Wirkung des Cocains durch vorherige Darreichung von Hypnotika und Analgetika,* Inaugural-Dissertation, Neisse 1935.

Utusunomiya, Hiroaki *Beitrag zur Erforschung der Gewöhnung an und Entwöhnung von Giften, Okayama-Igakkai-Zasshi* Jg. 40, Nr. 1, S. 65–84, 1928.

Verešcagin, K. *Narkomanie bei Brustkindern, Vračebnoe delo.* Jg. 11, Nr. 3, S. 248, 1928 (Russisch).

Wolff, P. *Ist die Abgabe von Morphin, Cocain usw. ohne Rezept nach dem Opiumgesetz strafbar?, Dtsch. med. Wschr.* Jg. 54, Nr. 29, S. 1213–1214, 1928.

Zabugin, F. *Geistige Einschätzung narkomaner Kinder nach den Methoden von Rossolimo, Binet und Kelle Voprossy narkologii* Bd. 2, S. 59–65, 1928 (Russisch).

8. Kapitel

Bundesminister des Innern (Hrsg.) *Verstärkte Bekämpfung der Rauschgiftkriminalität Innere Sicherheit* Nr. 2 v. 3. Mai 1985, S. 23.

Bayerische Landesstelle gegen die Suchtgefahren (Hrsg.) *Umfrage zum Kokain-Missbrauch 1979/80,* München, 27. Mai 1980.

Der Spiegel (Hamburg) Nr. 25/1982, S. 184–197.

Der Spiegel (Hamburg) Nr. 13/1972, S. 153 f.

Der Spiegel (Hamburg) Nr. 18/1976, S. 146 f.

Der Spiegel (Hamburg) Nr. 9/1977, S. 85 f.

Der Spiegel (Hamburg) Nr. 43/1982, S. 164–167.

Keup, Wolfram *Das Missbrauchsmuster von Cocain in der Bundesrepublik Deutschland,* Eine Untersuchung von 253 Cocain-Erfahrenen Suchtkranken (unveröfftl. Skript), März 1983.

Kusserow, Raimond *Der Mann mit dem Koks ist da, Der Stern* (Hamburg) Nr. 20, 7. Mai 1981, S. 226 ff.

Ofarim, Abi *Der Preis der wilden Jahre,* Rastatt 1982.

Petzold, Andreas *Pfleghars teurer Kokain-Ausflug, Quick* (München) Nr. 43, 21. Okt. 1982, S. 11.

Prente, Michael *Kokain – Die «Droge der feinen Leute», Quick* (München) Nr. 49, 29. Nov. 1979, S. 119–123.

Sülberg, Hermann *Kokain – Der weisse Riese* Die Droge der Schickeria, *Der Stern* (Hamburg) Heft Nr. 22, 22. Mai 1980, S. 30–36.

Thamm, Berndt Georg *Zur Kokainsituation in der Bundesrepublik Deutschland mit Berlin (West), Soziale Arbeit* 29, Heft 6, S. 241–250, 1980.

Thamm, Berndt Georg *Kokain – Schnee von Morgen, Psychologie heute* 11, Nr. 10, Okt. 1984, S. 56–59.

Tretter, Felix *Filmgenie Fassbinder: Kreativität durch Drogen?,* Dtsch. Ärzteblatt, 80, Heft 22, (1983).

Ziegler, Herbert (Hrsg.) *Jahrbuch zur Frage der Suchtgefahren 1985,* Hamburg 1985.

9. Kapitel

Landespressedienst Berlin *Aus dem Abgeordnetenhaus Berlin,* Kleine Anfrage Nr. 844 des Abgeordneten Uwe Ewers (CDU) vom 18. 2. 1980 über Kokain in der Berliner Drogenszene LPD Nr. 59, 24. März 1980.

Thamm, Berndt Georg *Nebenberuflich Koks-Dealer* – Plaudereien über den kleingewerblichen Kokainhandel der 80er Jahre in Berlin, Dealer-Interviews am 26. u. 29. 12. 1984 und 12. 1. 1985 (unveröffentl. Skript), Berlin, Juni 1985.

Bildnachweis

1. Kapitel

S. *13* Nach De Bry 1600, Mortimer, Coca, S. 152
S. *14* Nach De Bry 1600, Mortimer, Coca, S. 173
S. *16* Mortimer, Coca, S. 33
S. *20* Hagen, Sonnenkönigreiche, S. 317
S. *21* Salentiny, Seefahrer-Lexikon, S. 301
S. *22* Frontispiz des Mortimer – Ausgabe 1901
S. *22* Nach De Bry 1600, Mortimer, Coca, S. 96
S. *23* Salentiny, Seefahrer-Lexikon, S. 299
S. *24* Salentiny, Seefahrer-Lexikon, S. 297
S. *24* Salentiny, Seefahrer-Lexikon, S. 298
S. *25* Salentiny, Seefahrer-Lexikon, S. 360
S. *25* Salentiny, Seefahrer-Lexikon, S. 358
S. *26* Salentiny, Seefahrer-Lexikon, S. 15
S. *32* Mortimer, Coca, S. 229

2. Kapitel

S. *27* Scurle, Humboldt Biographie, Illustration
S. *31* Kosmos, 21. Jg., Heft 1, 1924, S. 13
S. *33* Bunte Nr. 12/1985, S. 19
S. *34* Cocaine Handbook, S. 129
S. *34* Cocaine Handbook, S. 130
S. *34* Cocaine Handbook, S. 130
S. *35* Cocaine Handbook, S. 130
S. *35* Cocaine Handbook, S. 131
S. *35* Cocaine Handbook, S. 131
S. *36* Stern Nr. 50/1984, S. 90
S. *37* Stern Nr. 50/1984, S. 92
S. *37* Stern Nr. 50/1984, S. 93
S. *37* Stern Nr. 50/1984, S. 92
S. *37* Stern Nr. 50/1984, S. 93
S. *38* Time Nr. 8/1985, S. 8
S. *38* High Times Nr. 28/1977, S. 75

S. *39* High Times Nr. 28/1977, S. 76
S. *39* High Times, Nr. 28/1977, S. 76
S. *40* Time Nr. 8/1985, S. 8 + 9
S. *41* Time Nr. 8/1985, S. 9
S. *43* Stern Nr. 50/1984, S. 96
S. *45* High Times Nr. 28/1977, S. 74

3. Kapitel

S. *58* Cocaine Handbook, S. 132
S. *59* Spiegel Nr. 46/1972, S. 148
S. *63* Spiegel Nr. 20/1981, S. 164
S. *64* Spiegel Nr. 20/1981, S. 163
S. *65* Spiegel Nr. 25/1982, S. 187
S. *66* Der Tagesspiegel, 14. 6. 85
S. *68* Stern Nr. 50/1984, S. 95
S. *74* Time Nr. 8/1985, S. 7
S. *75* Time Nr. 15/1983, S. 26
S. *78* Time Nr. 8/1985
S. *78* Time Nr. 8/1985, S. 11
S. *80* Time Nr. 8/1985, S. 6

4. Kapitel

S. *84* Rausch u. Realität, Bd. 2, S. 429
S. *85* Life Nr. 5/1984, Cover
S. *86* Life Nr. 5/1984, Cover
S. *86* Life Nr. 5/1984, S. 61
S. *87* Life Nr. 5/1984, S. 58
S. *87* Rausch u. Realität, Bd. 2., S. 591
S. *88* Spiegel Nr. 32/1981, S. 143
S. *88* Rausch u. Realität, Bd. 2, S. 610
S. *89* Voigt, Kokain, S. 39
S. *89* Life Nr. 5/1984, Cover
S. *90* Life Nr. 5/1984, S. 59
S. *91* High Times Encyclopedia, S. 170
S. *91* High Times Encyclopedia, S. 172
S. *92* Mortimer, Coca, S. 177
S. *93* Life Nr. 5/1984, Cover
S. *93* Stern Nr. 22/1980, S. 34
S. *94* Cocaine Handbook, S. 29
S. *94* Life Nr. 5/1984, S. 60
S. *95* High Times Encyclopedia, S. 172
S. *98* Life Nr. 5/1984, S. 61
S. *98* Spiegel Nr. 25/1982, S. 192

5. Kapitel

S. *108* Pitigrilli, Kokain, S. 107
S. *110* Pitigrilli, Kokain, S. 71
S. *115* Life Nr. 5/1984, S. 63
S. *116* Life Nr. 5/1984, S. 62
S. *121* Spiegel Nr. 32/1981, S. 146
S. *123* Spiegel Nr. 13/1972, S. 155
S. *123* Quick Nr. 49/1979, S. 123
S. *124* Tip Nr. 9/1980, S. 62
S. *125* Pitigrilli, Kokain, Umschlag-Klappe
S. *125* Pitigrilli, Kokain, Umschlag
S. *126* Pitigrilli, Kokain, Illustration
S. *127* Rheiner, Kokain, S. 13
S. *131* Holmes, Hitlers Kokain, Cover 1982
S. *133* Spiegel Nr. 25/1982, S. 192
S. *135* Holmes, Hitlers Kokain, S. 6
S. *136* Holmes, Hitlers Kokain, S. 24
S. *137* Silver, G., (Hrsg.), Dope chronicles, 1850–1950, S. 137
S. *138* Rheiner, Kokain, S. 51
S. *140* Willett, Explosion der Mitte, S. 113
S. *142* Willett, Explosion der Mitte, S. 116
S. *143* Fischer, A. Berber, S. 71
S. *144* Willett, Explosion der Mitte, S. 159

6. Kapitel

S. *150* Mortimer, Coca, S. 327
S. *152* Kupferstich von Weger Scurle, Humboldt Biographie, Illustration
S. *152* Gemälde von Friedrich Georg Weitsch Scurle, Humboldt Biographie, Illustration
S. *157* Mortimer, Coca, S. 343
S. *159* Mortimer, Coca, S. 270
S. *160* Mortimer, Coca, S. 236
S. *161* Mortimer, Coca, S. 279
S. *163* Mortimer, Coca, S. 275
S. *165* Mortimer, Coca, S. 296
S. *169* Stern Nr. 44/1985, S. 137
S. *162* Marijuana e altre storie, Ceses Ciapanna Ed. S. 261

S. 166 Täschner, Kokain-Report,
  S. 32
S. 166 Täschner, Kokain-Report,
  S. 36
S. 167 Spiegel Nr. 25/1982, S. 191

7. Kapitel

S. 175 Mortimer, Coca
  Umschlag des Buches
S. 191 Symonds, J., Das Tier 666,
  S. 181

8. Kapitel

S. 198 Umschlag
S. 199 High Times Nr. 28/1977 +
−201 Nr. 30/1978
S. 202 Spiegel Nr. 25/1982, S. 197
S. 203 Spiegel Nr. 25/1982, S. 184
S. 206 Quick Nr. 49/1979, S. 123

S. 208 Spiegel Nr. 43/1982,
+ 209 S. 165+167
S. 209 Life Nr. 5/1984, S. 64
S. 216 Spiegel Nr. 25/1982
S. 216 Profil-Umschlag
S. 218 Spiegel Nr. 21/1984, S. 35
S. 219 Spiegel Nr. 15/1984, S. 107
S. 221 Quick Nr. 49/1979, S. 123
S. 223 Bunte Nr. 12/1985, S. 26
S. 224 Spiegel Nr. 25/1982, S. 184
S. 225 Deutsches Ärzteblatt-
  Sonderdruck S. 4

9. Kapitel

S. 244 Cocaine Handbook, S. 132
S. 244 Cocaine Handbook, S. 133
S. 244 Cocaine Handbook, S. 135
S. 244 Cocaine Handbook, S. 140
S. 246 Stern Nr. 22/1980, S. 36
S. 247 Cocaine Handbook, S. 53

Berndt Georg Thamm, Jahrgang 1946, Sozialarbeiter und Journalist, ist seit über zehn Jahren in der Drogenarbeit in Deutschland, Italien, Grossbritannien, Holland, Indien, und Nepal tätig.

Als einer der Mitbegründer der «Deutschen Gesellschaft für Suchtforschung und Suchttherapie» gehört er dem wissenschaftlichen Kuratorium der «Deutschen Hauptstelle gegen Suchtgefahren» an. Neben seiner publizistischen Tätigkeit zur Drogenproblematik leitete er das sozialpädagogische Punk-Projekt «Crellestrasse» in Berlin. Von ihm erschien im Sphinx Verlag *Das Kartell, Von Drogen und Märkten – ein modernes Märchen 1984.*